年度报告
Annual Report

**China's Rural Development Report（2019）**

Focusing on Prioritizing the Development of Agriculture and Rural Areas

# 中国农村发展报告

## ——聚焦农业农村优先发展

**魏后凯　杜志雄** 主　编

**崔红志　于法稳** 副主编

中国社会科学出版社

图书在版编目（CIP）数据

中国农村发展报告.2019：聚焦农业农村优先发展/魏后凯，杜志雄主编.—北京：中国社会科学出版社，2019.7
ISBN 978 - 7 - 5203 - 4745 - 7

Ⅰ.①中… Ⅱ.①魏…②杜… Ⅲ.①农村经济发展—研究报告—中国 Ⅳ.①F32

中国版本图书馆 CIP 数据核字（2019）第 141514 号

| | | |
|---|---|---|
| 出 版 人 | 赵剑英 |
| 责任编辑 | 刘晓红 |
| 责任校对 | 周晓东 |
| 责任印制 | 戴 宽 |

| | | |
|---|---|---|
| 出 版 | 中国社会科学出版社 |
| 社 址 | 北京鼓楼西大街甲 158 号 |
| 邮 编 | 100720 |
| 网 址 | http://www.csspw.cn |
| 发 行 部 | 010 - 84083685 |
| 门 市 部 | 010 - 84029450 |
| 经 销 | 新华书店及其他书店 |

| | | |
|---|---|---|
| 印刷装订 | 北京君升印刷有限公司 |
| 版 次 | 2019 年 7 月第 1 版 |
| 印 次 | 2019 年 7 月第 1 次印刷 |

| | | |
|---|---|---|
| 开 本 | 710×1000 1/16 |
| 印 张 | 29.75 |
| 插 页 | 2 |
| 字 数 | 335 千字 |
| 定 价 | 138.00 元 |

凡购买中国社会科学出版社图书，如有质量问题请与本社营销中心联系调换
电话：010 - 84083683

# 编　委　会

# 主要编撰者简介

  **魏后凯** 经济学博士，中国社会科学院农村发展研究所所长、研究员、博士生导师，第十三届全国人大农业和农村委员会委员。兼任中国社会科学院城乡发展一体化智库常务副理事长，中国城郊经济研究会、中国林牧渔业经济学会会长，中央农办、农业农村部、民政部、北京市、山东省、广东省等决策咨询委员会委员。主要研究领域：区域经济、产业经济、资源与环境经济。

  **杜志雄** 日本东京大学农学博士，中国社会科学院农村发展研究所党委书记、研究员、博士生导师。兼任中国社会科学院城乡发展一体化智库副理事长，中国国外农业经济研究会会长，科技部、农业农村部等相关专家委员会委员。主要研究领域：农村非农产业经济、中国现代农业发展等。

  **崔红志** 管理学博士，中国社会科学院农村发展研究所农村组织与制度研究室主任、研究员、博士生导师。兼任中国社会科学院城乡发展一体化智库秘书长。主要研究领域：农村社会保障、农村组织与制度。

  **于法稳** 管理学博士，中国社会科学院农村发展研究所农村

环境与生态经济研究室主任、研究员、博士生导师。兼任中国社
会科学院生态环境经济研究中心主任、中国生态经济学学会副理
事长兼秘书长、《中国生态农业学报》副主编。主要研究领域：
生态经济理论与方法、资源管理、农村生态治理、农业可持续发
展等。

# 目　　录

## 主报告

## 综合篇

## 经济篇

## 社会篇

## 生态环境篇

主报告

# 构建农业农村优先发展体制机制和
# 政策体系研究

主报告课题组<sup>*</sup>

**摘　要：**2019 年中央一号文件对坚持农业农村优先发展做出了全面系统的部署。构建农业农村优先发展的体制机制和政策体系是落实坚持农业农村优先发展的重要举措。本报告认为，农村改革 40 多年来，中国农业农村发展取得巨大成就，但是，由于中国国情、发展阶段、政策取向等多方面原因，农业至今仍是"四化同步"的"短腿"，农村仍是全面建成小康社会的"短板"。在新时代，随着社会主要矛盾的变化，中央提出坚持农业农村优先发展的总方针具有科学的理论依据、深刻的科学内涵和重大的现实意义。本报告提出了构建农业农村优先发展体制机制和政策体系的总体思路和基本原则，把破除城乡二元结构，坚持市场化改革方向，以农民为主体，协调推进城乡发展作为构建体制机制和政策体系的基本原则，并提出应构建农业农村优先发展的"1＋5＋8"新型体制机制和政策体系，即以农村基本经营制

---

　　* 中国社会科学院农村发展研究所"构建农业农村优先发展体制机制和政策体系研究"课题组。主报告课题组组长：魏后凯、任常青（执行）；成员：邰亮亮、马翠萍、韩磊、李登旺、王术坤、王宾、李浩。

度这一根本制度为基础，以科技人才保障机制、财政投入保障机制、新型乡村治理机制、生态保护补偿机制、组织领导机制五大体制机制为支撑，以粮食安全保障政策、农业支持保护政策、农村"三产"融合政策、农村公共服务政策、农村人居环境整治政策、农业转移人口市民化政策、农村金融政策、社会资本与农民利益联结政策八大政策为基本落脚点的农业农村优先发展的体制机制和政策体系。

**关键词：**农业农村优先发展　体制机制　政策体系　四个优先

# Constructing the Institutional Mechanism and Policy System of Priority Development of Agriculture and Rural Areas

General Report Group

**Abstract：**The No. 1 central document of 2019 made a comprehensive and systematic arrangement of the priority development of agriculture and rural areas. Constructing the institutional mechanism and policy system is a decisive measure to implement the adhering priority development of agriculture and rural areas. This report suggests that China has reached a great achievement in agriculture and rural development after 40 years of rural reform, however, agriculture and rural areas remains the short board of building a moderately prosperous society in all respects. With the change of principal contradiction facing Chinese society in the new era, the general principle of the priority development of agriculture and rural areas put forward by the Central Committee are of scientific theoretical basis, profoundly scientific connotation and great practical meaning. This report proposes a general thinking and fundamental principles for constructing the institutional mechanism and policy system of priority development of agriculture and rural areas. The fundamental principles are eliminating the urban – rural dual structure, insist on the market – oriented reforms, taking farmers as the main body and coordinately promoting urban – rural development. Based on all above, we propose a "1 + 5 + 8" new institutional mechanism and policy system framework, which consists of one core foundation, five supporting mechanisms and policies in eight aspects. Adhere to the rural basic management system is the core foundation. Five supporting mechanisms consist of ensuring mechanism of scientific technology talents, government investment guarantee mechanism, new type of rural governance mechanism, ecological protection and compensation mechanism and organization and leadership system. The policies in eight aspects include food security policy, agriculture support and protection policy, promoting rural primary – secondary – tertiary industry integrated development policy, rural public service policy, rural settlement environment renovation policy, granting rural migrants permanent urban residency policy, rural finance policy and the policy of ensuring mutual benefit between commercial investors and farmers.

**Key Words**：Priority Development of Agriculture and Rural Areas；Institutional Mechanism；Policy System；Four Aspects of Priorities

# 一　农业农村优先发展的提出背景

改革开放 40 多年来，中国经济社会取得了长足的发展，农业农村发展取得了显著的成就，农民生活水平大幅提高。然而，受长期以来重城市偏工业发展理念、城乡二元分割体制机制等因素的束缚，城乡居民收入差距持续扩大、城乡基本公共服务差距仍然突出，农业农村始终是全面建成小康社会的"短腿""短板"。坚持农业农村优先发展，是以习近平同志为核心的党中央立足党和国家事业发展全局与现阶段农业农村发展实情做出的重要决策，是实施乡村振兴战略的总方针，对于加快补齐农业农村"短板"、激发农业农村发展活力、加快破解不平衡不充分的发展难题，具有重要的意义。

## （一）农业农村仍是全面建成小康社会的"短板"

21 世纪以来，中国陆续提出了"以工补农、以城带乡"

"城乡一体化"等思路，并持续实行"倾斜"政策以加大对"三农"的支持力度、缩小城乡日益扩大的差距。但值得注意的是，当前中国最大的发展不平衡，仍是城乡发展不平衡，最大的发展不充分，仍是农村发展不充分。农业仍然是"四化同步"的"短腿"，农村仍然是全面建成小康社会的"短板"。具体而言，农业农村发展滞后主要表现在以下几个方面。

**1. 农民持续稳定增收是"短板"中的"短板"**

近年来，农村居民人均可支配收入持续快速增长。2018 年，全国农村居民人均可支配收入达到 14617 元，较上年实际增长6.6%，增速比城镇居民高 1.0 个百分点。2010 年以来，农村居民人均可支配收入增长速度已经连续 9 年高于城镇居民。从城乡收入差距来看，2007 年以来，中国城乡居民人均可支配收入之比逐年持续缩小，从当年的 3.14 逐年缩小至 2018 年的 2.69；但从城乡收入差距缩小速度来看，城乡居民收入差距缩小幅度明显减缓，在 2010—2014 年城乡居民人均可支配收入之比平均每年下降 0.07，而 2015—2018 年平均每年仅下降不到 0.02，其中，2016—2017 年每年仅下降 0.01，2018 年仅下降 0.02。

由此可见，尽管农村居民的收入水平在不断提高，城乡居民收入差距在持续缩小，但城乡居民收入绝对差距依然很大，且在不断扩大，值得高度重视。2013 年，城镇居民人均可支配收入为 26467 元，农村居民人均可支配收入为 9429.6 元，两者相差17037.4 元；2017 年两者的差距扩大到了 22963.8 元，2018 年又进一步扩大到 24634.0 元（见图 1、图 2）。然而，可喜的是，近年来，在国家政策的有力支持下，城乡居民人均可支配收入绝

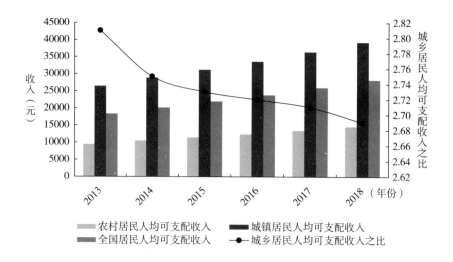

**图1　2013—2018 年中国城乡居民年人均可支配收入变化**

资料来源：根据《中国统计年鉴（2018）》和《中华人民共和国 2018 年国民经济和社会发展统计公报》绘制。

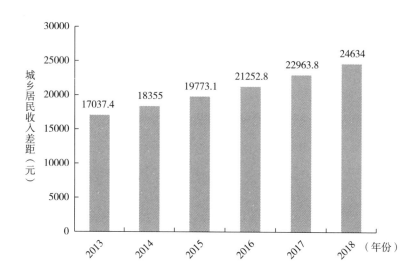

**图2　2013—2018 年中国城乡居民年人均可支配收入差距**

资料来源：根据《中国统计年鉴（2018）》和《中华人民共和国 2018 年国民经济和社会发展统计公报》绘制。

对差距扩大的幅度已经呈现逐步减缓的趋势。如果按当年价格计算，在2001—2012年，城乡居民人均可支配收入绝对差距平均每年扩大12.2%，到2013—2018年绝对差距年均扩大幅度已经减缓为7.8%。这说明，党的十八大以来国家实施的政策已经取得了阶段性成效。

从农民收入增长来源看，近年来农村居民收入增长明显乏力。从工资性收入来看，随着经济发展速度放慢和城镇化进程趋缓，工资性收入对农民增收的贡献率已经开始下降。2014—2015年，工资性收入对农民增收的贡献率从47.12%小幅上升至48.02%。但随后开始逐年下降，2016年工资性收入对农民增收的贡献率下降至44.85%，2017年下降至44.53%，2018年则下降至42.03%（见表1）。

表1　　　　中国农村居民人均可支配收入增长贡献率

| 年份 | 2013 | 2014 | 2015 | 2016 | 2017 | 2018 |
|---|---|---|---|---|---|---|
| 农村居民人均可支配收入（元） | 9430 | 10489 | 11422 | 12363 | 13432 | 14617 |
| 增加额（元） | — | 1059 | 933 | 941 | 1069 | 1185 |
| 工资性收入（元） | 3653 | 4152 | 4600 | 5022 | 5498 | 5996 |
| 增加额（元） | — | 499 | 448 | 422 | 476 | 498 |
| 贡献率（%） | — | 47.12 | 48.02 | 44.85 | 44.53 | 42.03 |
| 经营净收入（元） | 3935 | 4237 | 4504 | 4741 | 5028 | 5358 |
| 增加额（元） | — | 302 | 267 | 237 | 287 | 330 |
| 贡献率（%） | — | 28.52 | 28.62 | 25.19 | 26.85 | 27.85 |
| 财产净收入（元） | 194.7 | 222.1 | 251.5 | 272.1 | 303 | 342 |
| 增加额（元） | — | 27.4 | 29.4 | 20.6 | 30.9 | 39 |
| 贡献率（%） | — | 2.59 | 3.15 | 2.19 | 2.89 | 3.29 |
| 转移净收入（元） | 1647.5 | 1877.2 | 2066.3 | 2328.2 | 2603 | 2920 |
| 增加额（元） | — | 229.7 | 189.1 | 261.9 | 274.8 | 317 |
| 贡献率（%） | — | 21.69 | 20.27 | 27.83 | 25.71 | 26.75 |

资料来源：历年《中国统计年鉴》和《2018年居民收入和消费支出情况》。

与此同时，经营净收入对农民增收的贡献率总体呈下降趋势，但近两年表现出一定的回升。经营净收入的贡献率则由2014年的28.52%下降至2016年的25.19%，随后逐步上升至2018年的27.85%。

转移净收入在农村居民人均可支配收入中的占比总体呈现上升趋势，2014—2015年，转移净收入对农民增收的贡献率从21.69%下降至20.27%，随后快速上涨至2016年的27.83%，2017年微幅下降至25.71%，2018年再度上升至26.75%。因此，尽管转移净收入对农村居民增收的贡献率有所波动，但总体发挥的贡献不断上升。然而，从城乡居民转移净收入的差距来看，2018年城乡居民人均转移净收入之比达到2.39∶1，差距依然明显（见表2）。

表2　　　　　　　中国城乡居民人均可支配收入不同来源差距

| 收入来源 | 年份 | 2013 | 2014 | 2015 | 2016 | 2017 | 2018 |
|---|---|---|---|---|---|---|---|
| 人均工资性收入（元） | 城镇居民 | 16617 | 17937 | 19337 | 20665 | 22201 | 23792 |
| | 农村居民 | 3653 | 4152 | 4600 | 5022 | 5498 | 5996 |
| | 城乡之比 | 4.55 | 4.32 | 4.2 | 4.11 | 4.04 | 3.97 |
| 人均经营净收入（元） | 城镇居民 | 2975 | 3279 | 3476 | 3770 | 4065 | 4443 |
| | 农村居民 | 3935 | 4237 | 4504 | 4741 | 5028 | 5358 |
| | 城乡之比 | 0.76 | 0.77 | 0.77 | 0.8 | 0.81 | 0.83 |
| 人均财产净收入（元） | 城镇居民 | 2551.5 | 2812.1 | 3041.9 | 3271.3 | 3607 | 4028 |
| | 农村居民 | 194.7 | 222.1 | 251.5 | 272.1 | 303 | 342 |
| | 城乡之比 | 13.1 | 12.66 | 12.1 | 12.02 | 11.9 | 11.78 |
| 人均转移净收入（元） | 城镇居民 | 4322.8 | 4815.9 | 5339.7 | 5909.8 | 6524 | 6988 |
| | 农村居民 | 1647.5 | 1877.2 | 2066.3 | 2328.2 | 2603 | 2920 |
| | 城乡之比 | 2.62 | 2.57 | 2.58 | 2.54 | 2.51 | 2.39 |

资料来源：历年《中国统计年鉴》和《2018年居民收入和消费支出情况》。

从财产净收入来看，近年来农村居民财产净收入的贡献率呈现上升趋势。2014—2015 年，财产净收入对农民增收的贡献率从 2.59% 上升至 3.15%，随后下降至 2016 年的 2.19%，此后不断上升至 2018 年的 3.29%。尽管财产净收入对收入增长的贡献率上升幅度较大，但由于其在农民收入结构中的比例总体依然较低，2018 年农村居民人均财产净收入为 342 元，仅占农村居民人均可支配收入的 2.34%。同时，城乡居民人均财产净收入差距依然较大，2018 年城乡居民财产净收入之比高达 11.78∶1。

由此可见，近年来农村居民经营净收入和工资性收入均表现出增长乏力的现象，加之财产净收入占比较低、转移净收入占比受到限制，持续稳定提高农民收入、不断缩小城乡收入差距，既是全面建成小康社会"短板"中的"短板"，又是坚持农业农村优先发展的关键。

**2. 城乡基本公共服务的差距仍然突出**

近年来，中国城乡基本公共服务均等化进程明显加快，城乡义务教育全面实现，城乡居民医疗保障制度基本完成全覆盖，城乡基本养老保险制度全面建立。然而，从整体上看，城乡基本公共服务的差距仍然较为突出。

（1）城乡基础教育存在差距。教师素质集中反映了城乡基础教育师资队伍的差距。2017 年全国分地区小学专任教师学历分布情况的统计数据表明，城区本科及以上学历的教师占比约为71.15%，而乡村本科及以上学历的教师占比仅为 42.51%。城区高中及以下阶段学历的教师占比仅约为 1.59%，而乡村高中及以下阶段学历的教师占比则高达 8.32%（见表 3），城乡基础教育差距可见一斑。

表3　　　　　　　　2017年全国分地区小学专任教师学历情况　　单位：人；%

| 专任教师学历 | 指标 | 城区 | 城乡结合区 | 镇区 | 镇乡结合区 | 乡村 |
|---|---|---|---|---|---|---|
| 研究生毕业 | 人数 | 42615 | 5169 | 8549 | 2433 | 5296 |
| | 占比 | 2.28 | 1.49 | 0.4 | 0.4 | 0.28 |
| 本科毕业 | 人数 | 1284883 | 221227 | 1122782 | 310082 | 809796 |
| | 占比 | 68.87 | 63.64 | 51.94 | 50.55 | 42.23 |
| 专科毕业 | 人数 | 508553 | 112883 | 938102 | 270552 | 942725 |
| | 占比 | 27.26 | 32.47 | 43.39 | 44.11 | 49.17 |
| 高中阶段毕业 | 人数 | 29454 | 8307 | 91889 | 30185 | 157998 |
| | 占比 | 1.58 | 2.39 | 4.25 | 4.92 | 8.24 |
| 高中阶段以下毕业 | 人数 | 174 | 59 | 491 | 142 | 1603 |
| | 占比 | 0.01 | 0.02 | 0.02 | 0.02 | 0.08 |
| 合计 | 人数 | 1865679 | 347645 | 2161813 | 613394 | 1917418 |

资料来源：《中国教育统计年鉴（2017）》。

从城乡办学条件差距来看，城乡教育均衡发展的薄弱环节和短板在乡村。以全国分地区小学办学条件为例，2017年，乡村地区校舍面积中危房面积高达328.07万平方米，占全国总危房面积的57.9%；而运动场地面积、图书数量、计算机台数以及教学仪器设备资产值则分别仅占全国总量的44.7%、29.8%、30.4%和26.2%（见表4），凸显出农村基础教育办学条件严重落后于城镇地区。

（2）城乡公共卫生服务存在差距。近年来，随着政府投入力度的持续增加，农村地区公共卫生服务水平有了较大程度的改善，但与城市地区的差距仍然较大。城乡每千人口拥有的卫生技术人员的数量、5 岁以下儿童和孕产妇死亡率集中反映了城乡公共卫生服务存在的差距。

表4 2017 年城乡地区小学办学条件对比

| 地区 | 运动场地面积（万平方米） | 图书（万册） | 计算机数（万台） | 教学仪器设备资产值（亿元） | 校舍面积中危房面积（万平方米） |
|---|---|---|---|---|---|
| 城区 | 16055.0 | 77927.4 | 452.7 | 598.9 | 95.24 |
| 城乡结合区 | 3921.5 | 13686.6 | 80.4 | 91.5 | 15.34 |
| 镇区 | 24306.2 | 82728.8 | 418.9 | 448.0 | 142.95 |
| 镇乡结合区 | 8071.7 | 24386.4 | 126.8 | 123.2 | 44.11 |
| 乡村 | 32653.0 | 68198.8 | 380.6 | 370.9 | 328.07 |
| 总计 | 73014.18 | 228855.02 | 1252.20 | 1417.71 | 566.26 |

资料来源：《中国教育统计年鉴（2017）》。

第一，城乡每千人口拥有的卫生技术人员数量差距总体呈现缩小趋势，但差距依然显著（见图3）。1980 年中国城市每千人口拥有的卫生技术人员数量约为 8.03 人，而农村地区仅为 1.81 人，城乡之比高达 4.44∶1。随着经济社会不断发展，城乡每千人口拥有的卫生技术人员数量之比不断下降，到 2000 年，该比值下降至 2.15∶1。此后，差距又出现小幅扩大，城乡之比上升至 2016 年的 2.67∶1。2017 年，城乡每千人口拥有的卫生技术人员数量之比下降至 2.54∶1。考虑到这里城市的统计范围为直辖市区和地级市辖区，农村为县和县级市，实际的城乡差距将更大。

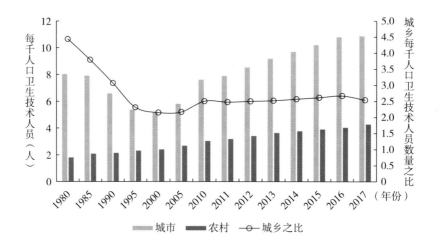

**图3 1980—2017年中国城乡每千人口拥有卫生技术人员**

资料来源：根据《中国统计年鉴（2018）》绘制。

第二，城乡5岁以下儿童死亡率差距尽管有所缩小，但依然显著。从监测地区5岁以下儿童死亡率来看，1991年城乡5岁以下儿童死亡率之比约为1∶3.4，随后不断下降至2005年的1∶2.4；至2010年，该比值又小幅上升至1∶2.75。尽管此后不断缩小至2017年的1∶2.26，但城乡差距缩小的速度明显减缓（见图4）。从监测地区孕产妇死亡率来看，总体上城乡差距不断消弭。1991年城乡孕产妇死亡率之比约为1∶2.16，不断下降至2010年的1∶1.01，尽管此后城乡差距又有所扩大，但总体上看城乡孕产妇死亡率差距已经显著降低。但值得注意的是，近两年城乡孕产妇死亡率差距又有所扩大，从2015年的1∶1.02扩大至2017年的1∶1.27。

（3）城乡公共基础设施水平差距显著。中国公共基础设施建设长期存在着"重城市、轻乡村"的现象，导致城乡公共基础设施水平差距十分明显。2017年，城市用水普及率、燃气普

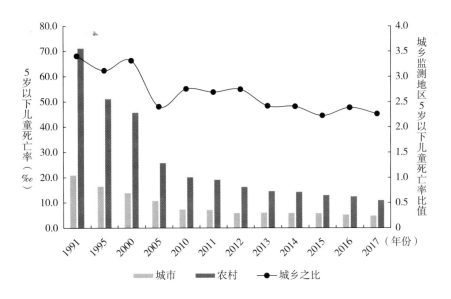

**图 4　监测地区城乡 5 岁以下儿童死亡率**

资料来源：根据《中国统计年鉴（2018）》绘制。

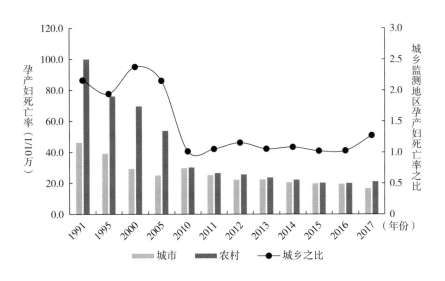

**图 5　监测地区城乡孕产妇死亡率**

资料来源：根据《中国统计年鉴（2018）》绘制。

及率、生活污水处理率、生活垃圾无害化处理率分别达到 98.3%、96.26%、94.54%、97.74%，人均道路面积达到 16.05 平方米；县城用水普及率、燃气普及率、生活污水处理率、生活垃圾无害化处理率分别约为 92.87%、81.35%、90.21%、91.00%，人均道路面积达到 17.18 平方米。相较而言，目前中国建制镇、乡、村庄燃气普及率、生活污水处理率、生活垃圾处理率都极低，公共设施和公共服务十分落后。建制镇用水普及率、燃气普及率、生活污水处理率、生活垃圾无害化处理率仅为 88.10%、52.11%、49.35%、51.17%，人均道路面积仅为 13.81 平方米；乡用水普及率、燃气普及率、生活污水处理率、生活垃圾无害化处理率则更低，分别为 78.78%、25.02%、17.19%、23.62%，人均道路面积约为 15.70 平方米。而村庄公共设施投入少，公共服务严重滞后，用水普及率仅为 75.51%，燃气普及率仅为 27.00%（见表 5）。更为重要的是，在垃圾、污水处理方面，城市与农村采用两套不同的指标体系，城市采用的是生活垃圾无害化处理率和生活污水处理率，而农村采用的是对生活垃圾、污水进行处理的行政村比例，是一个十分粗略的指标，二者缺乏可比性。2016 年，对生活垃圾进行处理的行政村比例为 65%，对生活污水进行处理的行政村比例则只有 20%，大量农村生活污水未经任何处理就直接排放，严重制约了改厕的环境效果。

农村生活污水处理率较低，与农村排放源面广点多、处理难度大、长期投入不足等有关。2016 年，我国平均每个行政村排水设施建设投入仅有 4.3 万元，其中，污水处理设施投入仅有 1.9 万元。按村庄户籍人口加暂住人口计算，人均拥有排水设施建设投入 28.9 元，分别仅有城市和县城的 11.3% 和 17.0%；人均拥有污水处理设施投入 12.5 元，分别仅有城市和县城的 14.6% 和 17.4%。更为重要的是，由于中央投入不足，2017—2019 年中央财政安排的农村环境整治资金每年仅有 60 亿元，农村环境整治主要依赖地方投入，在这种情况下，如果地方政府重视、财力雄厚就投入多；反之，则投入少。其结果导致各地差异很大。2016 年，浙江对生活污水进行处理的行政村比例高达 84%，上海、江苏、北京已超过 40%；而黑龙江仅有 4%，内蒙古、吉林、甘肃、青海、河北、山西、辽宁也不到 10%。

表 5　　　　　　　　　2017 年中国城乡基础设施基本情况对比

| 指标 | 城市 | 县城 | 建制镇 | 乡 | 村庄 |
|---|---|---|---|---|---|
| 用水普及率（%） | 98.30 | 92.87 | 88.10 | 78.78 | 75.51 |
| 燃气普及率（%） | 96.26 | 81.35 | 52.11 | 25.02 | 27.00 |
| 生活污水处理率（%） | 94.54 | 90.21 | 49.35 | 17.19 | —— |
| 生活垃圾无害化处理率（%） | 97.74 | 91.00 | 51.17 | 23.62 | —— |
| 人均道路面积（平方米） | 16.05 | 17.18 | 13.81 | 15.70 | —— |

资料来源：《中国城乡建设统计年鉴（2017）》。

## 2. "重城轻乡、重工轻农" 理念和体制机制仍在延续

城乡在各方面的差距是发展理念以及由此建立的体制机制和政策体系长期作用的结果。即使当前中央已经明确提出要坚持农业农村优先发展，但在某些领域、某些方面，长期形成的重城轻乡的发展理念、体制机制和政策仍在延续。

（1）偏工业重城市的发展理念仍在延续。相较于城市非农

产业，农业带动地区经济增长的能力明显偏弱，且在国民经济中的地位呈现不断下降趋势。这样的发展现实和客观规律不断强化了"重工轻农、重城轻乡"的发展理念。而且，基层政府在以经济增长为核心的晋升激励下，往往倾向于以城市和工业发展为资源要素配置的核心目标，存在明显的"重工轻农、重城轻乡"思想，把主要精力和资源都投放在工业发展和城市建设上，而对农业农村发展不热心，缺乏手段和措施，由此阻碍了农业农村现代化进程。新时代破解"三农"问题，必须从根本上改变这种"重工轻农、重城轻乡"的观念，牢固树立农业农村优先发展的理念，切实把"三农"工作放在首要位置，在资源配置和政策支持上对农业农村实行优先，促进政府政策从城市偏向转变为农村偏向。

（2）城乡户籍管理制度仍存在"二元"特征。中华人民共和国成立后，为了适应全国范围内计划经济体制的运行以及优先发展工业和城市的战略，1958年建立了城乡有别的户籍管理制度，该户籍制度的核心是把全国总人口人为地划分为农业户口和非农业户口两大基本类型，并将中国公民享受的社会福利待遇与户籍关系紧密联系起来。在分配社会公共资源方面，改革开放前，城市居民享有的公共资源最明显的特点就是"单位保障"，即所有的一切公共资源都由单位大包大揽。改革开放后，中国开始实行由个人、企业、国家三结合的公共资源保障制度，但其中两个重要的提供资源的责任主体国家和单位的功能与保障责任并未慢慢消失；相反，公共资源保障的力度较改革开放前更为强大，而且提供了更为全面、周到的保障内容，城乡之间的公共资源分配依然极不合理。而在广大农村地区，计划经济时期推行的由集体与家庭相结合的公共资源保障制度又重新回到家庭保障，在改革开放后变得更加明显，因政府责任的缺失而由政府组织实施提供的社会公共资源也处于缺失状态，大多数农村中的公共服务和公共产品依然依赖农民自力更生来解决。这种制度安排不断强化了本来已有的城乡先天差异，大大固化了人口对所在地区（城市或者农村）的依附关系，同时也加剧了城乡公共服务和公共产品供给的不均等性。近年来，随着国务院《关于进一步推进户籍制度改革的意见》《关于深入推进新型城镇化建设的若干意见》《居住证暂行条例》《推动1亿非户籍人口在城市落户方案》等一系列政策的出台，中国户籍制度改革的政策框架基本构建完成，改革取得重大进展，农业转移人口市民化进程加快。但不可否认的是，相关部门在政策落实和相关问题的管理措施和手段方面仍存在明显的"二元"特征，导致进城落户农村居民在享受均等化的教育、就业、医疗、养老保障等诸多方面仍然存在诸多障碍。

（3）"重城轻乡"的公共财政特征突出。财政支持是发展的重要前提。当前，中国公共财政在支持城市和乡村发展方面仍存在明显的"重城轻乡"特征。第一，财政对农业农村发展的支出严重不足，如果按人口作为参照系，除农村扶贫外，农村居民人均占有的公共财政资金投入仍远低于城镇居民。第二，由于制度不完善，现行财政转移支付制度难以保证中央转移支付资金正常流向农业农村的公共服务领域。中央的转移支付制度是用来从宏观上平衡城乡区域间公共产品和公共服务不均衡性、促进社会公平正义、切实实现城乡之间公共服务统筹供给的重要途径。但从目前来看，现行转移支付制度对于实现城乡均衡发展特别是城乡公共产品和公共服务均等化的功能，效率较低。特别是不完善、多层次的纵向转移支付制度，使农村基层政府时时处于一种转移支付制度受损而非受益的最末段，甚至被边缘化，人为因素在转移支付资金的过程中影响较大，很难保证转移支付资金按照中央的指示和意图流向农业和农村，进而使农民更多受益。此外，接受资助的众多条件在客观上大大提高了农村、农业以及农民获得转移支付资金的门槛和现实难度。

## （二）中央提出农业农村优先发展的科学基础

### 1. 坚持农业农村优先发展符合社会主要矛盾历史性变化的要求

在不同的历史阶段，根据国际国内形势和国家发展基础提出相应战略目标引领经济社会发展，是中国共产党执政兴国的重要经验。改革开放以来，中央先后提出"统筹城乡经济社会发展""工业反哺农业、城市支持农村""促进城乡经济社会发展一体化"等一系列重大论断，坚持不懈地对科学处理工农城乡关系进行理论创新和实践探索。特别是党的十八大以来，以习近平同志为核心的党中央坚持把"三农"问题作为全党工作重中之重，提出并深刻阐释了坚持农业农村优先发展这一总方针，进一步明确了对工农城乡发展优先序的战略考量，强化了对农业农村农民"多予、少取、放活"的政策导向，把解决好"三农"问题的重要性提升到新的历史高度。

党的十九大报告指出，中国社会主要矛盾已经转化为人民日益增长的美好生活需要和不平衡不充分的发展之间的矛盾。社会主要矛盾的历史性变化要求我们在继续推动发展的基础上，着力解决好发展不平衡不充分问题。当前，城乡发展不平衡仍是现阶段最大的发展不平衡，农村发展不充分仍是最大的发展不充分。因此，坚持农业农村优先发展，加快实施乡村振兴战略，对于加快补齐农业农村"短板"，激发农业农村发展活力，加快破解不平衡不充分的发展难题，具有十分重要的战略意义。

**2. 中国经济发展实力具备支撑农业农村优先发展的能力**

改革开放 40 多年来，中国综合国力和经济实力取得了长足进步，新型城镇化、工业化、信息化水平快速提升，目前已经具备了工业反哺农业、城市支持农村、财政增加投入的能力和条件。1979—2018 年，中国国民生产总值年均增长 9.47%，2018 年全国 GDP 达到 90.03 万亿元，一般公共预算收入达 18.34 万亿元，人均国民总收入远高于中等收入国家平均水平。第一产业增加值占 GDP 的比重从 1978 年的 27.7% 下降至 2018 年的 7.2%，第一产业已经逐步成为国民经济的"少数"，经济发展整体进入工业化后期阶段。从城镇化水平来看，2018 年中国常住人口城镇化率达到 59.58%，农业转移人口市民化制度性通道全面打开，城镇化空间格局不断优化，培育形成了一批新的增长点、增长极和增长带，城乡融合发展迈出了新步伐，新型城镇化对农业农村发展的辐射带动作用不断增强。与此同时，农业农村不再局限于提供农产品单一功能，而拓展为提供休闲娱乐、生态涵养、文化传承等多种复合型功能，越来越多的城市消费者向往农村田园风光，为资源要素向农业农村流动提供了机会。

同时，改革开放以来，中国农业农村现代化建设取得了重要进展，为农业农村优先发展奠定了良好的基础。2018 年，中国粮食总产量达到 1.32 万亿斤，连续七年稳定在 1.2 万亿斤以上，农村居民人均可支配收入达到 14617 元。农业物质技术装备水平不断提高，农业现代化程度显著提升。尤其是党的十八大以来，城乡融合发展和新农村建设取得了显著的成效，农村基础设施、基本公共服务、社会保障等全面提升，有力地推进了农业农村发展。

**3. 坚持农业农村优先发展符合全面建成社会主义现代化强国的国家战略需求**

党的十九大报告擘画了实现"两个一百年"奋斗目标、全面建成社会主义现代化强国的时间表和路线图，即在 2020 年全面建成小康社会、实现第一个百年目标的基础上，再奋斗 15 年，在 2035 年基本实现社会主义现代化；从 2035 年到 21 世纪中叶，在基本实现现代化的基础上，再奋斗 15 年，把中国建设成为富强民主文明和谐美丽的社会主义现代化强国。

实现农业农村现代化，是国家整体实现全面建成社会主义现代化强国战略的重要内容和薄弱环节。当前，农村人口众多、城乡发展不平衡、农村发展不充分仍然是中国的基本国情，若不将农业农村发展置于优先位置、补齐农业农村发展"短腿""短板"，难以如期实现"两个一百年"奋斗目标，国家现代化也是不完整、不全面、不稳固的。

坚持农业农村优先发展服务于全面建成社会主义现代化强国的国家战略需求。通过将农业农村发展置于优先位置，转变长期以来的"重工轻农、重城轻乡"发展理念，建立农业农村优先的城乡融合发展体制机制，塑造"城乡互补、工农互促"的新型工农城乡关系，加快补齐农业农村发展的"短腿""短板"，早日实现"两个一百年"奋斗目标。

**4. 坚持农业农村优先发展符合国际工农城乡关系的基本规律**

时至今日，西方发达国家先后完成城市化步入城乡融合发展阶段，一些发展中国家也在城市化过程中对工农城乡关系进行了大量的探索。总结世界范围内各国发展经验，可以发现，任何一个国家和地区在发展过程中都需要不断处理好工农城乡关系；而且对工农城乡关系处理的科学程度直接决定了经济社会发展的好坏及其程度。从代表性国家和地区的经验看，如果采用名义支持率和相对支持率指标，从"农业支持工业、农村服务城市"的城市偏向转变为"工业反哺农业、城市支持农村"的政策转变时点约在人均 GDP 为 1850 美元和 1958 美元（李明等，2014），而中国早在 21 世纪初就已经具备了上述条件。

美国、欧盟等西方发达经济体通过立法规划、完善基础设施、发展农村特色产业、促进农业提质增效以及加大农村教育投入等综合性的政策手段，形成符合自身特征的乡村发展道路，从而有效遏制了乡村衰退。日本、韩国和中国台湾等东亚经济体针对乡村衰退问题，也先后实施了"造村运动""新村建设""农村再生计划"，推动乡村复兴；尤其是韩国的"新村建设"，经过改善基础设施、推进农业现代化、发展农产品加工业、实施新型工业化发展战略等几个阶段，彻底改变了乡村的产业结构、市场竞争力和地区吸引力，使乡村成为国家经济腾飞的坚强基础。因此，坚持农业农村优先发展的提出，符合国际城市化进程中处理工农城乡关系的基本规律。

# 二　农业农村优先发展的科学内涵和重要意义

## （一）农业农村优先发展的科学内涵

如何正确理解优先发展的科学内涵，是将优先发展落到实处的基本前提。理解优先发展的内涵，重点是理解"优先"的含义。例如，依据现代汉语词典，优先是指"放在他人或他事之前，多指在待遇上占先"。具体到农业农村优先发展问题，"优先发展"的科学内涵可以从三个方面来理解：什么是"优先发展"？"优先发展"什么？怎么落实"优先发展"？

### 1. 什么是"优先发展"？

2017年，中央首次提出"坚持农业农村优先发展"，那么，什么是"优先"发展？这是首先需要回答清楚的问题。优先发展至少包括三层含义：

一是在观念上仍要高度重视"三农"工作。优先发展是以往把解决好"三农"问题作为全党工作重中之重等论述的延续和发展，继续要求在当前阶段依然要高度重视"三农"工作。正如习近平在2017年年底的中央农村工作会议上强调"各级党委和政府要坚持工业农业一起抓、坚持城市农村一起抓"，以"把农业农村优先发展的要求落到实处"。因此，优先发展首先意味着要高度重视"三农"工作，要将"三农"工作和工业、城市其他工作一起抓，不能掉以轻心。

二是在当前阶段要认识到做好"三农"工作的特殊重要性。现阶段，坚持农业农村优先发展，是解决城乡发展不平衡和农村发展不充分的根本之策，是全面建成小康社会、建设社会主义现代化国家的必由之路。同时，在当前经济下行压力加大、外部环境发生深刻变化的复杂形势下，做好当前"三农"工作具有特殊重要性，只有坚持农业农村优先发展才能切实稳住"三农"这个基本盘，才能切实发挥"三农"压舱石作用。

三是要用新思想新理念创新发展"三农"问题。一方面，习近平新时代中国特色社会主义思想是当前指导中国建设社会主义现代化强国的根本思想，也为"三农"工作提供了基本思路和方法，特别是"绿水青山就是金山银山"的发展理念为农业绿色发展、创新乡村产业形态业态指明了方向。在接下来的"三农"工作中，要学通弄懂用好这些思想和理念。另一方面，需要用新理念突破我们对"三农"问题的传统认知[①]，"构建和形成对'三农'问题的现代认知观，包括对农业多重功能、农民多重属性、农村多重价值的认知"（张红宇，2019），这是实现农业农村现代化的必由之路，也是对人民群众关于"农产品"质量形态的要求逐步升级和日趋丰富的回应。正如韩长赋（2019）所言，"随着城乡经济和人口结构发生巨大变化，农村日益成为稀缺资源，越来越多城里人向往田园风光，乐于望山看水忆乡愁"，优先发展要求用新理念创新发展"三农"问题，以应对这些现实发展需要。

---

① 魏后凯（2017）强调，坚持农业农村优先发展，必须消除一些思想上的认识误区，树立科学的发展理念和政绩观，"不能单纯追求速度、数量和规模扩张，而应该在新发展理念下寻求一种高品质、高效率、更健康的绿色发展"。

**2. "优先发展"什么？**

"优先发展"什么是第二个要回答清楚的问题。总体来讲，"优先发展"是指在每个时点上，农业农村发展所需要的每一个环境和条件都需要得到保障，应该市场发挥作用的地方就要尽快建立市场、允许市场发挥决定性作用，需要政府更好发挥作用的地方就要及时提供。不可否认，"优先"是相对工业发展和城市发展而言的，但"优先"并不是要求在农业农村发展方面的条件保障和支持提供要"优于"或者"超过"工业和城市方面，而是要确保该有的条件和支持都应有。

中央对"优先发展"什么也给出了明确方向，即"四个优先"——在干部配备上优先考虑，在要素配置上优先满足，在资金投入上优先保障，在公共服务上优先安排。需要强调的是，四个优先是当期阶段最需要、最急迫和最根本的"优先"发展任务，但不是全部，例如尽快建立职业农民制度，让农民成为体面职业，让农业成为有奔头的产业依然需要一些必要的制度改革和机制完善；再如，"要尽快建立健全与优先发展相配套的工作推动机制和政绩考核指标体系"（韩长赋，2019）。

**3. 怎么落实"优先发展"？**

既然是"优先"，那么，在落实措施上也有所要求。

一方面，强调要加强党对"三农"工作的集中统一领导。除了在"干部配备上优先考虑"外，还要充分发挥集中领导特有的顶层设计和统筹协调优势。

另一方面，要深刻认识到优先发展任务的艰巨性和长期性，要明确意识到优先发展的内涵具有动态性和阶段性。长期来看，坚持农业农村优先发展的总思路是"快补存量，同步增量，融合发展"，即对农业农村发展各种投入存量要补齐，同时在增量分配上要与城市和工业至少保持"同步"，甚至有适当"倾斜"（魏后凯，2017），最后实现城乡"融合发展"。这个过程同步于党的十九大提出的"两个百年"目标奋斗过程，大概到21世纪中叶；这个过程也同步于乡村振兴战略实施的全过程。短期来看，当前发展阶段"优先发展"的总思路就是"努力补'短板'，快速还旧账"。当前阶段仅仅同步不够，必须优先。"优先"二字，要求我们自觉地把"三农"工作放在全面建成小康社会和实现社会主义现代化的首要位置。而且，"补'短板'要快，还旧账要快，构建新型体制机制和政策体系要快"。

## （二）坚持农业农村优先发展的重要意义

"坚持农业农村优先发展"总方针的提出在现阶段具有非常重要的意义，突出体现在：

**1. 坚持农业农村优先发展是对"重中之重"一贯方针的坚持和创新，是"重中之重"一贯方针在现阶段落到实处的具体体现**

改革开放以来，中央把"三农"工作一直放在重要位置。1982—1986年，中央就发布了5个有关"三农"的中央一号文件，2004—2019年又连续发布了16个中央一号文件聚焦"三农"发展。2007年，党的十七大报告明确指出："解决好农业、农村、农民问题，事关全面建设小康社会大局，必须始终作为全党工作的重中之重"；党的十八大报告再次强调"解决好农业农村农民问题是全党工作重中之重"；党的十九大报告又重申，"必须始终把解决好'三农'问题作为全党工作重中之重"，并进一步提出"要坚持农业农村优先发展"。如果说把解决好"三农"问题作为全党工作重中之重是中国共产党"三农"工作的一贯总方针的话，那么当前阶段坚持农业农村优先发展就是贯彻落实"重中之重"这个总方针的具体实践。在当前城乡差距较大以及部分地区乡村衰败的现实背景下，"重中之重"意味着"优先发展"，优先发展意味着"抓重点、补'短板'、强基础"，优先发展是在新的历史方位和发展阶段下对"重中之重"的新理解、新运用（杜志雄、郜亮亮，2019）。

**2. 坚持农业农村优先发展是新时代处理城乡关系的"牛鼻子"**

在城镇化和现代化进程中，乡村地区呈现空心化和人口老龄化是一个国际普遍现象。一般意义上来说，城镇化就是乡村人口逐步向城镇转移，同时城镇边界不断扩展和乡村不断缩小的过程。随着乡城人口迁移和城镇空间扩张，一些村庄将随之消亡，如果缺乏有效的政策措施，很容易导致乡村地区的衰退。为避免这种现象的发生，世界各国纷纷进行了实践探索。如前所述，美国、欧盟、日本、韩国和中国台湾等经济体通过采取多方面的措施，有力地促进了乡村复兴，为国家经济腾飞奠定了坚实基础。相反，一些发展中国家对于乡村衰退问题，或者是不够重视，例如巴西、阿根廷等拉美国家；或者是采取单一的农业发展政策，例如埃及、莫桑比克等非洲国家；或者是政策力度不够，例如马来西亚、菲律宾等亚洲国家；其结果是乡村衰退愈演愈烈，最终国家整体上陷入发展"陷阱"（张海鹏等，2018）。

中国在建设社会主义现代化强国的全过程中都必须面对并正确处理工农城乡关系。改革开放以来，中国围绕工业化、城镇化的发展主线，从以经济体制改革为主到全面深化经济、政治、文化、社会、生态文明体制和党的建设制度等一系列重大改革，其成就是不言而喻的，但是，一方面从"农村地区大、农民占比高"——目前中国仍有5.64亿人口常住在乡村，乡村地区占全国土地总面积的98%以上①——的基本事实出发，决胜建成全面小康社会，进而全面建设社会主义现代化强国，忽视农业农村发展意味着两个"全面"目标将不会"全面"实现；另一方面，当前农业农村发展面临的突出问题是农产品质量安全亟待加强、农业竞争力低下、农村产业支撑不足、公共服务严重滞后、村庄空心化加剧以及人居环境较差等，这要求我们必须重新思考中国工农城乡关系的问题。实际上，新中国成立以来中国工业化、城镇化的过程，本质上就是科学探索和重塑工农城乡关系的实践过程。基于这样的历史经验，在新时期中央果断提出要"坚持农业农村优先发展"，符合中国国情农情和现阶段的发展特点，抓住了新时代处理城乡关系的"牛鼻子"。

**3. 坚持农业农村优先发展是中国农村改革历史经验的总结和进一步升华**

农村改革是中国改革开放的切入点，在改革开放全局事业中一直占据重要地位。从推行家庭联产承包责任制，促进乡镇企业

---

① 2016年，中国657个城市建成区面积为5.43万平方千米，1.81万个建制镇建成区面积为3.97万平方千米，二者合计9.40万平方千米，占全国陆地国土面积的0.98%。

异军突起，取消农业税、牧业税和特产税到推进农村承包地、宅基地"三权分置"，再到打赢脱贫攻坚战、实施乡村振兴战略，这一系列重大改革和政策措施有力促进了农业农村发展。目前，中国谷物、花生、茶叶、肉类、水产品、羊毛、经济林产品、松香等主要农产品产量已跃居世界首位，"粮票、布票、肉票、鱼票、油票、豆腐票、副食本、工业券等百姓生活曾经离不开的票证已经进入了历史博物馆，忍饥挨饿、缺吃少穿、生活困顿这些几千年来困扰我国人民的问题总体上一去不复返了！"（习近平，2018）过程虽然纷繁曲折漫长，但经验总结却简单而深刻——中国发展不能没有"三农"的发展，"三农"改革既是整体改革的有机构成，更是农村发展的重要动能，"坚持农业农村优先发展"是对这种历史经验的坚持和升华。

**4. 坚持农业农村优先发展是实施乡村振兴战略必须坚持的总方针**

乡村振兴战略是新时代处理好工农城乡关系的总战略，也是做好"三农"工作的总抓手，而坚持农业农村优先发展是实施乡村振兴战略必须坚持的总方针。只有坚持这一总方针，针对农业"短腿"农村"短板"以及农业农村发展中的薄弱环节，对标全面建成小康社会"三农"工作必须完成的硬任务，尽快"抓重点、补短板、强基础"，在干部配备、财政资金投入、资源配置、公共服务等方面对农业农村给予优先考虑，才能在城乡融合发展的大背景下最终实现乡村全面振兴和农业农村现代化。

# 三 落实优先发展的总体思路与基本原则

构建支持农业农村优先发展的体制机制和政策体系，必须以逐步打破长期存在的城乡二元结构为出发点，立足于抓重点、补"短板"、强基础，着眼于实现农业农村现代化长远目标，构建一个长短结合，标本兼治，与社会主义市场经济体制相适应，以向农民赋权为主线，市场化改革为导向，政府干预有度，极大激发要素、市场和主体向农业农村流动的，管根本、管长远、管全局的城乡融合发展的长效机制，以促进乡村全面振兴和农业农村现代化。

## （一）落实农业农村优先发展的总体思路

### 1. 综合考虑三个维度

一是平等与返权。按照城乡平等目标，制定向农民返权的政策。要把二元结构下制定的不平等制度和政策逐步扭转过来，把应该赋予农民的权利返还给农民，实现城乡居民享受同等的权利。实现农村与城市的平等，首要的是改革城乡分割的户籍制度，统一城乡户口登记制度，加快实施居住证制度。在此基础上，消除依附在二元户籍制度之上的教育、就业、基本养老、基本医疗卫生、住房保障等制度差别。消除城乡分割的制度基础，实现城乡人口和资源的自由流动。

二是坚持发挥市场在资源配置中的决定性作用，为完善农村市场奠定基础，积极培育农村要素市场，规范发展农村产权市场。让土地承包经营权、宅基地使用权、集体收益分配权的有偿退出通过市场来实现。

三是循序渐进，抓重点、补"短板"、强基础。对重点领域和急需补上的"短板"采取适当的机制和政策。重点抓好脱贫攻坚工作，到 2020 年确保现行标准下农村贫困人口实现脱贫、贫困县全部摘帽。继续推进农业供给侧结构性改革，夯实国家粮食安全的基础，补齐农村基础设施和公共服务的"短板"，清除城乡融合的障碍。

### 2. 重点实施"三优"

一是优先发展的次序。对于重点领域和重要任务要放在优先的位置，优先考虑。要着力完成硬任务，毫不放松粮食生产，深化农业供给侧结构性改革，聚力打赢脱贫攻坚战，抓好农村人居环境整治工作。推进新一轮农村改革，加快补齐农村基础设施和公共服务"短板"，扎实做好乡村规划建设和社会治理各项工作。

二是优惠扶持的领域。在工农城乡关系上，要相对于工业和服务业，对农业更加优惠，相对于城市，对农村更加优惠。在农业农村内部，也要区分优惠的领域，处理好特惠与普惠的关系，对于小农户要给予更多的优惠，更大的支持力度和强度。

三是优化投资的效率。要制定优化投资结构，注重投资效率的体制机制。引导资源向高品质、低成本、高收益、可持续的项目流动。

### 3. 以改革创新为根本动力

落实农业农村优先发展，促进乡村全面振兴，必须依靠深化农村改革，创新农村经济运行机制。要把改革创新作为农业农村优先发展的第一推动力，以改革为抓手，以科技创新为支撑，推动形成确保农业农村优先发展的长效机制。要从改革的视角创新体制机制，着力消除阻碍农业农村优先发展的旧的体制机制，按照新发展理念的要求，大胆创新机制，改革不合时宜的体制，优化政府政策，确保农业农村优先发展落到实处。

**4. 以激发农村市场活力为突破口**

全面激活农村的主体、要素和市场，激发农业农村发展的内生动力和活力。从财政支农投入机制、农村金融体系改革入手，加大财政金融的投入力度。同时，疏通社会资本进入农村的渠道，鼓励人才、资金、资源向农村的流动。探索建立社会资本进入农业农村的用地保障机制。出台农业农村支持政策加负面清单制度，清单之外的项目和领域均可以投资。

## （二）落实农业农村优先发展需坚持的原则

### 1. 坚持以消除城乡二元结构为出发点的原则

中国农业农村在二元结构中做出了巨大的牺牲，农业农村依然是"短板"的根本原因是基于二元结构的体制机制长期存在。要让农业农村与工业城市共同发展，必须赋予农业农村与工业城市同等的地位。这是实现农业农村优先发展，实现乡村振兴的最基本条件。

城乡二元结构体制下，农业农村处于被剥夺的地位，在此体制下的经济政策和发展战略大多把城市和工业放在优先保证的位置，而农业和农村的利益得不到有效保证。农村改革虽然激发了农民的生产积极性，农业生产得到了发展，但是，在城市剥夺农村的二元体制没有得到根本改变的情况下，城市仍然是农业增长的最大受益者。如果二元结构不打破，以二元结构为基础的体制机制不消除，农业农村优先发展的成果仍难以避免被城市剥夺。基于二元结构的体制机制其出发点本不是为了维护农民的利益，因此，打破这些制度不仅不会损害农民利益，还会让农民得到更多的应得利益。

以二元户籍制度为基础的体制机制造成了劳动就业、教育、医疗、社会保障、基础设施、公共服务等方面的城乡不平等。农村土地流转和劳动力的流动被刚性的二元制度所限制。受城乡二元结构体制的影响，农村产权制度改革也被附加一定的约束条件。农村产权的财产属性得不到充分保障，产权交易被局限在狭小的市场空间，造成农村居民和城市居民在财产权益上的不公平。消除这些根植于二元结构的政策，是落实农业农村优先发展的前提。

## 2. 坚持市场在资源配置中起决定性作用的原则

构建现代化经济体系，农村市场经济体系是"短板"。长期以来，农业农村市场被干预的程度远远大于工业和城市，农村要素的市场化程度不高，农村资源的市场化程度被严格限定，农产品的市场化程度经常受到政策的干预。农业农村发展中政府和市场的边界不清。应该让市场发挥作用的领域，政府过度干预，而市场失灵的领域，政府又缺位，由此造成市场失灵和政府失灵的叠加，给农业农村发展带来了一系列的问题。农业供给侧结构性改革问题在某种程度上是这种干预不当的结果。

农业发展中政府不当干预带来的负面效应大于正面效应。为了培育新型经营主体，发展适度规模经营，一些地方政府直接干预土地流转，采取行政手段把农民的土地流转给经营主体。政府不当的支持政策，也扭曲了土地流转价格，由此形成了一批规模大，而经营效率低的经营主体。这在某种程度上也导致了规模经营非粮化的趋势。政府不当干预还破坏了公共财政的公平性，把公共财政直接投入经营主体，既扭曲了市场，又破坏了公共财政的普适性。

要素优先配置的应有之义是依靠市场配置，而不是行政配置。让农业成为有奔头的产业是要素在农村配置的根本动力，实现优先配置，首先要为农业经营者提供良好的市场环境，让市场信号得以形成并发挥作用，而不是让农业经营者陷入与政府的博弈中。

### 3. 坚持以农民为主体的原则

农民既是乡村振兴的主体，也是乡村振兴的最大受益者。坚持农业农村优先发展，调动农民的积极性是根本。只有以农民为中心，从农民的利益出发，维护农民的利益，才能让农民成为有吸引力的职业。

同时，要坚持向农民赋权。农村改革之所以取得巨大成功，关键在于向农民赋权。农民拥有了经营决策权，拥有了农产品的处置权，拥有了农村集体产权的收益权，拥有了自由流动的权益等。深化农村改革仍要继续向农民赋权，赋予农民更加充分的财产权益。要建立农民财产积累机制，让农民拥有稳定的、有保障的财产权益。农民财富的积累是资本形成的重要来源，乡村振兴需要外界资本的投入，但根本上还是要依靠农民自身的积累，农村经济取得的巨大成就主要是依靠农民自己的投入，而不是外界的投入。

**4. 坚持乡村振兴与城镇化协调推进的原则**

城镇化既是现代化的重要标志，也是中国现代化的必由之路。农业农村优先发展是为了更好地推进城镇化，实现更高质量的健康城镇化。任何把农业农村优先发展与城镇化对立的做法都是不正确的。中国在快速城镇化进程中提出农业农村优先发展，是着眼于建设现代化强国的需求。只有实现了城乡融合发展，城乡之间的要素流动渠道畅通了，才能实现资源的最优配置。让因渠道不畅而被错配在城市低效率部门的资源流向农村的高效率产业。

不能为了农业农村优先发展就制定不利于城镇化的政策。随着经济发展和现代化水平的不断提高，出现农村人口减少、村庄减少、农村老龄化等现象，是客观规律。在这种情况下，政府应采取积极的应对措施，加大农村医疗、健康、卫生、养老投入，为农村人口提供便利的生活条件。把农村建成安居乐业的美丽家园，并不意味着会促使城市人口逆向回流到农村，而是应补上农村的"短板"，为农业农村发展提供应有的条件，让在农村居住和就业的人过上与城市一样的美好生活。

## （三）落实农业农村优先发展应处理的几个关系

**1. 要处理好"补短板"和优先发展的关系**

现阶段，农业农村优先发展的首要任务是"补短板"。当前，中国城乡发展不平衡和农村发展不充分已经成为全面建成小康社会和现代化建设的重要制约因素。要客观分析这种发展不平衡、不充分的原因，找出阻碍农业农村发展的制度和政策因素，从根本上消除形成二元结构的体制机制。尽快补上农村发展的"短板"，为城乡融合发展奠定基础。"补短板"首先要补体制机制和政策"短板"，消除建立在二元户籍制度之上的城乡分割的歧视性政策，构建基于城乡融合发展、城乡市场和基础设施一体化、城乡基本公共服务均等化的体制机制。

**2. 要处理好城镇化与农业农村优先发展的关系**

要从根本上解决"三农"问题，首先必须发挥城镇化的带动作用，积极引导农村剩余劳动力有序向城镇就近就地转移，逐步减少农民，为适度规模经营和农民增收创造条件。当前，中央提出坚持农业农村优先发展，这是在中国经济发展达到一定阶段后的必然选择。坚持农业农村优先发展，不是不要城镇化，更不是追求人口回流农村的"逆城镇化"，而是需要在城乡融合发展的条件下，依靠城镇化与乡村振兴的联动，实现更好、更高质量的城镇化。要着眼于构建城乡融合发展的体制机制与政策体系，而不是过去城市和工业优先发展战略的翻版。中国城镇化的水平还有很大的提升空间，预计到2035年中国城镇化率将达到72%左右，城镇化的速度尽管在不断下降，但仍将处于高位。从2019年到2035年，预计中国将新增城镇人口2亿人左右，届时仍将有4亿人常住在乡村。

**3. 要处理好政府与市场的关系**

农业和农村产业是现代化经济体系的重要组成部分，要让微观主体有活力，市场机制有效，宏观调控有度的经济体制在农业农村领域发挥作用，就必须处理好农业农村领域政府与市场的关系。把应该由市场做的事情交给市场。要着力培育农村要素市场，发挥市场在资源配置中的决定性作用，依靠市场实现资源与要素向农村的流动。政府要把农业农村优先发展作为工作的指引，而不是直接参与经济活动，更不能在资源配置中起决定性作用。要在建设现代化经济体系中扮演调控有度的角色。在落实要素优先配置时，不可干预市场主体的决策行为，更不可成为市场主体的一部分参与要素的配置。

**4. 要处理好农村改革和其他涉农领域改革的关系**

农业农村发展根本依赖深化农村改革，同时也离不开其他涉农领域的改革。农村改革的目标与方向应是夯实市场经济基础，落实产权制度，为要素流动奠定制度基础。巩固和完善农村基本经营制度，深化农村集体产权制度改革，探索农村集体所有制的实现形式等，应以能否确保农村市场经济有效运行为检验标准。中国农业基础条件依然薄弱，农业竞争力有待提高，农业现代化水平有待提升，解决这些问题，政府需要加大投入扶持力度，但根本上还是需要人才、技术和资本通过市场渠道流向农村。这条渠道是否畅通，深化农村改革是关键。同时，涉农领域改革也至关重要。需要深化劳动就业、农村金融、社会保障、技术推广等领域的改革。农村改革与涉农领域改革协调推进，相辅相成，才能释放更大的改革红利。

**5. 要处理好短期政策与长效机制的关系**

以农业农村优先发展为政策导向，要建立以体制机制为主、政策体系为辅的农业农村优先发展长效体制，构建"管根本、管长远、管全局"的新型体制机制。确保农业农村优先发展落到实处，需要更多依靠体制机制和法律法规，而不是频繁出台具有短期效应的政策措施。经验证明，体制机制越是稳固，其效果越明显，而经常调整政策，使经营者的预期不稳定，政策效果也不好。农村改革开放 40 多年来，我们坚持农村基本经营制度不改变，制度的效果非常明显。农业农村发展要走向法律法规、体制机制调控为主的轨道，要为农业农村发展构建长效机制，以确保农业农村发展不受短期行为影响。

# 四 构建农业农村优先发展的新型
# 体制机制和政策体系

坚持农业农村优先发展是全面建成小康社会、推进乡村全面振兴的重要途径，其核心是促进城乡要素自由流动、平等交换和公共资源均衡配置，推动城乡融合互动和共建共享，最终实现城乡共荣和一体化（魏后凯，2017）。为此，需要结合中国国情，构建体现优先发展要求的"1＋5＋8"新型体制机制和政策体系，从而实现在干部配备、要素配置、资金投入、公共服务等方面优先考虑和满足农业农村的发展。具体地，"1＋5＋8"新型体制机制和政策体系是指以农村基本经营制度这一根本制度为基础，以科技人才保障机制、财政投入保障机制、新型乡村治理机制、生态保护补偿机制、组织领导机制五大体制机制为支撑，以粮食安全保障政策、农业支持保护政策、农村"三产"融合政策、农村公共服务政策、农村人居环境整治政策、农业转移人口市民化政策、农村金融政策、社会资本与农民利益联结政策八大政策为基本落脚点的农业农村优先发展的体制机制和政策体系。

## （一）巩固和完善农村基本经营制度

首先，坚持家庭经营的基础地位，培育新型农业经营主体。中国农村基本经营制度的核心是把家庭经营作为农业生产的基本形式。无论是中国家庭联产承包责任制的改革还是国外农业现代化的经验，无不验证了家庭经营是最适合农业生产的经营方式。但是，目前中国家庭经营面临土地细碎化、土地撂荒严重、生产效率不高、比较收益低等突出问题。为此，需要培育多形式的新型经营主体，重点发展家庭农场和农民合作社，建立健全支持家庭农场、农民合作社发展的政策体系和管理制度。并以新型农业经营主体为纽带，促进小农户和现代农业发展有机衔接，完善"农民＋合作社""农户＋公司"利益联结机制。

其次，完善社会化服务体系，弥补统一经营不足的问题。村集体统一经营的主要职责是公益性社会服务，在生产性领域往往存在效率低、供给不足、定位不准等问题，而多种形式的社会化服务组织可以通过市场资源的配置达到更高的服务效率。因此，明确服务主体，村集体应该在企业或者个人不愿意进入或者低效率的领域进行经营或服务。在农业科技服务和技术推广、农业机械化生产、物流快递、农产品流通等方面应充分发挥市场作用，鼓励多种形式的社会服务主体进入。

## （二） 构建农业农村优先发展的体制机制

### 1. 建立健全农业农村优先发展的科技人才支撑机制

首先，拓宽农村就业渠道，提高农村工作人员社会保障水平，在市场配置下引导人才流向农村。农村劳动力外流的关键因素是缺少农村产业，农村劳动力无法在当地就业。根据各地实际情况，可通过发展农村产业或者政府政策积极引导环境友好型企业到农村带动就业。建立健全城乡劳动者平等就业、同工同酬制度，形成城乡劳动者平等竞争、城乡统一的人力资源市场。完善农村的医疗、养老、就业培训、子女教育等制度安排，构建城乡统一的社会保障体系，提高农户抵御生活风险的能力。发挥当地政府服务作用，减少行政力量干预市场，在市场配置下引导人才流向农村。要采取积极措施，鼓励科技人员、教师、医生等下乡，鼓励乡村医生通过资格考试逐步向助理执业医师、执业医师转变。

其次，培养一批具有一定门槛和标准的新型职业农民。积极推动优质教师资源在城乡的合理流动，确保城乡教师具有相同的待遇。根据中国农业现代化需求，培育一批符合当前农业发展的新农民。从人、财、物等方面给予大力支持，尤其在办学用地场所、创业基地建设、办学设备购置和税收等方面给予政策支持，保障职业农民教育顺利、健康发展。

### 2. 建立健全农业农村优先发展的财政投入机制

第一，支持基础设施优先向农村延伸，促进城乡基础设施互联互通。国家应继续将基础设施建设的重点放在农村，加快补齐农村基础设施"短板"，改善农业生产条件和人居生活环境。一是完善田间道路及农村道路的建设和提档升级，使其满足现代农业中大型设备使用及农产品运输的要求，推动城市公共交通线路向周边农村延伸，鼓励发展镇村公交。二是构建大中小微结合、骨干和田间衔接、长期发挥效益的农村水利基础设施网络，着力提高节水供水和防洪减灾能力。三是加快新一轮农村电网升级改造，提高电能在农村能源消费中的比重。四是推进农村生活垃圾和生活污水治理，探索垃圾与厕所粪污资源化利用方式，逐步推进城镇污水管网向周边村庄延伸覆盖。五是建管并重，加快建立政府扶持、市场主导、企业为主体的运营管护机制，制定农村基础设施运营管护补助标准并纳入各级预算，逐步建立农村资源使用和公共服务适当收费机制，可考虑择优选择市场主体实施物业化运营管理。

第二，支持公共服务优先在农村覆盖，推进城乡基本公共服务均等化。一是继续加大对农村教育支持的倾斜力度，扩大农村教育对象的覆盖范围。二是构建城乡一体、优质均衡的医疗卫生体系。重点推进乡村医生体制改革，建立乡村医生退休制度，并完善退休乡村医生的生活保障机制，建立和支持乡村医生按照规定加入职工养老保险的机制。三是完善城乡一体的社会保障体系建设，加快社会保障向外来落户人口覆盖的进程。

第三，确保农业支持资金投入持续增加，调整优化农业支持政策。在经济增速换挡背景下要促进农民持续增收，就必须继续强化农业的基础地位，确保农业支持资金投入持续增加。中央财政支出要优先保障农业农村，中央预算内投资优先向农业农村倾斜，确保省财政对"三农"的投入增幅高于地区生产总值增幅。

在农业支持政策方面，要进一步完善农业补贴政策，调整农业补贴方式，增强补贴的指向性和精准性。重点加强对粮食主产区、粮食适度规模经营、耕地地力保护、绿色生态农业、农民收入等的补贴力度，切实提高农业补贴的效能。促进农业补贴由"黄箱"补贴转变为"绿箱"补贴，由价格补贴转变为收入补贴，由刺激生产转变为支持绿色生态和适度规模经营。

第四，探索涉农资金统筹整合长效机制，提高资金配置效率和使用效率，给予地方更多的涉农资金使用决策权和灵活性。一是优化涉农资金分配结构，合理优化中央到省市县的财政投入格局，合理安排购买性支出和转移性支出比例，在不同地区和不同阶段科学安排财政投入支持的重点地域和重点领域。二是发挥乡村振兴规划的统筹引领作用，把各类涉农资金尽可能打捆使用，形成合力，在中央和省级层面清理、整合、规范涉农专项转移支付项目，提高涉农资金使用的规模效益。三是真正将涉农资金安排使用的话语权交给地方，尽量减少资金使用中关于配套资金及使用细节方面的要求。

### 3. 建立农业农村优先发展的新型社会治理体制

第一，协调党的基层组织建设、乡村治理与集体经济三者之间的关系。明确和理顺基层党组织、自治组织和集体经济组织的权责边界，通过民主原则配置人员结构和组织结构，构建领导权、决策权、执行权、监督权、经营权、服务权等运作协调的机制。发挥基层党组织在处理乡土人情、利益纠纷、信息公开、环境治理等公共性事务的优势，减少基层党组织行政力量干预市场，充分发挥市场在要素配置中的作用。厘清集体经济组织和自治组织的权责、权限和人员构成，积极探索自治组织与集体经济组织分账管理使用资金的办法，健全村集体经济收益分配机制，推进村集体组织规范化运行。

第二，健全自治、法治、德治相结合的乡村治理体系。积极引导社会组织和村民参与本村发展事务，提升农民群众自我管理、自我服务水平，充分发挥农村基层党组织的领导核心作用，推进村务公开，发挥村内新乡贤、经济能人等群体在乡村治理中的作用。建立基本公共法律服务体系，让村民做到知法、懂法、守法、用法。培育良好的村风民风文化底蕴，加强对模范人物的宣传和褒扬，严厉打击黑社会性质的村霸行为。

第三，加快推进城乡社会治理一体化，积极为村干部松绑，提高村委硬件设施水平。明确乡镇公共服务和行政审批职责，简化行政手续，扩大乡镇对农民直接服务的范围，打造"一门式"办理、"一站式"服务的综合便民服务平台。同时，减少各部门检查督查次数，赋予村干部自主管理权限。上级部门应该减少直接下达的行政任务，着力增强村干部的办事能力，提高村干部工作效率。增加村委的办公经费，满足其基本的办公条件和硬件设施。

第四，创新农村集体经济组织的治理结构，提高集体经济组织的市场化程度。积极探索"政经分设"的集体经济组织治理模式，要求农村自治组织与经济组织实行分离管理，集体经济组织成员通过民主形式共同选举组织管理者，管理者要为集体组织成员负责。消除长期以来阻碍农村集体经济组织参与市场竞争的制度和体制壁垒，面向市场引进资金、技术、人才，提高农村集体经济组织的管理能力，使农村集体经济组织成为有竞争力的市场主体。

第五，创新工作方式方法，推动党建与产业发展相融互动。充分发挥农村基层党组织和党员在推动发展中的引领、带动、示范和辐射作用，整合多方面资源，创新农村党建模式，促进农村经济发展。充分发挥合作社等新型经营主体的纽带作用，探索"党组织+合作社+生产基地+示范户""党建+项目"等模式，推动农村党建与农村产业发展的相融互动。

### 4. 建立健全生态保护补偿机制

首先，建立稳定的投入机制，完善以绿色生态为导向的补贴制度。一是多渠道筹措资金，进一步加大生态保护补偿力度，同时完善生态保护成效与资金分配挂钩的激励约束机制，加强对生态保护补偿资金使用的监督管理。二是完善主产区、主体功能区、生态涵养区等区域的利益补偿机制，补偿其因承担国家职能而丧失的自主发展权。三是建立以绿色生态为导向的农业生态治理补贴制度，对实施耕地轮作休耕、退耕还林还草的农民给予资金补助，完善化学投入品减量高效使用补贴、节本增效生产技术补贴、生态循环模式补贴、农业废弃物资源化利用终端产品补贴制度。

其次，探索市场化、多元化的生态补偿机制，推动政策协同发展。一是要完善生态产品的价格形成机制，充分体现"谁保护，谁受益"的原则，发挥市场机制促进生态保护的积极作用。建立用水权、排污权、碳排放权初始分配和交易制度，完善资源有偿使用机制。二是在清晰界定产权的基础上，完善生态环境损害赔偿制度。三是推动生态产品市场交易、生态环境损害赔偿与生态保护补偿等政策协同发展。

### 5. 创新完善组织领导工作体制机制

第一，在干部配备上优先考虑农业农村工作。一方面要提高村干部的待遇，吸引优秀人才从事农村工作。减少社区干部和村干部的酬薪差距，并逐步达到同劳同酬。建立"五险一金"制度，切实解决村干部后顾之忧，让村干部从其他兼业工作中解放出来。另一方面要加大对基层干部的培训力度，提高已有干部的工作效率。邀请专家学者、企业家等深入乡镇、村委开展培训，加强县级不同部门培训的针对性，突出城乡规划建设、发展区域经济、处置突发事件等方面专业技能的学习培训。

第二，形成五级书记抓农业农村优先发展的局面。加强党对农村工作的领导，在省级成立农村工作领导小组，落实和完善党委统一领导、政府负责、党委农村工作部门统筹协调的体制机制，形成五级书记共抓农业农村优先发展的局面，并将重点放在县一级。各省市要结合当地实际，谋划落实农业农村优先发展的工作部署，提出短期、中期及长期工作目标和重点任务，优化顶层设计。强化组织建设，提高村级组织的凝聚力，在推进村级组织换届选举时，推行村"两委""一肩挑"，实现村党组织书记通过法定程序兼任村委会主任和村集体经济组织负责人。

第三，建立健全干部考核机制。落实农业农村优先发展应做到干部优先配备，建立一整套培养、评价、考核、选拔机制和社会保障体系，正向激励人才主动到基层任职。加强重要指标考核，把财政支农投入增幅、农民收入增加、缩小城乡居民收入差距、耕地保护、生态环境等体现农业农村优先发展的指标列入政府绩效考核。同时，建立和完善容错纠错机制，为敢担当、有作为的干部卸包袱。厘清边界、明确标准、建立容错纠错清单，并因人因事而异选择合适的纠错方式。

## （三）构建农业农村优先发展的政策体系

### 1. 建立健全粮食安全保障政策

首先，落实"藏粮于地、藏粮于技"，提高粮食生产能力。坚持最严格的耕地保护制度，依法做好耕地占补数量和质量的平衡，坚守耕地红线。继续实行耕地轮作休耕制度，根据国家财力和粮食供求状况，重点在地下水漏斗区、重金属污染区、生态严重退化地区开展耕地轮作休耕，对休耕农民给予必要的粮食或现金补助。加强改造农田建设和科技研发方面的投入，涵养土壤，推广优良品种，采取标准化高产高效绿色技术模式，提高粮食生产效率和水平。

其次，健全粮食主产区利益补偿机制，破解产粮大县发展"瓶颈"。粮食主产区往往存在财政收入不高、经济实力薄弱等问题，为此需要给予粮食主产区一定的补偿。一是中央对产粮大县给予政策性补偿，在基础设施建设、农村公共服务供给、相关税务减免等方面给予政策性补偿。二是粮食主销区对产粮大县给予发展性补偿，引导粮食加工企业到产粮大县投资，增强产粮大县的造血功能。粮食主销区根据粮食调入量，按一定比例从地方财政收入中征缴专项补偿基金，用于粮食主产区的农资补贴、粮食收购价格补贴、粮食保险补贴、粮食收储运输补贴、农业基础设施建设与粮食风险基金建设等。

最后，充分利用国际粮食市场，促进国内外市场的融合。随着工业化和城镇化的推进，国内粮食的生产成本进一步提高，国内外粮食价格倒挂。因此，在提高国内资源利用效率、保障国内粮食生产能力的基础上，中国的粮食安全保障的方式也需要以更加开放的姿态，充分利用国际粮食市场，调剂粮食品种。在系统配置国内粮食资源，促进国外市场融合的过程中，不仅要注重商品市场的融合，更要关注规则的融合。

### 2. 调整和完善农业支持保护政策

首先，弱化和取消部分农产品的托市收购政策，充分发挥市场在资源配置中的决定性作用。采取"分品种施策、渐进式推进"的办法，完善农产品价格形成机制。坚持"价补分离"的改革方向，在让价格回归市场的同时探索建立多元化市场收购新机制，让扭曲的农产品价格与市场价格差价逐步缩小，由此改变农民的预期，"倒逼"农民优化农产品的供给结构。

其次，调整农业补贴的领域和力度，提高农业生产能力。调整改进"黄箱"支持政策，逐步扩大"绿箱"支持政策实施规模和范围，持续增加对农业基础设施建设、农业综合开发投入及农民技能培训的补贴力度，提高农业可持续发展能力。逐步减少农产品价格补贴的品种、降低补贴比例，弱化农业补贴的收入保障功能，强化其农业支持功能。加大对适度规模经营的政策支持，对不同规模的经营主体采取有差别的补贴方式，让真正从事适度规模经营的新型农业经营主体得到农业补贴。

最后，构建以风险防范为目的的农业安全网，提高农业经营者抵御风险的能力。构建以财政补贴为基础，多元市场主体共同参与，不区分特定产品的农业风险防控系统，特别要提高农业保险在降低农业自然风险和市场风险中的作用。在现有政策性农业保险的基础上，合理提高保费和理赔标准，拓展政策性农业保险的覆盖范围。

### 3. 完善农村"三产"融合政策

第一，遵循市场规律，转变政府职能。虽然"三产"融合是在政府推动下形成的新事物，但是依然要遵循市场发展的客观规律，政府的作用主要体现在规划引导和政策支持上。应该深化行政体制改革，打破要素流动障碍，建立农村"三产"融合新机制。一是明确政府职责，为农村"三产"融合发展提供市场环境，简化市场准入条件，降低制度性交易成本。二是加大优惠政策支持，在信贷、财税、土地等政策上给予倾斜。三是建立良好的市场环境和交易市场，搭建人才、资金、土地、技术等要素流动服务平台，加快要素市场流通。

第二，探索"三产"融合新动力，找准"三产"融合契合点。农村"三产"融合发展，必须建立利益联动机制，互利共赢才能长久发展。找准"三产"融合契合点，一是积极扶植农业企业、农业合作社和家庭农场等新型经营主体的发展。尤其是要把当地龙头企业做大做强，增强企业辐射带动能力，引领农村不同产业融合发展。二是依靠全面深化改革，激活要素和市场，推动土地、劳动力和资本要素的融合，激发农村发展的内生动力。三是充分挖掘农业的多维功能，以农业为基础，推动农业产业链的纵向延伸以及农业与加工业、文化旅游、休闲康养、电商物流等第二、第三产业的横向融合，为农业增效、农民增收创造条件。

第三，兼顾各方利益，保障农民利益不受损失。农村"三产"融合的出发点和落脚点是农民富裕和乡村振兴。因此，在积极引导多元主体参与的同时，绝不能因为小农户的弱势地位，而使其利益受到损失。应该兼顾各方利益，在保障农民利益的原则下，控制资本不当得利，引导各类主体与农户建立利益联结机制，形成利益共享、风险共担的命运共同体。

第四，建立激励约束机制，促进"三产"融合有序发展。为促进农村"三产"融合发展，政府在财政、税收、信贷、用地等方面应给予相应的政策支持。尤其是对于设施农业、休闲农业等的发展，要安排合理比例的产业配套用地。但是，对于农村"三产"融合，也要有相应的规范和约束，要严格土地用途管制、确保耕地红线和国家粮食安全等。当然，对于当前"大棚房"的整治，也不能简单"一拆了之"，而应该堵疏结合，完善规章制度，建立长效机制。

### 4. 健全农村公共服务政策

首先，加大农村公共服务财政投入，加快推进城乡基本公共服务均等化。财政支持是政府履行公共服务职责的基本保障。坚持农业农村优先发展，应该从根本上调整财政支出在城乡公共服务领域的构成，逐步增加对农村基本公共服务的支出比重。尽快改变政府单一主体的财政供给模式，积极拓展多种形式的民间组织参与社会公共服务建设。在财力有限的情况下，优先加大对农村基本公共服务支持力度。一是优先增加农村义务教育、职业教育和学前教育的投入。要加大农村教育经费投入，不断改善农村教育的硬件设施条件。切实加强农村教师队伍建设，提高工资待遇和社会保障水平，推动形成城乡教师双向流动机制。二是优先增加农村基本医疗服务投入。要逐步提高城乡居民基本医疗保险的补助标准，进一步完善城乡医疗救助制度。加强农村卫生服务网络基础设施建设，提高医护人员的医疗服务能力。三是优先增加农村社会保障的投入。目前，中国农村社会保障标准较低，应该着力完善相关制度，加大农村最低生活保障的补助力度。在条件成熟时，适时推进城乡低保的并轨。

其次，引导农民自主参与，发展以农村居民需求为导向的公共服务。目前，中国农村公共服务主要是各级政府通过行政力量"自上而下"式供给决策。这种决策体制往往忽略了农民真实的需求意愿，导致农村公共服务供需失衡，结构不合理、服务效率低下。因此，必须改革农村公共服务决策机制，充分考虑农村居民公共服务需求意愿，由"自上而下"的决策机制转变为"自下而上"的机制。要建立由内部需求决定公共服务供给，充分反映农民意愿、切实符合农村实际需求的决策机制。

### 5. 完善农村人居环境整治政策

首先，提升村容村貌，建设美丽乡村。村容村貌整治是改善农村人居环境工作的重要组成部分，也是实施乡村振兴战略的一项重要任务。一是加快农村危旧房的整治。各地应结合自身特点，确定危房、旧房改造标准，加大财政补贴力度。二是加快推进农村道路建设。其中，包括村间道路、入户道路的建设，尤其要重视行政区交接地带路况无人维护的问题。通过道路整治，改变村内道路泥泞、村民出行不便的状况。三是加强农村污水治理。加大农村生活污水处理的资金投入，着力加强对种植业中氮、磷、钾导致的地表水富营养化污染，养殖业导致的粪便污染以及生活污水排放等问题的管理。加强对农村饮水安全工程中水源的管理和净化，定期对水源进行样本采集和检验。四是推进村庄绿化，强化村庄公共设施建设。充分利用闲置土地开展植树造林、湿地恢复等活动，建设绿色生态村庄。加强村庄公共照明设施、休闲娱乐场所、老年活动中心等公共场所建设。

其次，创新农村垃圾治理理念，建立农村居民参与治理机制。加快农村垃圾治理，不仅可以改善农村人居环境，而且有利于促进农村可持续发展。与城市垃圾相比，农村垃圾污染复杂多样，包括生活垃圾、农业生产垃圾、建筑垃圾、产业垃圾等。一是结合农村环境污染特点，转变垃圾治理理念，由过去单一的环境安全目标转变为环境、资源和经济效益多赢目标。同时，积极宣传加强农村垃圾治理的重要性，培养农村居民垃圾分类意识。二是加大农村垃圾治理的资金投入，加强垃圾存放的基础设施建设。科学评估农村垃圾生产量，合理安排垃圾存放点、清理工数量和垃圾收运频率，保证垃圾清理高效运转。三是采取适宜的垃圾污染防治和处理技术。结合当地农村发展现状和垃圾处理技术，选取技术成熟、处理设施简单、投入成本低、可持续的垃圾防治和处理技术。

最后，加强厕所粪污治理，提高粪污资源化利用程度。结合各地区特点，积极鼓励厕所粪污资源化利用，推广经济实用的粪污处理技术，争取变废为宝，综合利用。合理选择改厕模式，大力推进厕所革命。在经济发达或者城郊地区，加快推进户用卫生厕所建设和改造。在经济落后或者偏远地区，坚持群众接受、经济适用、维护方便的原则采取不同的改厕模式。同时，注意厕所治理与生活污水治理的有机结合，改厕以不污染农村用水为基本原则。

### 6. 健全农业转移人口市民化政策

首先，深化户籍制度改革，夯实城乡融合发展的基础。城镇化是农业农村现代化和城乡融合发展的基础。国际经验表明，只有城镇化进入稳定期（人口城镇化率达到70%）以后，农村人口大量减少，城市"反哺"农村的能力显著加强，城镇基础设施和公共服务在农村的普及率明显提高，才能逐步迈向城乡全面融合发展。当前，中国距离城镇化稳定期还有一定的差距，且城镇化速度开始趋缓，未来需要继续推进人口城镇化，夯实城乡融合发展的基础。关键是要深化户籍制度改革，促进农业转移人口的市民化，同时还要继续推动更多的农业劳动力转移出来。具体来说，一是全面改革附着在户籍上的管理和福利制度体系，将户籍与附加利益进行有效剥离，形成不以户籍为管理依据的社会管理体制，逐步实现常住人口基本公共服务均等化，建立适度普惠型的社会福利体系。二是针对不同类型的城市分类推进户籍制度改革，完善中央与地方的财政投入机制，缩小城市和地区之间的公共福利差距，提高农业转移人口在中小城市落户的意愿。三是建立健全由政府、企业、个人共同参与的农业转移人口市民化成本分担机制。

其次，健全落户制度，全面放宽农业转移人口在城市的落户条件。当前农业转移人口在城市落户仍然受到社保年限、居住年限等众多限制，成为制约推进农业转移人口市民化的重要因素。促进城乡融合发展，需要在深化户籍制度改革的同时健全落户制度，全面放宽落户条件。一方面要在前些年取消中小城市和小城镇落户限制的基础上，尽快落实Ⅱ型大城市全面取消落户限制和Ⅰ型大城市全面放开放宽落户条件，同时降低超大特大城市积分落户门槛、大幅增加落户规模，不断增加居住证持有者可享受基本公共服务的范围。另一方面要深化"人地钱挂钩"配套政策，在安排中央和省级财政转移支付时综合考虑农业转移人口落户数量等因素，完善对落户较多地区的中央财政资金奖励政策。

### 7. 进一步完善农村金融政策

首先，放开市场准入，培育竞争性市场。国际经验表明，竞争性的农村金融市场能够激励金融创新，有助于增加农村金融供给，降低金融服务成本。目前，中国有覆盖面较大的农信社系统，有村镇银行等新型农村金融机构，一些城市中小银行也开展农村金融服务。但是，总体上来看，农村金融市场的竞争性不足。虽然为了发展村镇银行，降低了市场准入门槛，但是，建立村镇银行的限制条件仍然很多。以现有金融机构作为主发起人的要求不仅阻碍了其他投资者进入市场，更为重要的是现有发起人在农村金融创新方面并没有优势。放开农村金融市场准入，允许民间资本发起成立中小农村金融机构，逐步形成竞争性的农村金融市场，有利于缓解农村金融的供需矛盾。农信社的商业化改革取得了较大的进展，但是，改革的成果能否转化为农村金融供给能力的提高，不仅取决于农信社自身能力的提升，更取决于一个竞争性的农村金融市场，没有竞争，商业化无从谈起。

其次，减少政府干预，改革对农村金融的补贴制度。农村金融受政府的干预依然严重，这不仅不利于农村金融机构的商业化，也是对农村金融改革成果的损害。这种不当干预加重了农村金融机构的财务负担，提高了机构的不良贷款率，进而提高了贷款成本，是造成贷款贵的原因之一。中国对农村金融机构的财政补贴力度不断加大，补贴大多是以农村金融机构增加涉农贷款为条件，但是，由于很难统计涉农贷款的数量，补贴制度的效果不明显。补贴对机构提供涉农贷款能力的提高作用不明显。财政对农村金融的支持应重点放在支持金融机构在农村基层设立网点，为基层农村金融机构提供基础设施和公共产品服务；支持机构的能力建设；支持现有金融机构的农村金融业务扩展、农村金融产品创新和业务创新。

最后，扶持培育农村保险市场。中国农村保险市场发育迟缓，农业保险险种供给严重不足，保险机构提供农业保险的能力不足。要鼓励保险机构的创新，探索开展特定农作物的完全成本保险和收入保险。鼓励保险机构积极参与农业保险，探索基于基层的小额保险项目。改革政府对农业保险的补贴制度，把同时给生产者补贴和保险机构补贴改变为只给生产者补贴。同时，加大农业生产救灾力度，通过救灾和保险为农业生产者防范风险。

### 8. 完善社会资本与农民利益联结政策

首先，放宽社会资本准入限制条件，鼓励社会资本合作模式创新。应逐步放宽农业领域社会资本准入，参照工商业领域改革办法建立农业投资负面清单管理制度，允许社会资本参与没有明令禁止的经营领域。对社会资本的投资方向进行引导，不仅要将其经营范围限制在农业领域，更重要的是，引导社会资本投向集体经济组织低效或失灵的领域。社会资本参与农业产业发展，主要采用了将农民带进市场、引入产业链的合作方式。对于社会资本支持农村建设，引入先进理念和管理则更为重要。合作模式应因地制宜，社会资本与农村集体经济组织之间的合作采取什么模式，政策应留足发展空间，政府也需尊重市场主体之间的契约选择。

其次，建立农村资源资产评估机制，确保农村资产被合理估值。随着农村产权制度改革不断推进，"资源变资产、资金变股金、农民变股东"的"三变"改革方兴未艾。农村资源和资产如何定价，直接影响农民的股东身份和股金收入。尤其是大面积、长期限农村资产使用权流转时，准确的资产估值是农民分享收益的基础。为此，应尽快建立完善农村资源资产评估体系，避免定价机制不合理减低农村各类资产估值。

最后，完善农户利益协调分配机制，实现产业链的合理分工。农民在农业产业链中所处的位置，决定了农民在利益分配中的格局。当前许多地方出现社会资本下乡替代和排斥农民的现象，产业链分工带来的利益分配倾向资本而忽视农民。因此，通过政策引导形成产业链合理分工至关重要。虽然社会资本在不同环节的生产效率都可能高于农民，但从社会分配格局来看，应引导社会资本集中在农产品加工、农业服务业等环节，传统种养环节尽量保证由农村集体、农民专业合作组织和当地农民承担。

### 参考文献

1. 习近平：《在庆祝改革开放 40 周年大会上的讲话》，《人民日报》2018 年 12 月 19 日。

2. 杜志雄、郜亮亮：《"坚持农业农村优先发展"的重要意义及实现路径》，《中国发展观察》2019 年第 3 期。

3. 韩长赋：《坚持农业农村优先发展 大力实施乡村振兴战略》，《求是》2019 年第 7 期。

4. 李明、邵挺、刘守英：《城乡一体化的国际经验及其对中国的启示》，《中国农村经济》2014 年第 6 期。

5. 魏后凯：《农业农村优先发展的内涵、依据、方法》，《农村工作通讯》2017 年第 24 期。

6. 张海鹏、郜亮亮、闫坤：《乡村振兴战略思想的理论渊源、主要创新和实现路径》，《中国农村经济》2018 年第 11 期。

7. 张红宇：《坚定不移推进农业农村优先发展》，《中国党政干部论坛》2019 年第 3 期。

8. 中国社科院中国农村发展报告课题组：《走中国特色的乡村全面振兴之路》，《经济日报》2018 年 8 月 2 日第 16 版。

9. 周建明：《应如何看待村级集体经济——基于国家治理体系和治理能力的视角》，《毛泽东邓小平理论研究》2015 年第 5 期。

综合篇

# 中国农村发展指数测评（2019）

## ——中国农村发展进程及地区比较

韩 磊 王术坤 刘长全[*]

**摘 要：** 本报告基于包括经济发展、社会发展、生活水平、生态环境和城乡融合 5 个维度 25 个指标的中国农村发展指数，对 2011—2017 年全国及各地区农村发展进程进行测度，并重点分析了与 2016 年相比的主要变化。测评结果表明，2017 年农村发展水平在全国、区域和省级层面继续稳步提高，且主要贡献来自社会发展和生活水平的提升；西部与东北地区农村发展的差距缩小，生态环境成为中部和西部地区农村发展水平进一步提高的制约因素；经济发展和社会发展维度存在明显的地区差距，生态环境维度地区差距有所提高且维度贡献率为负值的地区数量最多；各地区维度间发展的失衡仍然存在但普遍趋于缓解。促进乡村振兴需要深化对农村综合发展内涵的认识，提高经济发展和城

---

　＊ 韩磊，管理学博士，中国社会科学院农村发展研究所助理研究员，研究方向为农产品市场；王术坤，管理学博士，中国社会科学院农村发展研究所助理研究员，研究方向为农业政策评估和微观计量分析；刘长全，经济学博士，中国社会科学院农村发展研究所副研究员，研究方向为农村产业经济、奶业经济、区域经济。

乡融合对农村发展的带动作用，促进各地区的均衡发展并缓解西部和东北地区省份维度间发展失衡及生态环境对农村发展的制约。

**关键词：**农村发展　指标体系　综合评价　地区比较

# Assessment of China Rural Development Index（2019）：Rural Development Progress and Regional Comparison in China

Han Lei　Wang Shukun　Liu Changquan

**Abstract：**Based on China Rural Development Index which is composed of 25 indicators in five dimensions，namely，economic development，social development，living standards，ecological environment and urban－rural integration，this report measures progress in rural development at national，regional and provincial levels from 2011 to 2017. More analysis is focused on the changes compared to 2016. The research shows that rural development has improved steadily at all levels and the major contribution is from the improvement of social development and living standards in 2017. The gap between the

Western region and the Northeastern region was narrowed compared to the previous year, ecological environment has become a limiting factor for the further improvement of rural development in Central region and western region. Obvious difference among regions existed both in the dimensions of economic development and social development, the difference among regions was larger and the number of regions with a negative contribution rate is most in ecological environment dimension compared to 2016. The imbalance between dimensions still existed but generally trended to be alleviated. To promote the revitalization of rural areas, it is necessary to deepen the understanding of the connotation of comprehensive rural development, improve the driving effect of economic development and urban – rural integration on rural development, promote the balanced development of all regions and reduce the imbalance between provinces and the constraint of ecological environment on rural development in the western and northeastern regions.

**Key Words**：Rural Development；Index System；Comprehensive Evaluation；Regional Comparison

# 一 前言

为完成对标全面建成小康社会的"三农"工作硬任务，需要加快推进乡村振兴战略和全面落实农业农村优先发展总方针。在此背景下，对农村发展进程、发展形势及面临的问题做系统、客观评估具有突出的必要性。为此，本报告构建了包含经济发展、社会发展、生活水平、生态环境和城乡融合 5 个维度、25个指标的中国农村发展指数，该指标体系在内涵上契合了乡村振兴战略的"产业兴旺、生态宜居、乡风文明、治理有效、生活富裕"20 字总体要求，同时，对城乡关系的强调也反映了推进城乡融合发展、落实农业农村优先发展总方针的要求。基于中国农村发展指数，本报告从全国、区域、省级三个层面对 2017 年中国农村综合发展水平做系统评价，并重点分析与 2016 年相比的主要变化。下文包括三个部分内容：一是对指标调整、缺失值处理及权重确定方法的补充说明；二是测评的主要发现；三是对测评结果的总结和思考。

# 二 指标、数据与方法

## （一） 指标调整

本轮测评是 2016—2018 年三轮农村发展进程测评工作的延续，总体上仍沿用前三轮测评的指标体系框架，但基于数据可获得性等因素调换个别停止发布数据的指标。前三轮测评中衡量生活污染治理的"生活污水处理比例"和"生活垃圾处理比例"两个指标数据停止发布，本轮测评用"无害化卫生厕所普及率"来代替以上两个指标衡量农村生活环境。另外，本轮测评将"最低生活保障支出"调整为"最低生活保障标准"，相应的"城乡最低生活保障人均支出之比"调整为"城乡最低生活保障标准之比"。在此，对各指标的内涵以及数据处理等不再做详细说明。

## （二）数据与方法

中国农村发展指数各指标所用数据来源于《中国统计年鉴》《中国农村统计年鉴》《中国社会统计年鉴》《中国民政统计年鉴》《中国教育统计年鉴》《中国卫生和计划生育统计年鉴》《中国环境统计年鉴》《中国能源统计年鉴》和《中国交通运输统计年鉴》等国家统计局或国家有关部门正式发布的统计资料。根据数据发布情况和指标可获得性，在时间跨度上，指数覆盖2011—2017年；在地域范围上，指数覆盖30个省（区、市），西藏由于指标缺失较多暂时没有纳入，另外也不包括台湾、香港和澳门。

各指标数据处理沿用第一轮测评（刘长全、韩磊，2016）的方法。需要补充说明的有两点：第一，2018年国家统计局根据第三次农业普查对农作物播种面积进行了调整，但只发布了2017年调整后的数据，因此，2011—2016年各地区农作物播种面积数据是各地区统计年鉴上已经根据第三次农业普查调整过的数据。第二，有些指标缺失个别年份数据或个别地区的个别年份数据，本报告主要基于这些指标在其他年份或相应地区其他年份已有数据的年均复合增长率来推算并插值。具体来说：①2011年和2012年各地区耕地面积是根据2008—2013年耕地面积年均复合增长率与2008年耕地面积推算。②2014—2016年宁夏农村有线广播覆盖率缺失，根据2011—2013年覆盖率的年均增速与2013年覆盖率推算。③天津市自2009年起实行的就是城乡一体的城乡居民基本医疗保险制度，没有单独的新型农村合作医疗保险，所以天津的新型农村合作医疗保险人均支出指标用城镇居民基本医疗保险人均支出数据补充。2016 年，国家正式启动城乡居民医疗保险制度的整合工作，广东等个别地区在此之前也已经对城乡居民医疗保险制度进行了整合，各地区因整合缺失的农村合作医疗人均支出数据用相应地区城镇居民基本医疗保险人均支出数据补充。④缺少各年度全国层面的县孕产妇死亡率，都以当年分地区的县孕产妇死亡率加权平均值替代，权重为相应年度各地区活产数。

各指标的标准化仍沿用第一轮测评使用的极值法，为了使各地区农村发展指数跨年度可比，参照樊纲等（2003）的研究，对各年度指标做标准化时统一使用基准年（2011）的最大值和最小值。具体来说：

正向指标：$\hat{x}_{i,t} = ( x_{i,t} - \min x_{i,0} ) / ( \max x_{i,0} - \min x_{i,0} )$

反向指标：$\hat{x}_{i,t} = ( \max x_{i,0} - x_{i,t} ) / ( \max x_{i,0} - \min x_{i,0} )$

其中，$x_{i,t}$ 表示 $t$ 年第 $i$ 个指标的值，$\min x_{i,0}$ 和 $\max x_{i,0}$ 分别表示基准年第 $i$ 个指标的最小值和最大值。标准化后，基期年份各指标的最高得分为 1，最低得分为 0，其他年份各指标的得分可能高于 1 或低于 0。标准化后的指标得分经加权求和后得到总指数，基期年份的总指数在 0—1 分布，其他年份总指数可能高于 1 或低于 0。

在权重确定方面，本轮测评继续沿用均权法（韩磊、刘长全，2018）。与主成分法相比，均权法的优势在于：一是均权法不需要频繁调整权重，有利于测评结果的纵向比较，也符合国家政策长期性、稳定性的导向；二是乡村振兴战略下全面均衡发展的意义更加突出，均权有利于体现全面发展、均衡发展的政策内涵。用均权法确定权重后，五个维度各占20%的权重，每个维度下属的二级指标具有同样的权重，每个二级指标下属的三级指标也具有同样的权重。中国农村发展指数指标体系的构成及各三级指标的权重见表1。由于指标构成及赋权方法的调整，本轮测评中2011—2016年农村发展指数与前三轮的测评结果相比略有变化。

表1　　　　　　　　中国农村发展指数指标体系构成及权重

| 一级指标 | 二级指标 | 三级指标 | 权重 |
|---|---|---|---|
| 经济发展 | 经济水平 | 农民人均可支配收入 | 0.067 |
| | 经济结构 | 工资性收入占可支配收入比重 | 0.067 |
| | 农业现代化 | 亩均农业机械动力数 | 0.022 |
| | | 有效灌溉面积占耕地面积比重 | 0.022 |
| | | 万元农林牧渔业增加值电力消耗 | 0.022 |
| 社会发展 | 文化教育 | 有线广播电视覆盖率 | 0.025 |
| | | 中小学生均固定资产值 | 0.025 |
| | 卫生医疗 | 村卫生室专业技术人员比重 | 0.025 |
| | | 孕产妇死亡率 | 0.025 |
| | 社会保障 | 农村社会养老保险人均支出 | 0.017 |
| | | 新型农村合作医疗人均支出 | 0.017 |
| | | 农村最低生活保障标准 | 0.017 |
| | 社会治理 | 村庄选举登记选民投票率 | 0.050 |
| 生活水平 | 生活消费水平 | 人均消费支出 | 0.033 |
| | | 恩格尔系数 | 0.033 |
| | | 人均教育文化娱乐支出 | 0.033 |
| | 生活设施条件 | 农村集中供水覆盖率 | 0.050 |
| | | 农村道路密度 | 0.050 |

续表

| 一级指标 | 二级指标 | 三级指标 | 权重 |
|---|---|---|---|
| 生态环境 | 农业生产环境 | 亩均用肥量（纯氮）超标水平 | 0.050 |
| | | 万元农业增加值用水量 | 0.050 |
| | 农村生活环境 | 无害化卫生厕所普及率 | 0.100 |
| 城乡融合 | 经济融合发展 | 城乡居民人均可支配收入之比 | 0.067 |
| | 社会融合发展 | 城乡居民最低生活保障标准之比 | 0.067 |
| | 生活水平融合 | 城乡居民人均消费支出之比 | 0.033 |
| | | 城乡居民人均教育文化娱乐支出比 | 0.033 |

全部25个三级指标的指标得分与指标权重之积的和（$\sum w_i \hat{x}_{i,t}$）即为总指数。总指数也是五个维度得分之和，特定维度的得分是该维度上所有三级指标的指标得分与指标权重之积的和（$\sum w_i^j \hat{x}_{i,t}^j$）。其中，$w_i^j$ 是 $j$ 维度第 $i$ 个三级指标的权重，$\hat{x}_{i,t}^j$ 是 $t$ 年 $j$ 维度第 $i$ 个三级指标的得分。每个维度的总权重也是基准年该维度理论上能达到的最高得分。维度得分的变化与总指数变化的比值反映了该维度在农村发展水平变化中的贡献。由于各维度权重相同，不同维度发展水平的差异可以直接通过维度的得分进行比较。但是，为了便于在全国层面和区域层面进行特定维度与整体发展水平的比较，本报告计算了维度分指数 $\left[ \sum (w_i^j \hat{x}_{i,t}^j / \sum w_i^j) \right]$。其中，不同维度的各指标权重之和（$\sum w_i^j$）均为0.2。需要说明的是，不同维度分指数在基准年的理论最高得分都是1，而且在进行不同维度发展水平的比较时，用分维度得分和维度分指数的比较结果是一致的。

# 三 主要发现

## （一） 全国层面农村发展水平及变化

### 1. 全国农村发展水平继续提高，增幅①稳定

2017 年，中国农村综合发展水平继续提高，全国农村发展指数达到 0.692，与 2016 年相比提高了 0.034（见图 1）。2011—2017 年，中国持续加大对农业的资金投入和政策支持，全国财政农林水事务支出由 9937.55 亿元增加到 19088.99 亿元，占国家财政总支出的比重上升了 0.3 个百分点。在国家财政和一系列强农惠农政策的有力支持下，中国农村在经济发展、社会发展、生活水平、生态环境及城乡融合等领域都取得了较好的进展，全国农村发展指数持续上升。从各年度全国农村发展指数与上一年的比较情况来看，除 2013 年提高幅度较大外，其他年份都保持了比较稳定的增长。

### 2. 生活水平得到明显提高，维度发展失衡有所改善

2017 年，五个维度中城乡融合维度得分最高，为 0.161，其次是生态环境（0.156）、生活水平（0.141）、经济发展（0.121）和社会发展（0.113）（见表 2）。与 2016 年比较，生活水平维度得分提高 0.011，是得分提高最多的维度，其在总指

---

① 如没有特殊说明，本报告中指数"增幅""提高幅度"均指指数增减变化的绝对值，而非指数变化的百分比。

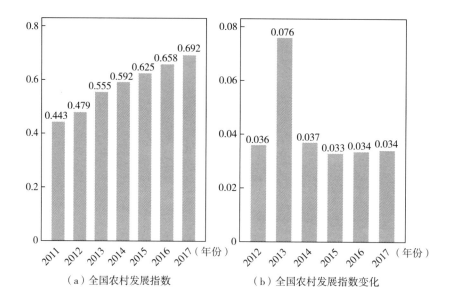

（a）全国农村发展指数　　　　　　　　（b）全国农村发展指数变化

图1　2011—2017年全国农村发展指数及变化

表2　　　　　　　　2011—2017年全国农村发展指数及维度分指数

| | 年份 | 总指数 | 经济发展 | 社会发展 | 生活水平 | 生态环境 | 城乡融合 |
|---|---|---|---|---|---|---|---|
| 发展指数 | 2011 | 0.443 | 0.087 | 0.074 | 0.060 | 0.134 | 0.088 |
| | 2012 | 0.479 | 0.094 | 0.083 | 0.068 | 0.137 | 0.096 |
| | 2013 | 0.555 | 0.102 | 0.092 | 0.098 | 0.142 | 0.122 |
| | 2014 | 0.592 | 0.104 | 0.095 | 0.107 | 0.146 | 0.139 |
| | 2015 | 0.625 | 0.111 | 0.099 | 0.118 | 0.149 | 0.147 |
| | 2016 | 0.658 | 0.115 | 0.104 | 0.130 | 0.154 | 0.155 |
| | 2017 | 0.692 | 0.121 | 0.113 | 0.141 | 0.156 | 0.161 |
| | 2011—2016年变化 | 0.215 | 0.028 | 0.030 | 0.070 | 0.019 | 0.067 |
| | 2016—2017年变化 | 0.034 | 0.006 | 0.009 | 0.011 | 0.002 | 0.006 |

续表

| | 年份 | 总指数 | 经济发展 | 社会发展 | 生活水平 | 生态环境 | 城乡融合 |
|---|---|---|---|---|---|---|---|
| 维度分指数 | 2011 | 0.443 | 0.434 | 0.371 | 0.298 | 0.672 | 0.438 |
| | 2012 | 0.479 | 0.470 | 0.417 | 0.340 | 0.687 | 0.480 |
| | 2013 | 0.555 | 0.510 | 0.459 | 0.488 | 0.708 | 0.609 |
| | 2014 | 0.592 | 0.520 | 0.477 | 0.537 | 0.728 | 0.697 |
| | 2015 | 0.625 | 0.554 | 0.494 | 0.591 | 0.747 | 0.737 |
| | 2016 | 0.658 | 0.576 | 0.522 | 0.648 | 0.769 | 0.775 |
| | 2017 | 0.692 | 0.607 | 0.566 | 0.705 | 0.779 | 0.803 |
| | 2011—2016 年变化 | 0.215 | 0.142 | 0.151 | 0.350 | 0.097 | 0.337 |
| | 2016—2017 年变化 | 0.034 | 0.031 | 0.043 | 0.057 | 0.010 | 0.029 |

数的增长中贡献了 32.4%，与 2011—2016 年期间 32.6% 的平均贡献率基本持平。其次是社会发展，在总指数的增长中贡献了 26.4%，远高于 2011—2016 年 14.0% 的平均贡献率。再次是经济发展和城乡融合，均贡献了 17.6%，而 2011—2016 年以上两个维度在总指数增长中的平均贡献率分别为 13.0% 和 31.2%。得分提高最少的生态环境维度，在总指数增长中的贡献率仅为5.9%，低于 2011—2016 年 8.8% 的平均贡献率。

由于总指数中各维度具有相同权重，因此在维度发展水平的排序中用维度分指数的比较结果与用维度得分的比较结果是一致的。即 2017 年城乡融合维度分指数最高，为 0.803，其次是生态环境（0.779）、生活水平（0.705）、经济发展（0.607）和社会发展（0.566）；维度分指数提高最多的是生活水平，最低的是生态环境。2011—2016 年，维度分指数提高最多和最低的同样也分别是生活水平和生态环境，表明近几年中国农村消费水平和生活设施条件持续得到较大幅度的提高和改善，但农业生产环境和农村生活面貌的改善程度相对较低。2017 年，虽然城乡融合维度分指数最高，但其相较 2016 年提高幅度较小，仅高于生态环境，但 2011—2016 年城乡融合维度分指数提高较大，仅低于生活水平，表明城乡融合水平在得到显著提升后进一步提升的速度有所下降。2011—2017 年，五个维度分指数的最高值与最低值的比值从 2.26 持续降低到 1.42，表明不同维度间发展的失衡有所改善。

就全国各指标标准化后的值来看，2017 年，人均教育文化娱乐支出和城乡居民人均教育文化娱乐支出比两个指标值最高，分别为 1.147 和 1.028。也就是说，2017 年这两个指标的全国平均水平都已经超过 2011 年 30 个省（区、市）的最高水平。指标值最低的依次是农村道路密度、农村社会养老保险人均支出和亩均农业机械动力数，表明从整体上看，2011 年以来，全国农村道路整体水平、农村社会养老保障水平及农业机械化水平提升较慢。

## （二）区域层面农村发展水平比较

### 1. 东部地区农村发展水平显著高于其他地区，西部与东北地区差距缩小

从四大地区的比较情况来看，2017 年，农村综合发展水平最高的是东部地区，指数达到 0.858，中部、东北与西部地区都显著落后于东部地区（见图 2）。虽然 2017 年西部地区农村发展水平最低，指数为 0.602，但与 2016 年相比，西部地区指数提

高最大。2011 年以来，东北地区农村发展水平虽然一直高于西部地区，但两者的差距在不断缩小。2011 年，东北地区农村发展指数比西部地区高 0.083，到 2017 年这一差距缩小为 0.034。

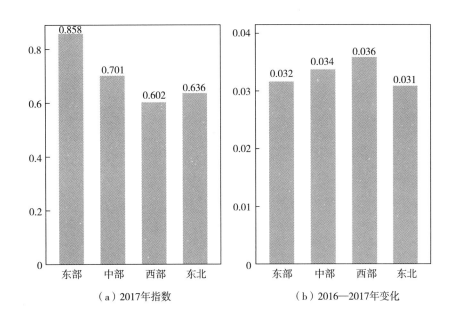

（a）2017年指数　　　　（b）2016—2017年变化

图2　2017 年四大地区农村发展指数及变化

**2. 经济发展和生态环境改善对于东部和东北地区农村发展的带动作用明显，生态环境成为中部和西部地区农村发展水平提高的制约因素**

分维度来看（见表3），2017 年，经济发展、社会发展、生活水平、生态环境和城乡融合五个维度分指数最高的都是东部地区，除了生态环境，其他维度分指数最低的是西部地区，生态环境维度分指数最低的是东北地区。在生活水平、生态环境和城乡融合维度，四大地区分指数的差距不大，但在经济发展和社会发展维度，东部地区的分指数明显高于其他地区。促进全国农村均衡发展应重点在农民收入、农业现代化水平及教育、医疗、社会保障等公共服务领域缩小其他地区与东部地区的差距，特别是要缩小西部地区与东部地区的差距。

表3 　　　　　　　分区域农村发展指数及维度分指数与变化

| 地区 | 指数类别 | 2011 年 | 2016 年 | 2017 年 | 2011—2016 年平均变化 | 2016—2017 年变化 |
|---|---|---|---|---|---|---|
| 东部 | 总指数 | 0.626 | 0.826 | 0.858 | 0.040 | 0.032 |
| | 经济发展 | 0.654 | 0.846 | 0.883 | 0.039 | 0.036 |
| | 社会发展 | 0.550 | 0.735 | 0.781 | 0.037 | 0.046 |
| | 生活水平 | 0.525 | 0.854 | 0.891 | 0.066 | 0.037 |
| | 生态环境 | 0.676 | 0.747 | 0.770 | 0.014 | 0.024 |
| | 城乡融合 | 0.725 | 0.949 | 0.964 | 0.045 | 0.015 |
| 中部 | 总指数 | 0.442 | 0.667 | 0.701 | 0.045 | 0.034 |
| | 经济发展 | 0.464 | 0.593 | 0.620 | 0.026 | 0.027 |
| | 社会发展 | 0.363 | 0.517 | 0.562 | 0.031 | 0.045 |
| | 生活水平 | 0.291 | 0.675 | 0.735 | 0.077 | 0.060 |
| | 生态环境 | 0.605 | 0.700 | 0.710 | 0.019 | 0.010 |
| | 城乡融合 | 0.486 | 0.852 | 0.878 | 0.073 | 0.026 |
| 西部 | 总指数 | 0.345 | 0.567 | 0.602 | 0.044 | 0.036 |
| | 经济发展 | 0.297 | 0.403 | 0.430 | 0.021 | 0.026 |
| | 社会发展 | 0.289 | 0.446 | 0.498 | 0.031 | 0.052 |
| | 生活水平 | 0.258 | 0.625 | 0.689 | 0.073 | 0.065 |
| | 生态环境 | 0.546 | 0.645 | 0.651 | 0.020 | 0.006 |
| | 城乡融合 | 0.333 | 0.714 | 0.744 | 0.076 | 0.030 |
| 东北 | 总指数 | 0.428 | 0.606 | 0.636 | 0.035 | 0.031 |
| | 经济发展 | 0.299 | 0.428 | 0.464 | 0.026 | 0.035 |
| | 社会发展 | 0.359 | 0.476 | 0.517 | 0.023 | 0.041 |
| | 生活水平 | 0.334 | 0.696 | 0.739 | 0.072 | 0.043 |
| | 生态环境 | 0.469 | 0.556 | 0.574 | 0.018 | 0.018 |
| | 城乡融合 | 0.679 | 0.871 | 0.888 | 0.038 | 0.016 |

与 2016 年四大地区不同维度分指数相比，2017 年东部和东北地区分指数在经济发展和生态环境维度的增幅均高于中部和西部地区，而在生活水平和城乡融合维度的增幅均低于中部和西部地区，四大地区社会发展维度分指数的增幅相当。比较结果显示，2017 年，经济发展和生态环境改善对于东部和东北地区农村发展的带动作用相对明显，而促进城乡融合发展方面的体制机制建设和生活设施改善措施在中部和西部取得了更好的成效，与此同时全国农村公共服务及社会治理水平普遍得到提高。

　　与 2011—2016 年四大地区不同维度分指数平均变化情况相比，2016—2017 年各地区分指数增幅都有所下降，且各地区生活水平和城乡融合维度分指数增幅均有所下降，而各地区社会发展维度分指数增幅均有所提高；中部和西部地区生态环境维度分指数增幅下降明显；东北地区经济发展维度分指数增幅略有提高，其他地区经济发展维度分指数增幅保持稳定。这表明，与 2011—2016 年相比，2017 年各地区农村发展水平提升速度普遍有所下降，生活水平和城乡融合水平在经历快速改善和提升后进入平稳发展阶段，"振兴东北"战略在促进东北经济发展方面的作用逐渐显现，而生态环境改善趋缓成为制约中部和西部地区农村发展水平进一步提高的制约因素。

**3. 四大地区农村发展主要来源于社会发展和生活水平的提升，东部和东北地区各维度对指数增长的贡献相对均衡**

　　2017 年，不同维度对总指数增长的贡献表现出以下特点（见图 3）：①四大地区农村发展指数的增长主要来自社会发展和生活水平两个维度的提升，在东部地区社会发展维度对指数增长的贡献最高，贡献率为29.41%，在中部、西部和东北地区，生活水平维度对指数增长的贡献率最高，分别为35.85%、36.09%和27.96%。②生态环境和城乡融合维度对四大地区农村发展指数增长的贡献普遍较低，在中部和西部生态环境的贡献率最低，分别为6.04%和3.24%，在东部和东北地区城乡融合的贡献率最低，分别为9.67%和10.63%。③经济发展对西部地区农村发展指数增长的贡献率较低，仅为14.77%。④在东部和东北地区，五大维度对农村发展指数增长的贡献相比中部和西部地区更加均衡。

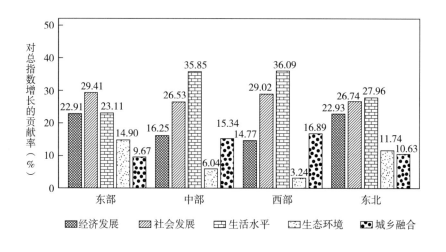

图3 2017年四大地区不同维度对总指数增长的贡献率

**4. 东部地区维度间发展最为均衡，各地区维度间发展失衡状况有所改善**

在四大地区内部，不同维度的发展水平差异明显，还没有达到均衡发展的要求。2017年，四大地区分指数最高的均为城乡融合维度，东部地区分指数最低的是生态环境维度，中部地区分指数最低的是社会发展维度，西部和东北地区分指数最低的是经济发展维度（见表3）。东部、中部、西部和东北地区五个维度分指数的最高值与最低值的比值分别为1.25、1.56、1.72和1.92，结果显示东部地区维度间的发展相对更加均衡，而其他三个地区尤其是东北地区维度间发展明显失衡。但是，与2016年相比，四个地区维度分指数的最高值与最低值的比值均有所下降，东部、中部、西部和东北地区分别下降了0.04、0.09、0.04和0.12，表明各地区维度间发展失衡状况均有不同程度的改善。

## （三）省级层面农村发展水平比较

**1. 各地区农村发展水平普遍提高，生态环境维度贡献率为负值的地区数量最多**

分省（区、市）来看，与2016年相比，全国各地区的农村发展指数均有提高，上升幅度超过全国平均水平（0.034）的有16个。2017年农村发展指数最高的五个地区依次是上海（1.088）、浙江（1.018）、天津（0.951）、北京（0.915）和江苏（0.911），最低的五个地区依次是甘肃（0.533）、新疆（0.547）、青海（0.556）、云南（0.558）和贵州（0.569）（见图4）。从地域分布上看，农村发展指数最高的五个地区均在东部，最低的五个地区均在西部。从各地区农村发展指数的排序方面看，与2016年相比，2017年排名下降的有8个省（区、市），不变的有13个，上升的有9个（见图4）。其中，排名下降最多的省份是安徽，下降了3位，排名上升最多的省份是四川，上升了4位。

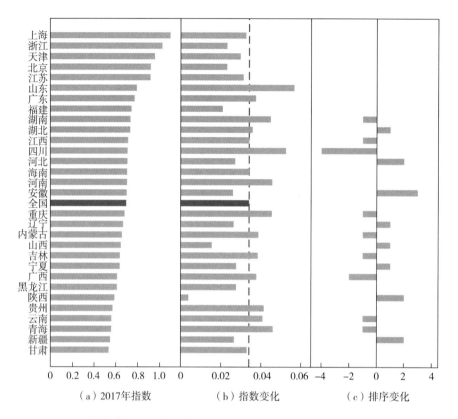

**图4　2017年各省（区、市）农村发展指数及2016—2017年指数与排序变化**

注：（a）图中地区是按2017年农村发展指数从大到小排序。（b）图中竖线的虚线表示全国指数变化的平均水平。（c）图中排序变化为负表示排名上升，即与2016年相比，2017年的排序更靠前；排序变化为正表示排名下降，即与2016年相比，2017年的排序更靠后。

与2016年相比（见表4），农村发展指数增幅最大的地区是山东，上升了0.057，其中社会发展维度的增长贡献了32.8%，是五个维度中最高的。四川的农村发展指数增幅仅次于山东，增长了0.053，其中生活水平维度的增长贡献了55.5%，其他几个维度的贡献都偏低。农村发展指数增幅最小的是陕西，仅上升了0.004，其中，生活水平维度得分上升0.009，贡献最大，生态环境维度得分因为下降 0.018，贡献率为 −463.8%。经济发展、生活水平两个维度分别在山西、浙江的得分出现下降，贡献率为负值；社会发展维度在安徽、福建的贡献率为负值；生态环境和城乡融合两个维度分别在 8 个省（区、市）和 5 个省（区、市）的贡献率为负值，两个维度的得分出现负增长的地区数量自2011 年以来也分别都是最多的。

表 4　　　2017 年各省（区、市）农村发展指数及分维度贡献率

| 地区 | 2017 年发展指数 | 2016—2017 年变化 | 分维度贡献率（%） | | | | |
|---|---|---|---|---|---|---|---|
| | | | 经济发展 | 社会发展 | 生活水平 | 生态环境 | 城乡融合 |
| 全国 | 0.692 | 0.034 | 18.2 | 25.4 | 33.4 | 6.1 | 16.9 |
| 山东 | 0.787 | 0.057 | 13.2 | 32.8 | 18.3 | 24.9 | 10.8 |
| 四川 | 0.704 | 0.053 | 10.7 | 11.6 | 55.5 | 8.6 | 13.6 |
| 青海 | 0.556 | 0.046 | 11.4 | 73.7 | 7.2 | 3.3 | 4.4 |
| 河南 | 0.699 | 0.046 | 17.2 | 57.0 | 32.1 | −8.2 | 1.9 |
| 重庆 | 0.677 | 0.045 | 15.2 | 35.2 | 39.7 | −4.1 | 14.1 |
| 湖南 | 0.730 | 0.045 | 12.9 | 18.6 | 41.6 | −0.6 | 27.4 |
| 贵州 | 0.569 | 0.042 | 16.3 | 14.7 | 26.1 | 24.8 | 18.1 |
| 云南 | 0.558 | 0.041 | 12.3 | 24.9 | 25.2 | 12.8 | 24.7 |
| 内蒙古 | 0.653 | 0.039 | 12.6 | 32.9 | 26.3 | 10.7 | 17.5 |
| 吉林 | 0.636 | 0.039 | 24.4 | 36.7 | 17.5 | 16.0 | 5.4 |
| 广西 | 0.610 | 0.038 | 19.8 | 3.7 | 40.6 | 25.4 | 10.4 |
| 广东 | 0.766 | 0.037 | 8.2 | 50.7 | 21.1 | 13.4 | 6.6 |
| 湖北 | 0.728 | 0.036 | 19.0 | 20.7 | 43.0 | 1.4 | 15.9 |
| 海南 | 0.700 | 0.034 | 19.5 | 43.5 | 28.3 | 10.0 | −1.3 |
| 江西 | 0.710 | 0.034 | 25.1 | 14.3 | 28.7 | 28.5 | 3.4 |
| 甘肃 | 0.533 | 0.033 | 6.3 | 26.8 | 32.3 | −4.9 | 39.6 |
| 上海 | 1.088 | 0.033 | 35.8 | 53.4 | 20.9 | −10.0 | −0.1 |
| 江苏 | 0.911 | 0.031 | 29.6 | 17.4 | 31.9 | 9.3 | 11.9 |

续表

| 地区 | 2017年发展指数 | 2016—2017年变化 | 分维度贡献率（%） | | | | |
|------|------|------|------|------|------|------|------|
| | | | 经济发展 | 社会发展 | 生活水平 | 生态环境 | 城乡融合 |
| 天津 | 0.951 | 0.030 | 16.0 | 14.2 | 7.4 | 66.7 | −4.3 |
| 宁夏 | 0.634 | 0.028 | 15.9 | 21.3 | 64.3 | 8.1 | −9.5 |
| 黑龙江 | 0.609 | 0.028 | 26.7 | 11.5 | 54.1 | 3.1 | 4.8 |
| 河北 | 0.703 | 0.027 | 20.4 | 38.5 | 25.2 | 1.4 | 14.6 |
| 新疆 | 0.547 | 0.027 | 18.1 | 41.0 | 29.6 | −12.5 | 23.8 |
| 辽宁 | 0.665 | 0.026 | 16.8 | 28.3 | 15.9 | 14.7 | 24.3 |
| 安徽 | 0.696 | 0.026 | 14.9 | −9.9 | 41.5 | 22.0 | 31.5 |
| 浙江 | 1.018 | 0.023 | 45.1 | 30.3 | −3.1 | 19.1 | 8.7 |
| 北京 | 0.915 | 0.023 | 28.4 | 66.6 | 44.0 | −36.4 | −2.6 |
| 福建 | 0.739 | 0.021 | 33.6 | −92.5 | 47.3 | 41.3 | 70.2 |
| 山西 | 0.644 | 0.016 | −0.4 | 61.0 | 20.0 | 1.6 | 17.8 |
| 陕西 | 0.585 | 0.004 | 127.5 | 58.3 | 226.0 | −463.8 | 152.0 |

注：表中地区按2016—2017年农村发展指数变化从大到小排序。

## 2. 农村发展水平呈"两端分化、中间趋同"分布特征，地区间差距趋于缩小

在省级层面，农村发展水平最高的几个地区的总指数大幅高于其他地区，并且相互之间差距也较大，农村发展水平居中的近20个省（区、市）的总指数非常接近，农村发展水平最低的几个地区的总指数明显低于其他地区，整体上呈"两端分化、中间趋同"的分布特征（见图4）。2017年，农村发展水平最高的五个地区农村发展指数的平均值为0.977，农村发展水平最低的五个地区农村发展指数的平均值为0.553，两者之比为1.767，比2016年低了0.075；全国所有地区农村发展指数的变异系数

为 0.195，比 2016 年低 0.011。2011—2017 年，农村发展水平最高和最低的五个地区农村发展指数平均值之比持续下降，且各地区间农村发展指数的变异系数也持续下降，表明近年来中国地区间农村发展水平差距呈缩小趋势（见图 5）。

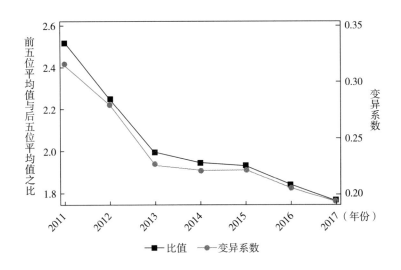

**图 5 2011—2017 年最高五位与最低五位指数平均值比值及变异系数**

### 3. 经济发展和社会发展维度地区差距较大，生态环境维度地区差距扩大

在不同维度的地区差异方面，2017 年经济发展维度的地区差距最大，维度分指数的变异系数达到 0.380，其次是社会发展维度（0.337）、生态环境维度（0.198）和生活水平维度（0.178），城乡融合维度的地区差距最小，维度分指数的变异系数为 0.150（见图 6）。与 2016 年相比，除了生态环境维度，2017 年其他维度分指数的变异系数均有所下降，地区间差距均有所缩小。从 2011—2017 年的变化情况来看，生活水平和城乡

融合维度分指数的变异系数下降明显，其他维度变化不大且经济发展和社会发展维度分指数的变异系数一直处于高位。综合来看，2011—2017 年中国农村发展水平地区间差异缩小的主要贡献来自生活消费水平、生活设施条件、城乡融合方面差距的缩小，而进一步缩小地区间农村发展水平差距应重点缩小各地区在经济发展和社会发展方面的差距，同时要采取措施预防生态环境维度地区间差距的扩大。

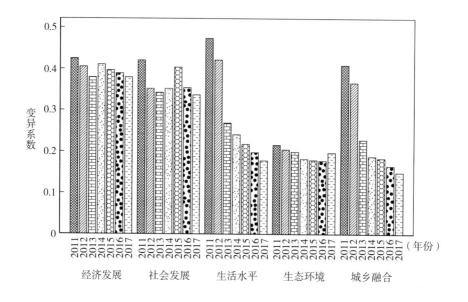

图 6　2011—2017 年分维度地区差距及变化

从各三级指标标准化值的变异系数看，2017 年，社会发展维度中的农村社会养老保险人均支出的地区差距最大，变异系数达到 1.181。变异系数最小的指标依次是城乡融合维度中的城乡居民人均教育文化娱乐支出比和城乡居民人均消费支出之比，以及生态环境维度中的万元农业增加值用水量，以上指标的变异系数分别为 0.109、0.192 和 0.197，表明以上几个方面的地区间差距较小。2017 年，新疆有 5 个指标的值是在全国 30 个省（区、市）中最低的，获得最低值的指标数量最多；贵州有 3 个指标的值是全国最低的；青海、甘肃、广西、北京则分别有 2 个指标的值是最低的。值得注意的是，2017 年北京单位农林牧渔业增加值电力消耗为 0.162 千瓦时/元，是全国最高的，而且 2011 年北京万元农林牧渔业增加值电力消耗也是最高的，2017 年比 2011 年高了 29.6%，指标标准化的值也降至 −0.304；2017 年，贵州有效灌溉面积占耕地面积比重为 24.7%，比 2011 年最低值 25.4%（甘肃）还要低 0.7 个百分点，标准化的指标值降至 −0.011。

**4. 维度间发展失衡在西部与东部地区省份更突出，但普遍趋于缓解**

基于各地区不同维度分指数的比较情况，2017 年，各地区发展水平最高的维度集中在城乡融合，发展水平最低的维度集中在经济发展和社会发展（见表 5）。从各地区发展水平最高的维度来看，云南、贵州、广西 3 个地区为生态环境维度，宁夏、山东、四川、陕西、北京 5 个地区为生活水平维度，上海为社会发展维度，浙江为经济发展维度，其他 20 个地区为城乡融合维度。从各地区发展水平最低的维度看，宁夏、云南、山西、新疆、内蒙古、青海、甘肃、辽宁、吉林、海南、黑龙江 11 个地区为经济发展维度，江西为生活水平维度，浙江、上海、陕西、北京、广东 5 个地区为生态环境维度，其他 13 个地区为社会发展维度。

表5                              2017年发展水平最高与最低维度的地区构成

|  |  | 发展水平最高的维度 | | | | |
|---|---|---|---|---|---|---|
|  |  | 经济发展 | 社会发展 | 生活水平 | 生态环境 | 城乡融合 |
| 发展水平最低的维度 | 经济发展 |  |  | 宁夏 | 云南 | 山西　新疆　内蒙古<br>青海　甘肃　辽宁<br>吉林　海南　黑龙江 |
|  | 社会发展 |  |  | 山东<br>四川 | 贵州<br>广西 | 江苏　福建　河南<br>重庆　湖南　天津<br>湖北　河北　安徽 |
|  | 生活水平 |  |  |  |  | 江西 |
|  | 生态环境 | 浙江 | 上海 | 陕西<br>北京 |  | 广东 |

从各地区五个维度分指数的最高值与最低值的比值来看，维度间发展水平失衡最严重的地区主要分布在东北与西部地区，最协调的地区则主要在东部（见图7）。2017年，五个维度发展水平失衡最严重的地区是广西，维度分指数的最高值与最低值的比值为3.00，其次是甘肃（2.35）、内蒙古（2.31）、黑龙江（2.22）和吉林（2.22）；五个维度发展最协调的地区是广东，维度分指数的最高值与最低值的比值为1.22，其次是浙江（1.29）、江西（1.42）、江苏（1.44）和天津（1.44）。与2016年相比，2017年大多数地区在五个维度的发展水平上变得更加协调，22个地区五个维度分指数的最高值与最低值的比值出现下降，降幅最大的地区依次是河南、重庆、吉林。

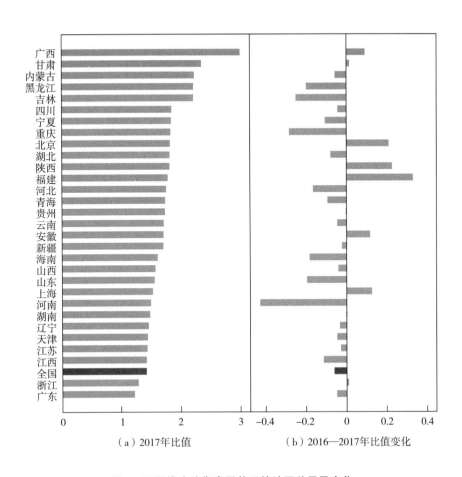

（a）2017年比值  （b）2016—2017年比值变化

图7　不同维度均衡发展状况的地区差异及变化

# 四　总结与思考

基于中国农村发展指数，本报告对 2011—2017 年全国、区域（四大地区）和省级层面的农村发展水平进行了测算与地区间的比较研究，并重点分析了与 2016 年相比的突出变化。测评结果显示：①农村发展水平在全国、区域和省级三个层面继续稳步提高，农村发展的主要贡献来自社会发展和生活水平的提升；②不同区域之间农村发展水平存在一定差距，东部地区明显领先，西部与东北地区的差距缩小，生态环境成为中部和西部地区农村发展水平进一步提高的制约因素；③农村发展水平在省份之间继续呈"两端分化、中间趋同"分布特征，省份间农村发展差距继续缩小；④经济发展和社会发展维度存在明显的地区差距，以农村社会养老保险人均支出为代表的社会保障与基本公共服务存在较大地区差距，生态环境维度地区差距有所提高且生态环境维度对农村发展指数的贡献率为负值的地区数量最多；⑤西部与东北地区省份内部维度间发展失衡更为突出，纵向看各省份维度间发展失衡问题趋于缓解。

在全面建成小康社会的决胜期和乡村振兴战略的快速推进期，2019 年中央一号文件又进一步强调坚持农业农村优先发展，为农村发展注入新的动力。基于"三农"工作要完成的硬任务和农村发展指数所反映出的发展状况及问题，继续深化改革、推动农村发展应注意几个方面：第一，未来要继续深化对农村综合发展内涵的认识，从经济、社会、生活、生态、城乡融合等不同维度出发促进农村各领域全面发展，加快以农村道路、农村社会养老保障及农业机械化等为代表的农村基础设施、农民保障水平与农业现代化水平的提升，重点提高经济发展和城乡融合在农村综合发展水平提升中的作用，特别是加快生态环境建设，扭转许多地区生态环境维度分指数负增长的局面。第二，继续促进地区间的协调发展，重点提高西部地区和东北地区农民收入和农业现代化水平，着力消除西部、东北地区与东部和中部地区在教育、医疗、社会保障等公共服务领域的差距，预防生态环境维度地区

差距的扩大。第三，着力消除广西、甘肃、黑龙江为代表的西部
和东北地区的省份所面临的维度间发展失衡问题。

## 参考文献

1. 刘长全、韩磊：《中国农村发展指数测评——中国农村发展进程及
   地区比较》，转引自魏后凯等主编《中国农村发展报告——聚焦农
   村全面建成小康社会》，中国社会科学出版社 2016 年版。

2. 樊纲、王小鲁：《中国各地区市场化相对进程报告》，《经济研究》
   2003 年第 3 期。

3. 韩磊、刘长全：《2018 年中国农村发展指数测评——中国农村发展
   进程及地区比较》，转引自魏后凯等主编《中国农村发展报告——
   新时代乡村全面振兴之路》，中国社会科学出版社 2018 年版。

# 乡村振兴发展评价指数

## ——以 2035 年基本实现农业农村现代化为目标

朱　钢　张海鹏*

**摘　要：**本报告以乡村振兴战略"产业兴旺、生态宜居、乡风文明、治理有效、生活富裕"的总要求、习近平总书记提出的"五个振兴"的要求，以及城乡融合发展的要求为理论基础和依据，构建了包括 5 个一级指标、14 个二级指标、34 个三级指标和 40 个具体指标的乡村振兴发展评价指标体系。在此基础上，基于 2035 年基本实现社会主义现代化和实施乡村振兴战略目标，参考发达国家一般水平，以及国家和有关部门制定的规划和标准，此外还充分考虑城乡接轨的目标，为评价指标设定了 2035 年目标值。最后，本报告以构建的乡村振兴发展评价指标体系，对湖州市的乡村振兴发展进行了评价，以期为各地实现乡村振兴提供借鉴。

**关键词：**乡村振兴　发展指数　农业农村现代化

---

* 朱钢，中国社会科学院农村发展研究所研究员，研究方向为农村发展、农村财政、城乡关系；张海鹏，管理学博士，中国社会科学院办公厅研究员，研究方向为城乡关系与城乡发展一体化、林业经济理论与政策、资源与环境经济。

# Rural Revitalization Development Evaluation Index

## —Aiming At the Goal of Basically Realizing Agricultural and Rural Modernization in 2035

Zhu Gang  Zhang Haipeng

**Abstract**: This paper takes the general requirements of the strategy of Rural Revitalization such as "industrial prosperity, ecological livability, rural culture, effective governance, rich life", the requirements of "five revitalization" proposed by General Secretary Xi Jinping, and the requirements of urban and rural integration development. Based on this, a rural revitalization development evaluation index system was constructed including five first – level indicators, 14 second – level indicators, 34 third – level indicators and 40 specific indicators. On this basis, based on the basic goal of realizing socialist modernization and implementing the strategy of Rural Revitalization in 2035, with reference to the general level of developed countries, as well as the planning and standards formulated by the state and relevant departments, and fully considering the goal of urban – rural integration, the target value of 2035 is set for the evaluation index. Finally, this paper evaluates the development of Rural Revitalization in Huzhou city, based on the evaluation index system of Rural Revitalization development, in order to provide reference for the realization of Rural Revitalization across the country.

**Key Words**：Rural Revitalization；Development Index；Agricultural and Rural Modernization

乡村振兴战略是党中央着眼党和国家事业发展全局，深刻把握现代化建设规律和城乡关系变化特征，顺应亿万农民对美好生活的向往，基于破解中国农业农村现代化进程中的难题而提出的，是新时代全面解决"三农"问题的总章程，具有非常重大的时代意义。党中央高度重视乡村振兴战略的实施，并且做出了分三步走的战略部署：到2020年，乡村振兴取得重要进展，制度框架和政策体系基本形成；到2035年，乡村振兴取得决定性进展，农业农村现代化基本实现；到2050年，乡村全面振兴，农业强、农村美、农民富全面实现。虽然《乡村振兴战略规划（2018—2022年）》已经发布，但是期限仅为2022年，时间较短。为了更好地推动各地乡村振兴，有必要编制乡村振兴发展指数和指标体系，用以测度、评价各地乡村振兴水平、实现程度、进展以及存在的主要问题。

通过指数对乡村振兴水平和进展进行评价，具有以下三个方面的意义。第一，有助于各地清晰认识自身乡村振兴的现实水平，为加快推进乡村振兴决策提供参考。对各地乡村振兴各个方面现状进行评价，一方面有助于了解自身的进展情况，找出自身发展的"短板"或"瓶颈"，为未来制定更有针对性的政策提供依据；另一方面有助于了解自身与其他地区的差距，明确自身在推进乡村振兴战略工作中的成就和不足，为未来制定赶超政策提供参考。第二，有助于了解各地乡村振兴的发展水平与差距，为制定差异化政策提供依据。通过对不同区域单元（市、县）乡村振兴的评价，有助于从不同层面了解域内各单元乡村振兴发展的状况，通过排序识别乡村振兴的先进和落后单元，并进一步甄别出落后的环节，这对于从空间上认识乡村振兴的进程，科学把握乡村振兴发展的趋势，进而制定差异化的政策具有重要的价值。第三，有助于及时总结乡村振兴的实践经验，为推广先进经验提供参考。乡村振兴是一条具有中国特色的农业农村现代化道路，是一项创新性的实践，没有哪个国家或地区的经验可以完全照搬，需要"摸着石头过河"，通过不断的"试错"去积累经验。因此，通过对各地乡村振兴的评价和比较，有助于发现推进乡村振兴战略的先进典型和重点环节，通过对这些先进经验和做法的进一步总结和归纳，将为其他地区下一步乡村振兴战略的推进提供最直接的参考。

本指数选择 2035 年作为评价目标出于以下考虑。到 2020 年乡村振兴实践的具体效果难以显现，实际上中央的部署也是基本建立制度框架和政策体系，因此 2020 年难以作为实施效果的评价目标。2050 年是实现全面振兴的时间，距离当前还有 30 多年，时间过长，"农业强、农村美、农民富"是一个定性的要求，具体的定量化的标准则是随着时间不断调整的，因此提出 30 多年后的具体目标是不可行的，也是不科学的。2035 年则是一个比较合适的时间，而且中央部署也比较清晰具体，农业农村现代化基本实现的目标较为明确，具体目标值的设计相对容易把握。

# 一 构建指标体系和指标选取的原则与依据

## （一）构建指标体系和指标选取的原则

在乡村振兴发展指数指标体系的确定和指标选取上，主要遵循的原则是：

### 1. 代表性原则

能全面、客观地体现乡村振兴的核心和主要内容；同时，指标体系还应该具有一定的针对性，能够瞄准乡村振兴面临的核心问题和实际情况，确定出关键性和决定性的要素，体现社会主义乡村振兴道路的特色。

### 2. 实用性原则

衡量乡村振兴水平的指标不仅要科学客观，还应充分考虑数据资料的可得性或可测性，要具有简便实用和可操作的特性，尽量以指标的相对量来衡量，以便保持可比性和连续性。

### 3. 可比性原则

所选指标要便于横向与纵向的研究分析。乡村振兴有其自身的规律和共性特征，所设立的评价指标应具有普遍的适用性和可行性，才能便于地区间比较，从而提高指标体系的使用范围。

**4. 可靠性原则**

在具有几乎同等代表效果的前提下，尽可能满足指标数量的最小性和数据来源的可靠性，以便指标少而精，但又能客观合理地反映乡村振兴的实际状况。

**5. 结果性原则**

乡村振兴发展指标可以划分为结果性指标和过程性指标两大类，前者用来度量乡村振兴某一方面的实际状况和水平，后者用于对乡村振兴状况和水平的解释。本指数主要是客观度量和反映各地区乡村振兴实际状况和水平，因此，指标以结果性指标为主。

## （二）指标设置的依据

乡村振兴发展指数指标的设置主要有三个依据：

一是乡村振兴战略的总体要求，即"产业兴旺、生态宜居、乡风文明、治理有效、生活富裕"。

二是习近平总书记 2018 年 3 月 8 日在十三届全国人大一次会议参加山东代表团审议时讲话中提出的"五大振兴"，即乡村产业振兴、乡村人才振兴、乡村文化振兴、乡村生态振兴、乡村组织振兴。

三是城乡融合发展的要求。党的十九大报告和《中共中央国务院关于实施乡村振兴战略的意见》（以下简称《意见》）均明确提出要"建立健全城乡融合发展体制机制和政策体系"，《意见》提出"坚持城乡融合发展"是实施乡村振兴战略基本原则之一。可以说，城乡融合发展是推动乡村振兴的核心引擎，事关乡村振兴战略的成败。城乡融合发展既是乡村振兴的外部条件，也是乡村振兴的必备条件。因此，指标中必须包含体现城乡融合发展的内容。

# 二 指标体系的构成

按照构建指标体系和指标选取遵循的原则和指标设置依据，乡村振兴发展指数指标体系包括5个方面，每一个方面构成乡村振兴发展指数的一级指标，这5个一级指标分别是：产业兴旺、生态宜居、乡风文明、治理有效和生活富裕。

每个一级指标由若干个二级指标组成，每个二级指标下再由若干个三级指标组成，每个三级指标由1—3个具体指标表示。乡村振兴发展指数指标体系由5个一级指标、14个二级指标、34个三级指标和40个具体指标组成。

乡村振兴发展指数指标体系如表1所示。

表1　　　　乡村振兴发展指数指标体系及2035年目标值

| 一级指标 | 二级指标 | 三级指标 | 具体指标 | 单位 | 目标值 |
|---|---|---|---|---|---|
| 产业兴旺 | 农业发展 | 农业机械化 | 主要农作物耕种收综合机械化率 | % | >90 |
| | | 粮食生产水平 | 粮食单产水平 | | 比2015年提高15% |
| | | 农业劳动生产率 | 农业劳动力人均增加值 | 元 | >87500 |
| | | 农产品质量安全 | 主要农产品农药残留合格率 | % | >99.8 |
| | | 农业用水效率 | 农田灌溉水有效利用系数 | | >0.63 |
| | 产业融合 | 农产品加工 | 农产品加工业与农业总产值比 | | >3 |
| | | 乡村旅游 | 开展旅游接待服务的行政村比例 | % | >30 |
| | 城乡融合 | 城乡二元经济 | 城乡二元对比系数 | | >0.50 |

续表

| 一级<br>指标 | 二级指标 | 三级指标 | 具体指标 | 单位 | 目标值 |
|---|---|---|---|---|---|
| 生态<br>宜居 | 村容村貌 | 生活垃圾处理 | 生活垃圾无害化处理的行政村比例 | % | >95 |
| | | 生活污水处理 | 生活污水处理农户覆盖率 | % | >95 |
| | | 卫生厕所 | 农村无害化卫生厕所普及率 | % | 100 |
| | | 公共厕所 | 有水冲式公共厕所的行政村比例 | % | >80 |
| | 生态环境 | 村庄绿化 | 村庄绿化覆盖率 | % | >45 |
| | | 农业废弃物综合利用 | 畜禽粪污综合利用率 | % | >95 |
| | | | 主要农作物秸秆综合利用率 | % | 100 |
| | | 城乡环境融合 | 全年好于二级的优良天气比例 | % | >95 |
| 乡风<br>文明 | 文化建设 | 文化场所 | 有文化礼堂的行政村比例 | % | >50 |
| | | 文化组织 | 有农民业余文化组织的行政村比例 | % | 100 |
| | 卫生养老 | 卫生服务 | 有卫生室的行政村比例 | % | >98 |
| | | 养老服务 | 有基本养老服务的行政村比例 | % | >95 |
| | | | 有本级政府创办的敬老院的乡镇比例 | % | >95 |
| | 教育发展 | 教育水平 | 农村九年义务教育巩固率 | % | >99.8 |
| | | | 农村人口平均受教育年限 | 年 | >10.15 |
| | | 城乡差距 | 城乡人口平均受教育年限比 | — | >0.868 |
| 治理<br>有效 | 基层服务 | 综合服务 | 有综合服务站的行政村比例 | % | 100 |
| | | 志愿服务 | 有志愿者服务组织的行政村比例 | % | >50 |
| | 公共安全 | 灾害应急设施 | 有应急避难场所的行政村比例 | % | 100 |
| | | 社会治安 | 农村刑事案件发生率 | 起/<br>万人 | <13 |
| | 基层民主 | 村民满意度 | 村民对村务公开满意度 | % | >95 |
| | | 民主参与度 | 村委会选举村民参与率 | % | >95 |

续表

| 一级指标 | 二级指标 | 三级指标 | 具体指标 | 单位 | 目标值 |
|---|---|---|---|---|---|
| 生活富裕 | 收入水平 | 收入水平 | 农民人均可支配收入 | 元 | >45000 |
| | | 城乡差距 | 城乡居民收入比 | | <2 |
| | 生活水平 | 饮水安全 | 农村自来水普及率 | % | >98 |
| | | 道路交通 | 行政村客运通车率 | % | 100 |
| | | | 村内主干道路面硬化的行政村比例 | % | >98 |
| | | | 村内主要道路有路灯的行政村比例 | % | 100 |
| | | 互联网 | 农村宽带入户率 | % | >90 |
| | | | 有电子商务配送站点的行政村比例 | % | >90 |
| | 保障水平 | 最低生活保障 | 城乡最低生活保障差异 | | 1 |
| | | 基本医疗保障 | 城乡基本医疗保障差异 | | <2 |

注：表中均为2015年价格。

# 三　指标解释

指标分为两大类，即正向指标和反向指标。在进行测度时，正向指标数值越大，表明乡村振兴发展水平越高；反向指标数值越小，表明乡村振兴发展水平越高。本指数以正向指标为主，40个具体指标中，除"农村刑事案件发生率""城乡居民收入比""城乡最低生活保障差异"和"城乡基本医疗保障差异"4个指标为反向指标外，其他指标均为正向指标。

## （一）产业兴旺

《意见》指出"乡村振兴，产业兴旺是重点"，要"提高农业创新力、竞争力和全要素生产率，加快实现由农业大国向农业强国转变"。产业兴旺由农业发展、产业融合和城乡融合3个二级指标合成。

### 1. 农业发展

农业发展是产业振兴的基础和核心。对一个人口大国来说，没有农业的发展和农业的现代化，经济发展将是畸形的发展，也不可能真正实现乡村振兴和国家现代化。即使是城镇化水平较高的地区，农业发展和农业现代化也依然是乡村振兴的重要内容和标志。

乡村振兴中农业发展的核心是农业现代化。农业发展由农业机械化、粮食生产水平、农业劳动生产率、农产品质量安全和农业用水效率5个指标合成。

（1）农业机械化。是农业现代化的重要组成部分和标志，表示农业生产的技术装备水平，具体使用"主要农作物耕种收综合机械化率"来衡量，取值0—100%。

（2）粮食生产水平。《意见》指出，要"深入实施藏粮于地、藏粮于技战略，严守耕地红线，确保国家粮食安全，把中国人的饭碗牢牢端在自己手中"。保持较高水平的粮食生产能力是乡村振兴的重要内容。本指数的粮食生产水平具体使用在严守耕地红线下的"粮食单产水平"来衡量，粮食单产水平既体现了生产能力，也体现了粮食生产的科技水平和现代化生产水平。考虑到年际间可能发生的波动，粮食单产以 3 年平均产量计算。

（3）农业劳动生产率。是衡量农业生产效率的重要指标，是农业技术装备水平、农业科技应用水平、农业生产管理水平等的综合体现，也是体现农业竞争力的重要标志。具体使用按 2015 年不变价格计算的"农业劳动力人均增加值"来衡量。

（4）农产品质量安全。农产品质量安全是现代农业发展的重要内容，也是提高农产品市场竞争力的关键因素，具体使用"主要农产品农药残留合格率"来衡量，取值 0—100%。

（5）农业用水效率。农业是中国的用水大户，占总用水量的 60% 以上，因此，提高农业用水效率是现代农业发展的重要内容。农业用水效率具体使用"农田灌溉水有效利用系数"来衡量，取值 0—1，数值越大，表明农业用水效率越高。

### 2. 产业融合

由农产品加工和乡村旅游两个指标合成。

（1）农产品加工。《意见》提出，构建农村第一、第二、第三产业融合发展体系，延长产业链、提升价值链，实施农产品加工业提升行动，支持主产区农产品就地加工转化增值。因此，发展农产品加工业是实现农村产业融合发展的重要内容。发展农产品加工业是延长农业产业链、提高农产品附加值的最主要途径，具体使用"农产品加工业与农业总产值比"来衡量。

（2）乡村旅游。目前，许多地方休闲农业和乡村旅游业发展迅猛，带动了农村"三产"融合发展，该指标具体使用"开展旅游接待服务的行政村比例"来衡量，开展旅游接待服务是指有营业执照，在本村地域内从事旅游接待、餐饮和住宿等服务的居民户，包括提供茶馆、酒馆、乡村旅店、农家乐等活动的居民户，取值 0—100%。

### 3. 城乡融合

由城乡二元经济表示，具体使用"城乡二元对比系数"来衡量。该指标反映农业与非农产业比较劳动生产率水平差异，是反映城乡经济融合的主要指标。该指标采用在农业比较劳动生产率低于非农产业比较劳动生产率时的二元对比系数，计算方法为：（第一产业增加值占 GDP 比重/第一产业劳动力占劳动力总数比重）/（第二、第三产业增加值占 GDP 比重/第二、第三产业劳动力占劳动力总数比重）。该指标取值 0—1，数值越接近于 1，表明城乡经济融合程度越高。

## （二）生态宜居

《意见》指出"乡村振兴，生态宜居是关键"，"必须尊重自然、顺应自然、保护自然，推动乡村自然资本加快增值，实现百姓富、生态美的统一"。生态宜居由村容村貌和生态环境两个二级指标合成。

### 1. 村容村貌

由生活垃圾处理、生活污水处理、卫生厕所和公共厕所 4 个指标合成。

（1）生活垃圾处理。生活垃圾如不进行无害化处理将会对农村生态环境产生不利影响，也将严重影响人居环境。该指标具体使用"生活垃圾无害化处理的行政村比例"来衡量，取值

0—100%。

（2）生活污水处理。污水处理的目的是清除污水中的有害物质、清洁环境、改善人居环境。该指标具体使用"生活污水处理农户覆盖率（对生活污水进行处理的农户占农户总数的比例）"来衡量，取值0—100%。

（3）卫生厕所。卫生厕所的普及对于防止水污染和疾病传播、改善人居环境、提高居民生活质量具有重要意义。该指标具体使用"农村无害化卫生厕所普及率（使用无害化卫生厕所的农户占农户总数的比例）"来衡量，取值0—100%。

（4）公共厕所。公共卫生厕所不仅是农村现代文明的重要标志，也是发展乡村旅游的需要。该指标具体使用"有水冲式公共厕所的行政村比例"来衡量，取值0—100%。

**2. 生态环境**

由村庄绿化、农业废弃物综合利用、城乡环境融合3个指标合成。

（1）村庄绿化。使用"村庄绿化覆盖率"来衡量，取值小于0。

（2）农业废弃物综合利用。农业废弃物综合利用是指农业废弃物资源化利用。提高农业废弃物综合利用率对于改善农村环境和农村居民生活环境具有重要意义，是建设生态宜居乡村的重要内容。该指标具体使用"畜禽粪污综合利用率"和"主要农作物秸秆综合利用率"来衡量。"畜禽粪污综合利用率"指资源化利用的畜禽粪污量占畜禽粪污总产出量的比例，均取值0—100%。"主要农作物秸秆综合利用率"指资源化利用的主要农作物秸秆量占主要农作物秸秆产生总量的比例，均取值0—100%。

（3）城乡环境融合。良好的生态环境和宜居环境不仅取决于农村内部的环境治理和水平，还取决于一定区域范围内农村外部的生态环境治理和水平，水、空气是流动的，废水、废气等污染物排放会对整个区域的环境造成影响，而不仅限于城市地区。该指标具体使用"全年好于二级的优良天气比例"①来衡量，取值0—100%。

## （三）乡风文明

乡风文明是构建和谐社会的重要基础，是乡村振兴其他方面得到有效实施的重要保障。但是，使用直接的结果性指标来衡量不同地区乡风文明水平较为困难，只能通过间接结果性指标来反映乡风文明。我们假定，一个地区文化建设、教育、卫生以及养老等方面的公共服务水平越高，社会风气、文明程度越高。据此，乡风文明由文化建设、卫生养老和教育发展3个二级指标合成。

### 1. 文化建设

由文化场所和文化组织两个指标合成。

（1）文化场所。国家《乡村振兴战略规划（2018—2022年)》使用"村综合性文化服务中心覆盖率"，但这一指标适合于全面建成小康社会的要求，还不能满足农村居民日益增长的更

---

① 好于二级的优良天气指空气污染指数为0—100%的天气，即一级优和二级良天气。

高水平的精神文化需求，还需要能够提供更综合、标准更高的文化服务设施。为此，具体使用"有文化礼堂的行政村比例"来衡量。文化礼堂指设有礼堂、讲堂、活动室、图书室等功能，能容纳较大规模人数，满足农民群众举办文化节庆、文化仪式、文体活动以及村民议事集会的场所，该指标取值0—100%。

（2）文化组织。具体使用"有农民业余文化组织的行政村比例"来衡量。农民业余文化组织指：由本村村委会、村民小组或群众自发组织的农民业余秧歌、歌咏、绘画工艺等有人召集、有人参与、定期开展活动的文化组织。该指标取值0—100%。

### 2. 卫生养老

由卫生服务和养老服务两个指标合成。

（1）卫生服务。具体使用"有卫生室的行政村比例"来衡量。卫生室指本村地域内，有经县及以上医疗主管部门许可，由各级经济组织和个人创办的卫生室，主要从事医疗卫生活动，不包括专业的牙医室，以及主要从事药品销售活动的单位。村卫生室的标准：房屋建设面积不低于60平方米，至少设有诊室、治疗室、公共卫生室和药房。[①] 该指标取值0—100%。

（2）养老服务。具体使用"有基本养老服务的行政村比例"和"有本级政府创办的敬老院的乡镇比例"两个指标来衡量。"有基本养老服务的行政村比例"中的基本养老服务设施包括集中养老机构、老人日托中心、居家养老照料中心等。该指标取值

---

① 参见2014年国家卫计委等部门颁布的《村卫生室管理办法（试行）》。

0—100%。"有本级政府创办的敬老院的乡镇比例"，该指标取值0—100%。

### 3. 教育发展

由教育水平和城乡差距两个指标合成。

（1）教育水平。具体使用"农村九年义务教育巩固率"和"农村人口平均受教育年限"两个指标来衡量。"农村九年义务教育巩固率"，指九年义务教育阶段入学人数与毕业人数百分比，取值0—100%。"农村人口平均受教育年限"，指6岁以上农村人口平均受教育年限，取值小于0。

（2）城乡差距。具体使用"城乡人口平均受教育年限比（农村/城市，以城市为1）"来衡量。该指标反映的是城乡教育均衡发展水平，该指标取值0—1，数值越接近于1，表明城乡差距越小，城乡教育均衡发展水平越高。

## （四）治理有效

治理有效由基层服务、公共安全和基层民主3个二级指标合成，表示乡村治理的效果。

### 1. 基层服务

由综合服务和志愿服务两个指标合成。

（1）综合服务。为村民生产生活提供各种便利服务是村级组织建设的重要内容。该指标具体使用"有综合服务站的行政村比例"来衡量，取值0—100%。

（2）志愿服务。志愿服务是社会进步的重要标志，是社会治理结构的重要组成部分，在改善社会服务、缓解社会矛盾、促进社会文明等方面发挥着重要作用。志愿服务的水平也体现了乡村治理的效果，具体使用"有志愿者服务组织的行政村比例"来衡量，取值0—100%。

### 2. 公共安全

由灾害应急设施和社会治安两个指标合成。

（1）灾害应急设施。具体使用"有应急避难场所的行政村比例"来衡量。取值0—100%。

（2）社会治安。具体使用"农村刑事案件发生率"来衡量，指公安机关立案的刑事案件数占农村常住人口比例。该指标为反向指标。

### 3. 基层民主

由基本能够反映农村"自治、法治、德治"水平的村民满意度和民主参与度两个指标合成。

（1）村民满意度。本指标主要反映村民对村级组织工作的评价，其中一个重要方面是对村务公开的评价，体现民主监督是否有效，具体使用"村民对村务公开满意度"来衡量，取值0—100%。

（2）民主参与度。广泛的民主参与是农村基层民主制度建设的重要组成部分，是农村基层民主管理的重要体现，具体使用"村委会选举村民参与率"来衡量，取值0—100%。

## （五）生活富裕

《意见》指出"乡村振兴，生活富裕是根本"，乡村振兴的最终目的是要增加农民收入、提高农民生活水平和民生保障水平，缩小城乡收入和生活差距。生活富裕由收入水平、生活水平和保障水平3个二级指标合成。

### 1. 收入水平

由收入水平和城乡差距2个指标合成。

（1）收入水平。具体使用按2015年不变价格计算的"农民人均可支配收入"来衡量。

（2）城乡差距。乡村振兴不仅要努力增加农民收入，还需要缩小城乡居民收入差距，该指标具体使用"城乡居民收入比（城市/农村，以农村居民可支配收入为1）"来衡量，计算方法为：城镇居民人均可支配收入/农村居民人均可支配收入。该指标为反向指标，数值越小，表明城乡居民收入差距越小。

### 2. 生活水平

由饮水安全、道路交通和互联网3个指标合成。[①]

（1）饮水安全。具体使用"农村自来水普及率（使用自来水的农户占农户总数的比例）"来衡量，取值0—100%。

（2）道路交通。具体使用"行政村客运通车率""村内主干道路面硬化的行政村比例"和"村内主要道路有路灯的行政村比例"3个指标来衡量。"行政村客运通车率"指设有客运班车站点的行政村占行政村总数的比例，取值0—100%。"村内主干道路面硬化的行政村比例"指村内主干道路面为水泥路面、柏

---

① 实际上，乡村振兴其他四个方面中有一些指标已经反映了生活富裕状况，例如，生活污水处理农户覆盖率、无害化卫生厕所普及率、有水冲式公共厕所的行政村比例等。

油路面等硬化路面的行政村占行政村总数的比例，取值 0—100%。"村内主要道路有路灯的行政村比例"，指村内主要道路由村集体或其他单位统一组织安装了路灯的行政村比例，道路两旁由住户零星安装在门前的灯不包括在内，取值 0—100%。

（3）互联网。具体使用"农村宽带入户率"和"有电子商务配送站点的行政村比例"两个指标来衡量。"农村宽带入户率"指农村宽带接入用户占农户总数的比例，取值 0—100%。"有电子商务配送站点的行政村比例"，指村内有为网上购物等新型商品交易模式服务的配送站点，不包括代收代寄快递的小卖部、便利店和无人值守的各类配送柜，取值 0—100%。

### 3. 保障水平

加强农村社会保障体系建设、缩小城乡社会保障差距是乡村振兴战略的重要内容。由最低生活保障和基本医疗保障两个指标合成。

（1）最低生活保障。具体使用"城乡最低生活保障差异"（城乡居民最低生活保障标准比），计算方法为：城镇居民最低生活保障标准/农村居民最低生活保障标准。此指标为反向指标，数值越小，表明城乡之间的差距越小。

（2）基本医疗保障。具体使用"城乡基本医疗保障差异"（城乡居民基本医疗保障水平比）表示，计算方法为：城镇职工基本医疗人均筹资/城乡居民基本医疗人均筹资。该指标为反向指标，数值越小，表明城乡差距越小。

# 四 设置目标值

## （一）目标值设置的依据

设置乡村振兴发展指数指标目标值的依据主要有四个：

一是 2035 年基本实现社会主义现代化和实施乡村振兴战略目标。本指数以 2035 年我国基本实现社会主义现代化为期限，因此，中央制定的基本实现社会主义现代化的战略目标是确定乡村振兴发展指数目标值的主要依据，包括两个部分：一是全国到 2035 年基本实现社会主义现代化的战略目标，二是中央提出的 2035 年实施乡村振兴战略的目标任务。习近平总书记在中国共产党第十九次全国代表大会上的报告指出，从 2020 年到 2035 年，在全面建成小康社会的基础上，再奋斗十五年，基本实现社会主义现代化。到那时，我国经济实力、科技实力将大幅跃升，跻身创新型国家前列；人民平等参与、平等发展权利得到充分保障，法治国家、法治政府、法治社会基本建成，各方面制度更加完善，国家治理体系和治理能力现代化基本实现；社会文明程度达到新的高度，国家文化软实力显著增强，中华文化影响更加广泛深入；人民生活更为宽裕，中等收入群体比例明显提高，城乡区域发展差距和居民生活水平差距显著缩小，基本公共服务均等化基本实现，全体人民共同富裕迈出坚实步伐；现代社会治理格局基本形成，社会充满活力又和谐有序；生态环境根本好转，美丽中国目标基本实现。2018 年中央一号文件《中共中央国务院关于实施乡村振兴战略的意见》提出，到 2035 年，乡村振兴取得决定性进展，农业农村现代化基本实现。农业结构得到根本性改善，农民就业质量显著提高，相对贫困进一步缓解，共同富裕迈出坚实步伐；城乡基本公共服务均等化基本实现，城乡融合发展体制机制更加完善；乡风文明达到新高度，乡村治理体系更加完善；农村生态环境根本好转，美丽宜居乡村基本实现。

二是部分指标适当参考发达国家一般水平。基于我国以及农业农村到 2035 年基本实现现代化的战略目标，到 2035 年我国将进入高收入国家行列，因此，部分指标目标值可以参考发达国家某一阶段的水平。

三是国家和有关部门制定的规划和标准。例如，《美丽乡村建设国家标准》。

四是城乡接轨（城乡融合发展和城乡基本公共服务均等化的要求）。习近平总书记在中国共产党第十九次全国代表大会上的报告指出，到 2035 年城乡区域发展差距和居民生活水平差距显著缩小，基本公共服务均等化基本实现。所谓城乡接轨即城乡实现均等发展，所体现的是平等的生存与发展权、城乡要素平等交换、公共资源均衡配置、城乡居民生活水平和保障制度的接近等。城乡接轨包括两个层次：一是城乡制度接轨，二是水平大体一致。

## （二）具体指标的目标值

目标值设置需要考虑到部分行政村距离乡镇或城镇较近，某些服务不需要达到全覆盖，例如，在一些发达地区，卫生室不需要行政村全覆盖。具体指标目标值见表 1。

# 五 测算方法

根据构建的乡村振兴发展指数指标体系，选择合适的测算方法即可对各地乡村振兴发展现状、实现程度和进展进行评价。

## （一） 具体指标实现程度的测算方法

对于具体指标实现程度的测度，采取下面的公式。其中，正向指标计算公式如下：

$$第\ i\ 个指标实现程度 = \begin{cases} 100, & v_i \geqslant v_{2035} \\ \dfrac{v_i}{v_{2025}} \times 100, & v_i < v_{2035} \end{cases}$$

本研究绝大部分是正向指标，但是还包括 4 个反向指标。反向指标计算公式如下：

$$第\ i\ 个指标实现程度 = \begin{cases} 100, & v_i < v_{2035} \\ \dfrac{v_{2035}}{v_i} \times 100, & v_i \geqslant v_{2035} \end{cases}$$

其中，$v_i$ 代表第 $i$ 个指标的实际值，$v_{2035}$ 代表第 $i$ 个指标 2035 年目标值。经过上述处理，指标数值的大小含义相同，即指标数值越大，乡村振兴实现程度越高；指标数值越小，乡村振兴实现程度越低。

## （二） 指数合成的方法

具体指标无量纲化处理以后，需要将其合成从而形成各级指数以及总指数，而指数合成的关键就是确定指标权重。对于指标权重的确定，主要有主观赋权法和客观赋权法两大类。为了避免主观赋权的随意性，更多的研究选择客观赋权法来确定权重，包括层次分析法、主成分分析法、因子分析法等。这些方法最大的特点是客观性，即权重不是根据主观的判断，而是由数据自身的特征所确定的。但过分追求客观性，也造成研究者对于各指标重要程度的认识无法得到体现，从而导致权重确定的机械性。另外，随着时间的推移和数据的变化，各因素的权重也将发生变化，采用客观赋值法也会导致乡村振兴发展指数跨年度不可比，从而对乡村振兴进展进行跨年度分析时造成困难。事实上，由于同一层次的测度指标和子因素既具有相对独立性，相互之间又有内在的联系，对各自的重要性是难以量化区分的，因而采用简单平均的方法分别合成指数是一种更好的选择。只要各级指标的重要性基本对称，简单平均法可以普遍适用。因此，本指数也采用算术平均法来设定指标权重，进而合成各级指数和总指数。

## （三）设置目标值实现的上限

本指数主要考察的是所设置的乡村振兴目标值是否实现，并不关注目标值实现后的水平。因此，在计算公式当中，只要某一具体指标实际值达到了所设置的 2035 年目标值，不管其超出目标值多少，实现目标的最大值为 100。设置目标值实现的上限可以更加客观真实地反映乡村振兴的均衡发展，避免总指数发展水平掩盖短板的情形发生，即只有在所有指标的目标值实现时，乡村振兴发展总目标才能最终实现。

# 六 乡村振兴发展评价——以湖州市为例

由于数据采集困难,目前尚不能利用构建的乡村振兴发展指数和设置的目标值对全国乡村振兴水平进行评价。但可以选取有完整数据的地市对其乡村振兴发展现状、目标实现进展、存在的主要"短板"等进行评价。本研究选择湖州市乡村振兴发展进行评价。湖州市在推进社会主义新农村建设、特别是美丽乡村建设过程中,其主要内容和目标与党的十九大提出的乡村振兴战略高度吻合;同时,湖州市作为"美丽乡村"建设的发源地,乡村建设处于全国领先水平。因此,对湖州市乡村振兴发展进行评价可以观察我国乡村振兴、基本实现农业农村现代化的先进水平,并为各地实现乡村振兴提供借鉴。本研究主要考察的是2015—2017年湖州市乡村振兴的实现程度。

## (一) 湖州市乡村振兴发展现状

### 1. 乡村振兴总体发展水平较高,已经接近基本实现农业农村现代化

2017年,湖州市乡村振兴发展指数(总目标)分值达到89.18分,距实现目标仅相差10.82分,已经接近基本实现农业农村现代化(见表2)。

### 2. 乡村振兴均衡发展

乡村振兴的五大方面均已达到较高水平,其中,"生态宜

居"和"乡风文明"已经非常接近实现目标；"治理有效"也比较接近实现目标；相比之下，"产业兴旺"和"生活富裕"虽然达到较高水平，但距实现目标还有一定距离（见表2）。

表2　　　　　　　　　　　　湖州乡村振兴发展指数　　　　　　　　单位：分

| 年份 | 总指数 | 产业兴旺 | 生态宜居 | 乡风文明 | 治理有效 | 生活富裕 |
|---|---|---|---|---|---|---|
| 2015 | 80.99 | 77.56 | 82.82 | 81.24 | 84.41 | 78.95 |
| 2016 | 84.43 | 79.93 | 88.56 | 85.81 | 86.84 | 81.01 |
| 2017 | 89.18 | 86.45 | 93.51 | 93.96 | 88.87 | 83.10 |
| 距实现目标相差 | 10.82 | 13.55 | 6.49 | 6.04 | 11.13 | 16.90 |

农业现代化水平较高，农村产业融合发展。2017年，湖州市"产业兴旺"的分值达到86.45分，距实现目标相差13.55分（见表2）。一方面，湖州市农业现代化水平较高，2014—2018年，湖州市在浙江省农业现代化发展水平综合评价中连续5年排名全省第一。另一方面，湖州市产业融合发展。农产品加工水平高，接近实现目标。虽然乡村旅游距实现目标还有较大差距，但在全国处于领先，休闲农业和乡村旅游发展水平相对较高。

乡村人居环境优美，农村生态环境良好。2017年，湖州市"生态宜居"的分值达到93.51分，距实现目标仅相差6.49分（见表2）。湖州市乡村人居和农村生态环境已经达到一些发达国家的水平，这是湖州持之以恒实施美丽乡村建设所取得的重要成果。2017年，湖州市入选首批国家生态文明建设示范市。

社会事业全面发展，为乡风文明建设奠定了良好的基础。2017年，湖州市"乡风文明"的分值达到93.96分，是乡村振兴五大方面中分值最高的，已经非常接近实现目标（见表2）。

湖州市"乡风文明"水平较高主要体现在：农村文化建设成效显著，文化活动场所建设水平高，农民业余文化组织发展较好；农村卫生、养老等基本公共服务供给较好，并已提前实现目标；农村九年义务教育发展水平高等。

乡村治理成效显著。2017 年，湖州市"治理有效"的分值达到 88.87 分，比较接近实现目标（见表 2）。湖州市"治理有效"水平较高主要体现在：为村民生产生活提供服务的设施建设完善，已提前实现目标；志愿服务在农村较为普及，组织建设完善，近半数行政村建有志愿者服务组织。应急避灾设施建设完备，已提前实现目标；基层民主建设较好，村民民主参与热情较高，村委会工作得到村民的认可，这些指标均已提前实现目标。

农村居民收入水平相对较高，生活条件较好，但生活富裕整体水平距实现目标尚有一定差距。2017 年，湖州市"生活富裕"的分值为 83.1 分，在乡村振兴五个方面中分值最低，比总目标分值低 6.41 分，距实现目标还有一定差距（见表 2）。虽然湖州农村居民收入水平距实现目标还有较大差距，但在全国处于领先。2017 年，湖州全市农村居民人均可支配收入达到 28999 元，比全国平均水平高出 115.9%，高出浙江省全省平均水平4043 元。

### 3. 城乡融合发展水平相对较高

湖州市不仅乡村发展水平较高，而且实现了城乡融合发展和城乡发展一体化下的乡村发展。在衡量城乡融合发展和城乡发展一体化的 6 个指标中，城乡人口平均受教育水平差距较小，已提前实现目标。城乡居民收入差距小，已提前实现目标，2017 年城乡居民收入比为 1.72 : 1，大大低于全国平均水平，也领先于浙江全省（2.05 : 1）。城乡居民最低生活保障标准实现接轨，也已提前实现目标；城乡经济融合发展水平相对较高，城乡二元经济结构问题不突出，处于相对较好的状态，接近实现目标。

## （二）湖州市乡村振兴目标实现进展

### 1. 乡村振兴总体水平不断提高并有所加快

2015—2017 年，湖州市乡村振兴总目标分值由 80.99 分提高到 89.18 分，年均提高 4.10 分。而且乡村振兴发展水平进展有所加快，2016 年乡村振兴总指数分值比 2015 年提高 3.44 分，2017 年比 2016 年提高 4.75 分（见表 3）。

表 3　　　　　　　　　湖州乡村振兴水平提升进展　　　　　单位：分

| 项目 | 总指数 | 产业兴旺 | 生态宜居 | 乡风文明 | 治理有效 | 生活富裕 |
|---|---|---|---|---|---|---|
| 2016 年提高 | 3.44 | 2.37 | 5.74 | 4.57 | 2.43 | 2.06 |
| 2017 年提高 | 4.75 | 6.52 | 4.95 | 8.15 | 2.03 | 2.09 |
| 2015—2017 年提高 | 8.19 | 8.89 | 10.69 | 12.72 | 4.46 | 4.15 |
| 年平均提高 | 4.10 | 4.45 | 5.35 | 6.36 | 2.23 | 2.08 |

### 2. 乡村振兴水平全面提升，"乡风文明"和"生态宜居"提升幅度较大

2017 年与 2015 年相比，乡村振兴五大方面水平均不同程度提升，但提升幅度有所差异。

"产业兴旺"水平提升幅度较大，2017 年进展明显加快。2015—2017 年，"产业兴旺"分值年均提高 4.45 分，快于总指

数提升速度（见表3）。"产业兴旺"水平提升较快，一是农业机械化水平提升较快，主要农作物耕种收综合机械化率由78%提高到86.2%；二是"三产"融合发展进程较快，农产品加工、农业休闲和乡村旅游发展迅猛。以绿色发展为引领，推进农业供给侧结构性调整，通过三权分置激活要素、调整农业产业空间和功能布局，培育农业新型经营主体，发展适度规模经营，促进第一、第二、第三产业融合发展。

"生态宜居"水平大幅提升，但进展有所下降。2015—2017年，"生态宜居"分值年均提高5.35分，远快于总指数提升速度（见表3）。"生态宜居"水平大幅提升主要推动力是美丽乡村建设进程依然大幅加快，人居环境改善力度加大。例如，2015—2017年，生活污水处理农户覆盖率由29.7%提高到85.9%。在乡村生态环境和人居环境大幅改善的同时，整个区域的生态环境也大为改善，全市全年好于二级的优良天气比例由58.1%提高到68.5%，提高了10.4个百分点。但横向比，湖州市全年好于二级的优良天气比例依然低于全国平均水平。

"乡风文明"水平大幅提升，2017年进展大幅加快。2015—2017年，"乡风文明"水平大幅提升，年均提高6.36分，在乡村振兴五大方面中不仅水平最高，提升速度也最快（见表3）。"乡风文明"水平大幅提升的主要原因是乡村文化建设进程大幅加快，特别是乡村文化礼堂建设和农民业余文化组织建设大幅加快。近年来，湖州市大力推进乡风文明建设，相继实施"乡风文明培育、移风易俗弘扬时代新风、乡村文化兴盛、农村志愿服务推进、小城镇文明"五大行动；崇尚"垃圾不落地、出行讲秩序、办酒不铺张、邻里讲和谐"文明新风；通过送文化、种文化、保护"非遗"等，打造特色地域文化，培育乡村文化人才。

"治理有效"水平提升幅度相对较小，2017 年进展略微减缓。2015 年，"治理有效"已经达到较高水平，是乡村振兴五个方面中实现程度最高的；但近两年提升幅度相对较小。2015—2017 年，"治理有效"分值年均仅提高 2.23 分，远低于总指数进展水平（见表 3）。"治理有效"水平提升相对较慢的主要原因是起点较高，2015 年，"治理有效"的许多指标已经提前实现目标。近两年"治理有效"水平继续提升主要来自农村社会治安状况继续大幅好转，农村刑事案件发生率大幅下降。2015—2017 年，农村刑事案件发生率由 57.3 起/万人下降到 30.72 起/万人，大幅下降了 46.4%。

"生活富裕"水平提升相对缓慢。湖州"生活富裕"水平虽然相对较高，2017 年已经达到 83.1 分，但在乡村振兴五大方面中，不仅实现程度最低，而且进展也最为缓慢。2015—2017 年，"生活富裕"分值年均仅提高 2.08 分，远低于总指数进展水平（见表 3）。"生活富裕"水平提升较慢的主要原因是：城乡居民收入差距、部分生活设施条件（如自来水普及率、客运通车率、村内主干道路面硬化行政村比例等）已提前实现目标；同时，虽然湖州市实现了城乡养老保险制度、医疗保险制度整合衔接，在浙江全省率先将稳定就业的农民工纳入城镇保障体系，大病保险制度实现全覆盖，城乡低保实现区域性同标，然而城乡基本医疗保障差距缩小进程相对较慢，差距依然较大。

## （三）湖州市乡村振兴目标实现展望

湖州市农业农村发展处于全国先进行列，对于湖州市来说，

2035年前加快提前基本实现农业农村现代化的步伐，为2050年之前"乡村全面振兴、农业强、农村美、农民富"全面实现奠定良好的基础将是其未来发展的目标。我们认为，基本实现农业农村现代化可以分为两个阶段进行，第一阶段为总体实现农业农村现代化（90%或接近90%的具体指标实现目标）；第二阶段为全面实现农业农村现代化（所有具体指标实现目标）。

根据我们对总体基本实现农业农村现代化的定义，40个具体指标中，只要有35个以上指标实现目标，则可认为总体基本实现农业农村现代化。预测方法是：以2017年为时点，按2015—2017年平均提高幅度测算实现目标的时间。具体指标之上的各级指标以及总指数实现时间不是依据其平均提高幅度确定，而是按照其下最后一个具体指标目标实现时间来确定的。湖州市将于2023年，即提前12年总体基本实现农业农村现代化，而且"生态宜居"和"乡风文明"将较早提前实现目标（见表4）。进一步地，湖州市将于2030年，即提前5年全面基本实现农业农村现代化，乡村振兴取得决定性进展。

表4　　　　　　　　　湖州市乡村振兴目标实现时间　　　　单位：分

| 指标 | 2017年 | 距实现目标相差 | 2015—2017年年均提高 | 实现时间 |
| --- | --- | --- | --- | --- |
| 总指数 | 89.18 | 10.82 | 4.10 | 2030 |
| 产业兴旺 | 86.45 | 13.55 | 4.45 | 2029 |
| 生态宜居 | 93.51 | 6.49 | 5.35 | 2022 |
| 乡风文明 | 93.96 | 6.04 | 6.36 | 2018 |
| 治理有效 | 88.87 | 11.13 | 2.23 | 2023 |
| 生活富裕 | 83.10 | 16.90 | 2.08 | 2030 |

# 脱贫攻坚现状、问题与对策

白　描*

**摘　要：**党的十八大以来，中国政府以史无前例的规模与力度启动脱贫攻坚，取得重大决定性进展。贫困人口以平均每年约1300万的幅度减少，贫困发生率持续下降，东部、中部、西部地区全面减贫，贫困地区"两不愁、三保障"水平明显提升。当前，脱贫攻坚中存在的主要问题是深度贫困地区如期脱贫难度较大、部分地区产业扶贫可持续性差、"两不愁、三保障"存在突出问题、脱贫绩效不同程度依赖扶贫政策而未形成长效机制、组织管理存在责任意识不强问题、考核评估有流于形式现象。从而，如期打赢脱贫攻坚战应该从推进深度贫困地区脱贫攻坚、建立以自我发展为核心的长效脱贫之路、解决"两不愁、三保障"突出问题、增强各项政策的可持续性、加强脱贫攻坚作风建设以及优化考核评估机制等方面着手。

**关键词：**脱贫攻坚　两不愁　三保障　深度贫困地区

---

*　白描，管理学博士，中国社会科学院农村发展研究所副研究员，研究方向为贫困与福祉。

# Poverty Alleviation: Current Status, Problems and Policy Recommendations

## Bai Miao

**Abstract**: Since the Eighteenth National Congress of the CPC, the Chinese government has launched an unprecedented effort to fight against poverty on an unprecedented scale and made significant and decisive progress. Poverty – stricken people have been reduced by an average of about 13 million per year. The incidence of poverty has continued to decline. And the level of "Two Needs and Three Guarantees" in poverty – stricken areas has increased significantly. At present, the main problems in poverty alleviation are the difficulty of poverty alleviation on deep poverty – stricken areas, the poor sustainability of industrial poverty alleviation, the prominent problems of "Two Needs and Three Guarantees", the lack of long – term mechanism of many poverty alleviation policies, the weak sense of responsibility in organization and management, and the formality of assessment and evaluation. Therefore, in order to win the battle against poverty alleviation, we should promote poverty alleviation in deep poverty – stricken areas, establish a long – term way out of poverty alleviation, solve the prominent problems of "Two Needs and Three Guarantees", enhance the sustainability poverty alleviation policies, strengthen work style construction and optimize the assessment and supervision mechanism.

**Key Words**: Poverty Alleviation; Two Needs; Three Guarantees; Deep Poverty – stricken Areas

经济社会高速发展的今天，人类的智慧不断向时空纵深延展，取得许多质的飞跃，但同时也面临诸多难题尚待解决，比如消除贫困。党的十八大以来，中国围绕全面建成小康社会战略目标，以史无前例的规模与力度聚集中华资源启动脱贫攻坚，逐步建立起中央统筹、省负总责、市县抓落实的扶贫工作机制和举国之力脱贫攻坚的协作格局，使贫困人口每年减少 1000 万以上，东部、中部、西部农村减贫幅度超过 50%，成绩斐然。对于中华人民共和国这样一个建立在百年落后基础上、贫困人口占比高的发展中国家而言，脱贫攻坚的实施无疑是对世界扶贫开发理论与实践的一项重要贡献。随着脱贫攻坚向现行标准下农村贫困人口实现脱贫、贫困县全部摘帽、解决区域性整体贫困目标不断推进，以习近平总书记为核心的党中央高屋建瓴，对脱贫形势做出清晰判断，进一步明确精准脱贫作为决胜全面建成小康社会三大攻坚战之一的战略地位，强调继续坚持精准扶贫、精准脱贫基本方略，并聚合多方力量重点支持深度贫困地区脱贫攻坚。

目前，脱贫攻坚战进入决胜关键期，所面对的都是最难啃的"硬骨头"。此时客观分析中国脱贫攻坚的现状，识别当前脱贫攻坚中存在的主要问题与难点，在此基础上提出政策建议，对如期打赢脱贫攻坚战和决胜全面建成小康社会都具有重要意义。

# 一　脱贫攻坚的现状

精准扶贫是为了精准脱贫，所坚持的原则即问题导向。在"找准问题"的基础上，因地制宜"找对路子"，力求做到扶持对象精准、项目安排精准、资金使用精准、措施到位精准、因村派人精准以及脱贫成效精准。目前，中国脱贫攻坚已取得重大决定性成就。

## （一）贫困人口大幅减少，贫困发生率持续下降，东中西部地区全面减贫

脱贫攻坚目标明确，即确保 2020 年现行标准下农村贫困人口实现脱贫，贫困县全部摘帽，解决区域性整体贫困。目前，贫困人口、贫困县、贫困村减贫进展良好。

### 1. 贫困人口大幅减少

根据国家统计局农村贫困监测数据，按照中国现行农村贫困标准（2010 年不变价格每人每年 2300 元）计算，1978 年中国农村贫困人口有 7.7 亿，到 2018 年年末锐减到 1660 万，同期贫困发生率从 97.5% 下降到 1.7%。党的十八大以来，中国贫困人口从 2012 年的 9899 万减少 8239 万，平均每年减贫 1300 万人左右，贫困发生率亦从 2012 年的 10.2% 下降到 2018 年的 1.7%，累计下降 8.5 个百分点。按照脱贫攻坚工作计划，2019 年中国

农村贫困人口将再减少 1000 万以上。

表 1                         1978—2018 年中国农村贫困情况

| 年份 | 贫困人口规模（万人） | 贫困发生率（%） |
|------|---------------------|-----------------|
| 1978 | 77039 | 97.5 |
| 1980 | 76542 | 96.2 |
| 1985 | 66101 | 78.3 |
| 1990 | 65849 | 73.5 |
| 1995 | 55463 | 60.5 |
| 2000 | 46224 | 49.8 |
| 2005 | 28662 | 30.2 |
| 2010 | 16567 | 17.2 |
| 2011 | 12238 | 12.7 |
| 2012 | 9899 | 10.2 |
| 2013 | 8249 | 8.5 |
| 2014 | 7017 | 7.2 |
| 2015 | 5575 | 5.7 |
| 2016 | 4335 | 4.5 |
| 2017 | 3046 | 3.1 |
| 2018 | 1660 | 1.7 |

注：1978—2017 年数据来自《国家统计局贫困监测报告（2018）》；2018 年数据来自国家统计局公告《2018 年全国农村贫困人口减少 1386 万人》。

**2. 贫困县摘帽有序推进**

实施脱贫攻坚以来，全国 832 个贫困县有 50% 以上实现摘帽。其中，2016 年有 28 个县摘帽，2017 年有 125 个县摘帽，2018 年摘帽情况截止此书成稿之前正在评估，预计将有 280 个县完成摘帽。按照脱贫攻坚工作计划，2019 年全国将再有 300 多个县完成摘帽。截至 2018 年年底，全国贫困人口达 3 万以上的县共计 111 个，贫困发生率大于 10% 的县有 98 个，这些县是 2019—2020 年脱贫攻坚发力的重点。

此外，2013 年全国有建档立卡贫困村 12.8 万个，2018 年减少到 2.6 万个。换言之，精准扶贫取得重大成就，全国范围内贫困村减少近 80%。

### 3. 东部、中部、西部地区全面减贫

党的十八大以来，东部、中部、西部地区贫困人口减少幅度均在 50% 以上。截至 2018 年年底，东部地区有贫困人口 147 万，在现行国家贫困标准下，除辽宁外，北京、天津、上海、江苏、福建、广东、浙江、山东已无绝对贫困人口；西部地区有贫困人口 916 万，比 2017 年减少 718 万；中部地区贫困人口同比减少 515 万，2018 年年底为 597 万。从贫困发生率来看，目前全国 31 个省（区、市）中，除山西、广西、贵州、云南、西藏、陕西、甘肃、新疆外，其他地区农村贫困发生率整体已降至 3% 及以下。全国范围内，各省农村贫困发生率平均已降至 6% 以下。

表 2　　　　　　2012—2018 年东部、中部、西部地区贫困情况

| 年份 | 贫困人口规模（万人） | | | 贫困发生率（%） | | |
|------|------|------|------|------|------|------|
| | 东部 | 中部 | 西部 | 东部 | 中部 | 西部 |
| 2012 | 1367 | 3446 | 5086 | 3.9 | 10.6 | 17.5 |
| 2013 | 1171 | 2869 | 4209 | 3.3 | 8.8 | 14.5 |
| 2014 | 956 | 2461 | 3600 | 2.7 | 7.5 | 12.4 |
| 2015 | 653 | 2007 | 2914 | 1.8 | 6.2 | 10.0 |
| 2016 | 490 | 1594 | 2251 | 1.4 | 4.9 | 7.8 |

续表

| 年份 | 贫困人口规模（万人） | | | 贫困发生率（%） | | |
|---|---|---|---|---|---|---|
| | 东部 | 中部 | 西部 | 东部 | 中部 | 西部 |
| 2017 | 300 | 1112 | 1634 | 0.8 | 3.4 | 5.6 |
| 2018 | 147 | 597 | 916 | | | |

注：①2012—2017 年数据来自《国家统计局贫困监测报告（2018）》；②2018 年数据来自国家统计局公告《2018 年全国农村贫困人口减少 1386 万人》；③目前公布的 2018 年贫困发生率只有全国整体情况，无东部、中部、西部具体数据。

## （二）贫困地区"两不愁"主要保障人均可支配收入增速高于全国平均，但绝对收入差距客观存在

一方面，贫困地区（尤其是深度贫困地区）农村居民绝对收入水平与全国以及农村地区居民整体收入水平相比依然存在差距。根据国家统计局资料，2018 年中国居民人均可支配收入为 28228 元。其中，城镇居民和农村居民人均可支配收入分别为 39251 元和 14617 元。而 2018 年，贫困地区农村居民人均可支配收入为 10371 元，比农村居民整体人均收入水平低约 30%。贫困地区中，深度贫困地区农村居民 2018 年人均可支配收入虽然较 2017 年增加了 935 元达到 9668 元，但仍未突破 1 万元。2018 年，连片特困地区农民人均可支配收入为 10260 元，"三区三州"农民人均可支配收入为 9796 元。

另一方面，脱贫攻坚持续发力，政策效果显著，贫困地区农村居民与全国居民收入差距进一步缩小。目前，无论从名义收入还是实际收入角度来看，贫困地区农民人均可支配收入增速均高于全国居民以及农村居民整体收入增长速度。2018 年，中国居民人均可支配收入比 2017 年增长 8.7%。其中，城镇居民和农

村居民人均可支配收入分别增长 7.8% 和 8.8%。扣除价格因素后，2018 年中国居民人均可支配收入实际增长 6.5%，城镇居民和农村居民人均实际收入分别增长 5.6% 和 6.6%。而 2018 年贫困地区农村居民人均可支配收入与 2017 年相比，名义和实际增长率分别为 10.6% 和 8.3%，明显高于全国以及农村居民平均收入增长速度。其中，2018 年深度贫困地区农村居民人均可支配收入增长 10.7%，比贫困地区农民人均收入增速高 0.1 个百分点，比全国居民人均收入增速高 2 个百分点。在深度贫困地区中，2018 年"三区三州"农村居民人均可支配收入增长 10.6%，与全国农村居民人均收入增长速度持平。总体而言，2018 年集中连片特困地区农民人均收入增长速度快于全国农村居民平均收入增长速度。其中，2018 年四省藏区、燕山—太行山区、大兴安岭南麓山区、六盘山区、大别山区、吕梁山区、武陵山区、乌蒙山区农民人均可支配收入增速均快于上一年。

此外，从贫困地区农村居民收入构成来看，2018 年工资性收入、转移性收入、经营性收入和财产性收入同比均有所增长，增长率分别 13.0%、17.0%、4.4% 和 14.8%。上述四类收入中，工资性收入和转移性收入对贫困地区农民收入增长的贡献率分别达到 42.0% 和 39.7%，即它们是贫困地区农民收入增长的主要来源。

## （三）贫困地区基本公共服务条件明显改善，"三保障"水平显著提高

中国现行农村贫困标准是每人每年 2300 元（2010 年不变价格）。按照购买力平价换算，这个标准本就高于世界银行每人每

天 1.9 美元的贫困标准。加上中国的扶贫目标除了要让贫困人口不愁吃、不愁穿之外,还要保障其享受义务教育、基本医疗和住房安全("三保障")。结合这一点来看,中国目前的扶贫标准事实上更高。党的十八大以来,政府针对"三保障"安排一系列行之有效的政策措施,使贫困地区居民教育、医疗、居住条件明显改善。

### 1. 教育方面

首先,贫困地区农村居民受教育水平提高,辍学率(尤其是非自愿辍学率)降低。2017 年贫困地区家庭 16 周岁以上成员均未完成初中教育的农户占 15.2%,较 2012 年下降 3 个百分点。从劳动力平均受教育年限来看,连片特困地区为 7.6 年,扶贫重点县为 7.7 年,均比上年增加 0.2 年。2017 年中国贫困地区 17 周岁以下中途辍学的儿童占 1.0%,其中 87.5% 是自愿辍学。7—15 周岁非在校农村儿童所占比重,贫困地区整体为 1.9%,连片特困地区为 2.1%,扶贫重点县为 1.8%。

其次,贫困地区农村居民上学便利程度提高。贫困地区所在自然村上幼儿园比较便利的农户占 84.1%,比 2013 年提高约 17.1%,这一比重比农村地区整体低 0.1 个百分点。其中,连片特困地区和扶贫重点县所在自然村上幼儿园比较便利的农户分别占 84.7% 和 83.7%,同比分别提高 5.1 个百分点和 4.8 个百分点。贫困地区所在自然村上小学比较便利的农户占 88.0%,比 2013 年提高约 10.0%,这一比重比农村地区整体高 2 个百分点。其中,连片特困地区所在自然村上小学比较便利的农户占比与贫困地区持平,这一比重在扶贫重点县为 87.5%,同比提高 3.1

个百分点。贫困地区学生上学路程普遍在 30 分钟以内。其中，义务教育阶段 56% 的学生 15 分钟内可到达学校，32.1% 的学生 15—30 分钟内可到达学校，合计占比 88.1%。普通高中阶段，71.6% 的学生上学花费时间在 30 分钟以内；其中，34.7% 的学生 15 分钟内可到达学校，36.9% 的学生 15—30 分钟内可到达学校。

最后，贫困地区农村居民对当地师资力量的主观满意程度普遍较高。根据《国家统计局贫困监测报告（2018）》，农村贫困地区在义务教育阶段和普通高中教育阶段对学校师资条件评价为"非常好"的学生分别占 33.2% 和 40.2%，评价为"比较好"的分别占 47.2% 和 49.1%；在中等职业教育阶段，农村贫困地区对学校师资评价"非常好"或"比较好"的学生合计占 79.7%。

根据《关于 2018 年中央和地方预算执行情况与 2019 年中央和地方预算草案的报告》（以下简称《2018 年预算执行情况》），2018 年中央财政安排教育转移支付向贫困地区倾斜，84.4% 投向中、西部地区，为 1392 万名家庭经济困难寄宿生提供生活费补助。2019 年中央预算将继续深入实施教育扶贫，解决突出问题，重点保障农村义务教育经费。

### 2. 医疗方面

医疗卫生是"三保障"的重要内容。脱贫攻坚战打响以来，贫困地区农村医疗卫生条件与服务水平明显改善，构建起从三级医院到县医院互联互通的远程医疗服务网。贫困地区拥有合法行医证医生（卫生员）的行政村所占比重从 2013 年的 88.9% 提高到 2017 年的 92.0%。所在自然村拥有卫生站的农户占比逐年提高，到 2017 年达到 92.2%，比 2013 年提高 7.8 个百分点。同时，基本医疗保险、大病保险、医疗救助制度不断得到完善。目前，基本上所有贫困县已实现县域内先诊疗后付费和"一站式"结算，贫困人口医疗费实际报销比例达 80% 以上。除此之外，贫困地区居民就医便利程度提高。2017 年 96.8% 的贫困地区农村居民生病后能够及时就医，这一比重较上年提高 0.8 个百分点。在 3.2% 不能及时就医的贫困地区农村居民中，80.3% 是因为距离医院太远。

从连片特困地区和扶贫重点县的情况来看，2017 年所在自然村有卫生站的农户分别占 91.3% 和 92.2%，均较上年略有提高。在连片特困地区，未参加任何医疗保险的农民占 0.7%，同比下降 0.1 个百分点；这一比重在扶贫重点县为 0.6%，同比下降 0.2 个百分点。2017 年连片特困地区和扶贫重点县有病不能及时就医的农户分别占 3.2% 和 3.3%，均较上年下降 1.2 个百分点。

根据《2018 年预算执行情况》，2018 年城乡居民医保财政补助标准增加的 40 元中 1/2 用于提高大病保险保障能力，基本公共卫生服务人均财政补助标准达到 55 元。围绕最低生活保障、特困人员等困难群众救助工作，中央财政提高抚恤和生活补助标准，使全国 860 余万优抚对象受惠。

### 3. 居住方面

居有其所是人类最基本也是很重要的生存保障，安居方才能奔小康。脱贫攻坚实施以来，政府加大农村危房改造力度，致力于改善农村居住条件与环境，成效显著。

首先，贫困地区农民住房面积增加，质量提升。2017年贫困地区农户平均住房面积为139.5平方米，较上年增加1.6%。其中，居住钢筋混凝土房或砖混材料房的农户占58.1%，同比提高1个百分点，但这与农村居民整体水平相比，低了6.9个百分点。在贫困地区，居住竹草土坯房的农户占4.1%，同比下降0.4个百分点。此外，对处在自然环境极度恶劣或地质灾害频发地带的贫困人口采取易地扶贫搬迁。"十三五"期间，中国需要完成1000万建档立卡贫困人口的易地搬迁任务。2018年有关部门在易地扶贫搬迁总规模不变的原则下调整分省规模，并通过发行地方政府债券的方式融资，在危房改造任务较重的中西部22省推进农房加固改造示范，兜底解决特困户住房安全突出问题。按照脱贫攻坚计划，2019年要完成易地搬迁280万人。目前，相关政策把"三区三州"作为易地扶贫搬迁的重中之重优先纳入年度计划，加大资金保障力度。

其次，居住条件与环境明显改善。具体表现在以下七个方面：①2017年贫困地区有独用厕所的农户占94.5%，较上年提高0.3个分点。②贫困地区农村居民安全饮水条件得到一定改善，但保障水平尚待提高。其中，使用管道供水和净化处理自来水的农户分别占70.1%和43.7%，均较上年提高近3个百分点；贫困地区饮水困难的农户占10.8%，较上年下降1.3个百分点。饮水困难主要表现在：有的贫困地区农户单次往返取水需30分钟以上，有的贫困地区只能间断或定时供水，有的贫困地区全年连续缺水时间达15天以上。③2017年贫困地区有49.7%的农户以柴草作为主要炊用能源，较上年下降1.7个百分点，但与农村地区平均水平相比，则高了 11.2 个百分点。④2013 年所在自然村垃圾能集中处理的农户仅占 29.9%，到 2017 年达到 61.4%，提高近 32 个百分点；但是与农村地区整体相比，这一比重仍低了 11.7 个百分点。2017 年连片特困地区与扶贫重点县生活垃圾能够集中处理的农户分别占 59.1% 和 61.2%，同比分别提高 9.6 个百分点和 11.0 个百分点。⑤2017 年贫困地区 97.6% 的农户所在自然村主干道路面经过硬化处理，所在自然村能够便利乘坐公共汽车的农户占 67.5%，上述两项指标同比分别提高 1.6 个百分点和 4.4 个百分点。⑥截至 2017 年年底，贫困地区基本上实现农户用电全覆盖，所在自然村通电话、通有线电视信号、通宽带的农户所占比重分别为 99.8%、96.9% 和 87.4%。⑦2017 年贫困地区拥有畜禽集中饲养区的行政村占 28.4%，较 2013 年提高 4.5 个百分点。

最后，从扶贫重点县的情况来看，居住竹草土坯房的农户所占比重从 2013 年的 7.7% 下降到 2017 年的 4.4%，目前已基本接近贫困地区平均水平。2013 年扶贫重点县使用照明电的农户占 99.2%，之后两年均有提高，2016 年、2017 年则有所下降。扶贫重点县以柴草作为主要炊用能源的农户所占比重在 2013 年 61.1% 的基础上下降近 10 个百分点，目前略高于贫困地区平均水平。使用管道供水和净化处理自来水的农户分别占 69.9% 和 44.1%，接近贫困地区平均水平，与 2013 年相比分别提高 16.8 个百分点和 13.2 个百分点。此外，扶贫重点县饮水困难以及有独用厕所的农户所占比重与贫困地区整体水平基本持平，前者较 2013 年下降 8.7 个百分点，后者较 2013 年提高 2.2 个百分点。

根据《2018 年预算执行情况》，2018 年中央财政支持农村危房改造 190 万户。在此基础上，2019 年政府安排农村危房改造补助资金 298.5 亿元，同比增长 12.9%，优先用于建档立卡户、低保户、分散供养特困人员和贫困残疾人家庭等重点对象危房改造，资金增量向地震高烈度设防地区农房抗震改造倾斜。

## 二　脱贫攻坚中存在问题与难点

"十三五"期间，脱贫攻坚的目标是到 2020 年稳定实现农村贫困人口不愁吃、不愁穿，义务教育、基本医疗、住房安全有保障；同时，实现贫困地区农民人均可支配收入增长幅度高于全国平均水平、基本公共服务主要领域指标接近全国平均水平。对照这一目标，当前脱贫攻坚中存在的问题与难点主要有：

### （一）深度贫困地区"短板"凸显，多项脱贫目标尚未实现

支持深度贫困地区脱贫攻坚是党中央基于发展唯物辩证观对脱贫形势做出清晰判断后标识出的脱贫攻坚冲刺期的重点与难点。2017 年 6 月 23 日，习总书记在深度贫困地区脱贫攻坚座谈会上讲话，科学阐述了聚焦深度贫困地区脱贫的必要性与重要性，并围绕攻克深度贫困堡垒、打赢脱贫攻坚战做出重要战略部署。随后中央出台了《关于支持深度贫困地区脱贫攻坚的实施意见》《中共中央国务院关于打赢脱贫攻坚战三年行动的指导意见》等一系列政策文件，围绕支持深度贫困地区脱贫攻坚做出具体安排。所谓深度贫困地区，包括"三区三州"以及中西部

地区 169 个深度贫困县。这些地区不仅贫困发生率高、贫困人口占比高，而且致贫原因复杂，脱贫难度大，脱贫成果巩固不易。2018 年中央新增财政专项扶贫资金中 60%（120 亿元）用于深度贫困地区脱贫攻坚。从结果来看，"三区三州"贫困人口减少 134 万，贫困发生率下降 6.4 个百分点；169 个贫困县的贫困人口减少共计 460 万。尽管如此，深度贫困问题依然突出，成为如期打赢脱贫攻坚战关键环节之一。目前，深度贫困地区问题主要体现在：①贫困人口占比高，贫困发生率高。各省（区、市）农村贫困发生率平均已降至 6% 以下，然而深度贫困地区贫困发生率普遍在 20% 以上。例如，云南怒江贫困发生率高达 38.14%，藏区贫困发生率为 25%，青海 15 个深度贫困县贫困发生率均在 20% 以上。②收入水平低。2018 年深度贫困地区农村居民收入增长速度基本上与贫困地区居民收入增长速度持平，但收入差距明显，虽然同比增加了 935 元，但与当年农村地区居民平均收入相比仍然低了 33.9%。③经济发展基础薄弱。受资源条件制约，许多深度贫困地区产业形式单一、缺乏抗市场风险能力，或者根本就没有产业，内生动力不足"短板"凸显。④基础设施与基本公共服务条件差。深度贫困地区多地处于老、少、边地区或者生态环境脆弱、自然灾害频发地带，因此基础设施、教育、医疗、居住条件极差。受自然条件差与思想意识相对封闭落后的影响，基础设施建设与基本公共服务推进难度大、成本高。⑤社会发展相对滞后。受历史、长期封闭落后等原因影响，许多深度贫困地区文明发展程度低，旧习俗、宗族家长制对居民日常生活影响依然很大，贫困人口自主脱贫积极性不高。一言以蔽之，深度贫困地区有明显的多维贫

困特征，致贫原因复杂，脱贫任务重。总体来看，目前深度贫困地区距离实现"两不愁、三保障"目标普遍尚存在一定差距，受经济、社会、民族、自然等多方因素影响，牵一发而动全身，脱贫难度大、成本高。

## （二）贫困地区部分增收政策尚未形成长效机制

2018 年贫困地区农村居民人均可支配收入比 2017 年增长 10.6%，扣除价格因素外，实际增长 8.3%，均快于同期全国居民以及农村居民平均收入增长速度。脱贫攻坚想要贫困地区农民人均可支配收入增长幅度高于全国平均的政策目标总体上实现。但与之有关的两个问题却不容回避：

一是贫困地区农村居民收入水平与全国以及农村地区平均收入水平尚存在一定差距。2018 年，贫困地区农村居民人均收入比农村居民人均收入水平低约 30%。只要贫困地区农民收入增长保持快于全国以及农村居民整体收入增长速度的趋势，收入差距将进一步缩小。换言之，这个问题本身已不是当前脱贫攻坚面临的主要问题，而与之有关的另一个问题——如何保持贫困人口、已脱贫人口收入稳定增长才是当前的关键。

二是贫困地区农民收入增长如何稳定的问题。精准扶贫是为了精准脱贫，而实现全面脱贫、解决区域性整体贫困，根本途径在于因地制宜挖掘本地区经济增长点，扶持适合当地的产业发展，激发贫困地区内生动力。为此，中央安排了一系列政策措施。以产业扶贫促进增收为例。党的十八大以来，中央、地方以及各部门陆续出台政策指导贫困地区发展特色产业脱贫，扶持贫困人口参与度高的特色农业基地建设。同时，加快推进第一、第

二、第三产业融合发展，积极探索农民、合作社与龙头企业合作模式，力求使贫困人口从产业融合与产业链延伸中获得切实收益。此外，政府出台专项政策扶持贫困户因地制宜发展种养业、传统手工业、乡村旅游扶贫等。从现阶段脱贫攻坚进展来看，政府政策和资金有扶持，贫困地区积极探索成普遍，各部门、社会力量以及东西部协作格局已形成，增收政策在精准扶贫框架下取得亮眼成果。但问题是，当前贫困地区所实施各项促进贫困人口就业与收入增长的政策，其成效在多大程度上依赖于精准扶贫政策本身？这个问题的评估结果，直接决定了脱贫攻坚战略下增收政策是否稳定、可持续以及是否出现大规模返贫。

## （三）贫困地区"两不愁、三保障"水平提升，但突出问题亟待解决

脱贫攻坚实施以来，贫困地区农民生活水平与基本公共服务条件明显改善。目前来看，实现贫困人口"不愁吃、不愁穿"两项目标进展理想，相比之下"三保障"方面存在的问题比较突出。这些问题主要包括：①义务教育方面：每年仍有50万—60万学龄儿童辍学，而且辍学问题在一些边远地区、民族地区的贫困家庭中表现得尤为突出。在一些深度贫困地区，义务教育硬件设施条件很差，而且无法吸引或留住人才，师资力量薄弱。②基本医疗方面：政府从制度层面做了诸多探索，构建起从三级医院到县医院互联互通的远程医疗服务网络。但是，在一些贫困地区看病难以及因病致贫、因病返贫问题依然存在。有些深度贫困地区目前尚存在无卫生室或合格医生的情况。此外，全国人大常委会脱贫攻坚专题调研结果显示，当前家庭签约医生相关政策

落实不够到位，管理上欠缺规范，且各地不同程度上出现了过度医疗的现象。③居住方面：首先，目前仍有一部分农村贫困人口居住在危房，截止此书成稿之前，住建部正在对最新情况进行摸底。其次，在易地扶贫搬迁中，各地不同程度存在搬迁入住滞后、入住进度和竣工进度不匹配等问题。从实地调研结果来看，深度贫困地区易地扶贫搬迁因牵涉面较广，存在问题较多。例如，一些深度贫困地区有多个少数民族，他们有自己的传统与习俗，搬迁后如何促进他们与迁入地居民之间生产、生活融合就显得尤为重要与突出。最后，在居住条件方面，安全饮水问题成为短板。根据水利部统计，目前有 100 多万农村贫困人口饮水安全问题尚未解决。这个问题不仅关系到他们的居住条件与生活质量，而且对他们的健康也会产生重要影响。

## （四）部分地区产业扶贫欠缺长远考虑，可持续性较差

脱贫攻坚实施以来，各地因地制宜挖掘经济增长点，发展产业，目的在于激发本地区内生动力，从根本上实现脱贫。从结果来看，产业扶贫作为精准扶贫政策框架下一项重要举措，确实在带动地区经济发展、增加贫困人口就业以及促进收入增长等方面发挥了重要作用。但同时也凸显出一些问题，最主要的就是一些基层政府在扶持产业发展时欠缺长远考虑。例如，一些贫困地区选择产业形式很单一，对产业发展的可持续性评估不足，甚至出现"跟风"或者什么挣钱就一拥而上的现象。再如，一些贫困地区致力于发展种养业或者农产品加工业，却对与之衔接的重要环节——市场缺乏关注，没有安排应对市场风险的举措，从而使

产业扶贫前景不确定性增加。

此外，在一般贫困地区广泛探索并实施的产业扶贫，在深度贫困地区推行起来却难度增大。究其原因，一是许多深度贫困地区原本就没有产业或者产业形式单一，受经济基础差、社会发展滞后、资源条件有限制约，挖掘经济增长点难度较大；二是深度贫困地区基础设施条件普遍较差，且有的处于重要的生态保护带或地质灾害频发地带，基础设施建设成本高、难度大、维护不易，产业发展的外部环境难以创造；三是长期贫困造成意识观念上的相对封闭，加上教育落后、宗族观念等影响，探索产业发展的主观能动性相对较低。从而如何充分发挥产业扶贫在深度贫困地区脱贫中的作用，有待探索。

## （五）脱贫绩效在不同程度上依赖精准扶贫政策发力，脱贫成果有待巩固

脱贫攻坚强调问题导向，主张在找准问题的基础上找对路子，精准施策。整个精准扶贫政策体系从顶层设计到具体操作环环相扣，相得益彰。可以说，精准扶贫政策体系的建立是中国对世界扶贫开发理论的重要贡献。从其实施结果来看，确实成效显著。短短6年，中国贫困人口减少8239万，贫困发生率下降8.5个百分点。贫困地区无论"两不愁"情况还是"三保障"水平都明显得到改善，脱贫攻坚取得重大决定性成就。然而从实地调研情况来看，目前脱贫攻坚所取得亮眼成绩中，有一部分主要得益于精准扶贫政策的红利。现阶段，政府普遍采取的做法是脱贫不脱政策。那么，这就产生一个问题：2020年以后，当这种政策优势没有了。或者说，当相关政策成为一种涵盖非贫困村

和非贫困人口的普惠性政策时，现有的政策脱贫成效能否持续？这需要深入思考和评估。

## （六）组织管理存在责任意识不强问题，考核评估有流于形式现象

在组织管理上，脱贫攻坚基于中央统筹、省负总责、市县抓落实的顶层设计，强调逐级落实目标责任制，加强扶贫干部队伍建设。通过精准选配第一书记和驻村工作队，明确责任，完善保障与激励机制，建立起一支强有力的脱贫攻坚队伍。从实地调研结果来看，中国脱贫攻坚组织管理上的探索与实践是具有先驱意义的，是精准扶贫理论中亮眼的一笔。正因为有了目标清晰、责任明确、机制健全的组织管理体制作为有力制度保障，脱贫攻坚才能取得重大进展。与此同时，中国脱贫攻坚实施最严格的考核评估制度，在明确指标、引入多元主体的基础上，建立扶贫绩效考核长效机制，强化执纪问责。根据全国人大常委会脱贫攻坚专题调研结果，目前脱贫攻坚在组织管理与考核评估方面尚存在一些问题：一是脱贫攻坚责任落实存在不到位的情况。部分基层干部责任意识不强，工作不扎实，施策过程存在不精准现象。有的地方政府教条主义，落实中央扶贫部署时只关注短期效应，缺乏长远考虑。二是一些脱贫考核流于形式，只重填表、检查和开会，对实际问题关注反而较少，甚至出现攀比、负向激励现象。三是工作作风中弄虚作假、形式主义、官僚主义、好高骛远、消极被动甚至腐败现象不同程度存在。

# 三 推进脱贫攻坚的政策建议

距离 2020 年现行贫困标准下贫困人口实现稳定脱贫已进入冲刺期，除了继续坚持精准扶贫、精准脱贫基本方略，层层落实目标责任制，聚合多方力量共同攻坚外，应以解决现阶段突出问题作为重点，尽快补齐各项"短板"。具体来说，应该从以下五个方面着手：

## （一）一手激发内生动力，一手补齐"短板"，推进深度贫困地区脱贫攻坚

综合来看，目前深度贫困地区脱贫主要受内生动力不足和基础设施、基本公共服务短板掣肘，所以解决问题宜从这两个方面同时入手。

给钱、给物并不是扶贫的根本出路。正所谓"授人以鱼，不如授之以渔"。脱贫攻坚一再强调要激发贫困地区和贫困人口的内生动力，原因就在于唯有发展，才能从根本上实现脱贫。深度贫困地区内生动力不足主要体现在：一方面，受资源条件制约，深度贫困地区经济基础薄弱，无产业或产业单一的情况比较普遍；另一方面，一些深度贫困地区社会文明发展相对落后，人力资本不足，受旧习俗、旧传统影响，封闭固守观念严重，贫困人口脱贫自主性差。当前，围绕深度贫困地区脱贫攻坚，政府做了大量部署安排，指导"三区三州"制定了详尽的脱贫攻坚实施方案，不仅新增财政专项扶贫资金、新增扶贫项目与新增扶

举措向深度贫困地区倾斜，而且围绕深度贫困地区脱贫攻坚出台了一系列政策措施。从而激发深度贫困地区内生动力的制度条件已经具备，接下来的重点即是培育自主脱贫意识，因地制宜挖掘本地区经济增长点，积极探索有效脱贫模式，建立地区经济发展长效机制。在这个过程中，需要特别注意，不能盲目照搬或者跟风。虽说"他山之石，可以攻玉"，但其他地区脱贫攻坚成功经验的作用更多地在于参考。深度贫困地区致贫原因复杂，多维贫困特征明显，脱贫攻坚当有自己的探索与考量。

目前，基础设施与基本公共服务"短板"凸显是制约深度贫困地区发展的主要"瓶颈"。一些深度贫困地区处在地质灾害频发地带或是重要的生态保护带上，基础设施建设难度大、成本高，而且易损坏，后期维护成本高。一些深度贫困地区长期封闭落后，受旧习俗、宗族家长制影响较大，教育、医疗、法制等公共服务事业推进阻碍大，稍有不慎就可能影响国防安全与民族团结。这些既是深度贫困地区深度贫困的具体表现，也是制约深度贫困地区脱贫的重要因素。基础设施与基本公共服务属于民生工程，所以要解决这些问题，主要还是得依赖政府政策和脱贫攻坚发力。在加强定点帮扶与东西部协作的基础上，加大投入力度，瞄准深度贫困地区基础设施和基本公共服务中突出问题，精准施策，尽快补齐短板，为深度贫困地区整体发展创造好条件。

## （二）评估脱贫绩效对扶贫政策的依赖程度，走以自我发展为核心的长效脱贫之路

中国脱贫攻坚实施规模之大、投入力度之强、涵盖范围之广，在世界扶贫开发历史上亦属于史无前例。政府基于完善的顶

层设计，按照"六个精准"原则，逐级落实扶贫目标责任制，聚合多方力量，共同助力打赢脱贫攻坚战。6 年间，贫困人口以平均每年 1300 万左右的幅度减少，贫困发生率持续下降，农村贫困地区"两不愁、三保障"水平显著提高，脱贫攻坚取得重大决定性成就。精准扶贫是为了精准脱贫，从而能否实现稳定脱贫本身就是评估政策绩效的一项重要指标。无论施策前、中或者后，政策效果的可持续性都是需要考虑的重点。目前，我们所处时间节点距离 2020 年实现稳定脱贫只剩下不到两年，正是脱贫攻坚与乡村振兴衔接的关键时期，从而对脱贫稳定性的认识理应增加新的视角。在实施最严扶贫考核时，除了评估相关政策脱贫绩效以外，还应加紧评估这种绩效在多大程度上依赖于扶贫政策本身。如果 2020 年以后，这种政策优势没有了，或者说当相关政策成为一种覆盖非贫困村和非贫困人口的普惠性政策时，其对已脱贫人口和摘帽地区的积极作用就大幅减弱甚至消失，那么这项政策的脱贫效果就是不稳定的。以增收政策为例。相关调研显示，目前一些农村地区脱贫群众增收渠道单一，转移性收入占50% 以上，而经营性收入占比不到 20% 。这种情况属于政策性脱贫，一旦这种转移支付红利减弱或消失，返贫的风险就会增加。针对这个问题，一是要加紧评估现有政策脱贫效果的主要支撑与可持续性，确定返贫高风险地区与人口，提前安排好应对之策；二是在脱贫攻坚中，致力于激发贫困地区与贫困人口的内生动力，走以自我发展为硬核的长效脱贫之路；三是做好脱贫攻坚与乡村振兴的有效衔接，加快推进贫困村提升工程，巩固脱贫攻坚成果。

## （三）加大投入，重点解决好贫困地区"两不愁、三保障"突出问题

2019 年国务院扶贫开发领导小组将解决"两不愁、三保障"作为一项新的任务提出。当前，脱贫攻坚目标中，"不愁吃、不愁穿"总体进展理想，相比之下"三保障"方面存在问题比较突出，而深度贫困地区距离实现"两不愁、三保障"则普遍存在一定差距。

"两不愁"方面，关键点在于如何建立长效增收机制以及合理化农村居民收入结构。为此，一是要保持现阶段各项增收政策的稳定性。从实地调研情况来看，当前一些地区和人口虽然按照现行贫困标准已摘帽或脱贫，但该地区经济增长基础和个人增收能力依然薄弱，要巩固脱贫成效必须继续辅以政策支持。二是激发贫困地区内生动力，培植可持续的经济增长点，带动区域经济发展，增加就业机会。三是加大教育与培训投入，提升贫困地区人力资本，走内生式的增收之路。四是针对部分贫困地区劳动力等、靠、要思想严重、脱贫自主性差的情况，加强扶贫宣传与教育，建立激励机制，培养主动创收积极性。

"三保障"方面问题比较多，需要具体情况具体分析，安排相应对策。①教育方面，主要是依法建立控辍保学机制，提高义务教育巩固水平。针对贫困地区义务教育设施、师资力量薄弱等问题，加大中央财政教育转移支付倾斜力度，重点保障农村义务教育，全面落实教育扶贫和资助政策，并通过加强培训、定向培养等方式着力解决贫困地区师资人才短缺问题。国家统计局贫困监测显示，2017 年中国贫困地区 17 岁以下辍学儿童中 87.5% 属

于自愿辍学。这就反映出一个问题，即阻断贫困的代际传递，除了在制度上保障、在硬件设施条件上改善，还应注重对教育重要性的普及与宣传，提高贫困人口自主接受教育的积极性和比重，如此教育扶贫才能产生长远影响，事半功倍。②基本医疗方面，制度在设计层面已比较完善，主要是落实上需要继续深入，实际操作中的管理也需要进一步规范。目前，贫困人口基本医疗保险、大病保险、医疗救助已基本上全覆盖，但仍有个别遗漏，需要查漏补缺；同时，需要健全机制，做好各项政策之间的有效衔接。虽然贫困县已基本实现县域内先诊疗后付费和"一站式"结算，但各地具体落实情况存在差异。针对农村部分地区医药费不合理增长现象，需要采取有效措施进行遏制。一些深度贫困地区医疗卫生条件差，存在看病难、看不起病或生病不愿就医的问题。对此，一方面需要加大资金投入，深入落实健康扶贫政策；另一方面，要推进社会文明，加强健康宣传与日常保健知识普及，消除封建迷信、旧习俗以及宗族家长制对健康扶贫事业的阻碍。针对一些地区出现过度医疗现象，属于体制原因的，要建立、健全体制，加强监管；属于病人主观原因的，除了日常加强健康知识宣传之外，还应注重培养基层医务人员的责任感，通过他们让病人对病情以及医治需要形成比较客观的认知。对于脱贫攻坚专题调研中反映出来的有些贫困地区家庭签约医生政策落实不够到位、流于形式的问题，需要进一步明确责任，在体制上加强管理，在机制上强化考核。③居住方面，突出问题有三个：一是围绕安居，贫困地区饮水安全问题突出。为此，要加快实施农村饮水安全巩固提升工程，针对当地饮水困难具体原因想办法，将这件关系农村居民生存质量与健康的民生大事解决好。除饮水安全之外，围绕居住条件，贫困地区应从目前与农村地区差距相对较大的厕所、能源、垃圾处理、人畜分区、道路交通等方面着力，加大投入力度，因地制宜探索有效措施，改善农村人居环境。二是易地扶贫搬迁后续问题突出。目前，各地不同程度存在重搬迁、轻安置的现象。综合各项实地调研结果，易地扶贫搬迁后续问题集中体现在以下两个方面：一方面是搬迁后的就业问题。搬迁不是目的，搬迁后稳定脱贫才是最终目的。这就要求各级政府要做好易地搬迁善后工作，通过加大产业扶持、转移就业、生态扶贫等政策落实力度，帮助搬迁人口增加就业，提高收入，实现脱贫。同时，注意保持各项搬迁政策的稳定性，巩固搬迁质量与脱贫效果，确保搬迁一户，脱贫一户。另一方面是搬迁后的融入问题，这一点在深度贫困地区易地扶贫搬迁中体现得尤为突出。有的深度贫困地区由多个少数民族组成，有的深度贫困地区长期处于封闭状态，这些地区的居民有属于自己的传统习俗与生活习惯。搬迁后，需要谨慎处理他们与迁入地居民之间的融合问题。对于不科学、守旧的习俗，要通过宣传与教育慢慢来改变，不能急于求成；对于一些民族重要传统习俗，一定要尊重。对搬迁居民与当地居民之间的排斥，要积极加以引导，聚合企业、当地基层干部、社区热心人士的力量，借助工作安排、工会活动、社区活动以及日常生活中的互帮互助等形式加强搬迁居民与当地居民的心理融合。三是针对住房安全，需要彻底摸清情况。这一步在此书成稿之时，住建部正在进行。由此，下一步即是在加大资金投入的基础上，针对具体情况精准施策，推进农村危房改造，深入落实住房安全保障。

## （四）建立可持续产业体系，探索深度贫困地区产业扶贫可行路径

从中国脱贫攻坚实践来看，作为精准扶贫政策体系中一项重要举措，产业扶贫确实在激发贫困地区内生动力、推动区域经济发展方面发挥了重要作用。党的十八大以来，无论从制度层面还是实际操作层面，各级政府均围绕产业扶贫进行了多样化探索与实践，有些地方取得了不错的成绩，积累了有益的经验。因地制宜发展产业体系，是从根本上实现脱贫的重要途径。目前，围绕产业扶贫需要特别关注以下四个方面：①建立产业体系推动本地区经济发展要有全局观，统筹规划，因地制宜，绝不能出现什么产业挣钱就一拥而上的现象，那样不但无法实现脱贫，反而会导致地区经济市场风险激增，甚至出现经济混乱。②不能主观设定标准。有的深度贫困地区短期内确实不具备产业发展条件，不能强求其一定要发展起一项特色产业来。③产业脱贫必须走可持续之路。在产业类型、规模与发展模式选择上需要综合考虑当地资源禀赋条件和区域发展基础，特别要避免同质化问题与照搬教条主义；在产业体系构建过程中，需要统筹布局，探索多样化形式，千方百计延伸产业链，增加产品附加价值，提升市场竞争力；同时，需要建立健全市场风险抵御机制。总而言之，只有建立起可持续的产业体系，才能稳定实现产业脱贫战略目标。当然，这并不意味着不能选择短期产业项目。在实践中，应视地区经济发展具体情况灵活搭配长、短期产业项目。④千方百计探索深度贫困地区产业扶贫生机。在一般贫困地区广泛探索并实施的产业扶贫，在许多深度贫困地区因缺乏经济、社会、资源基础而

难以施展拳脚。尽管如此，考虑到产业扶贫在贫困地区脱贫攻坚中所发挥的作用，仍然应该在改善深度贫困地区基础设施条件与基本公共服务水平的基础上，想方设法探索深度贫困地区产业扶贫可行路径。

## （五）加强脱贫攻坚作风建设，优化考核评估机制

中国脱贫攻坚的成就不仅在于贫困人口大幅减少、贫困发生率持续下降、"两不愁、三保障"水平提升，而且在于形成了一套职责明确、机制健全、系统有效的组织管理体制。这是中国制度优势的体现，同时也是如期打赢脱贫攻坚战的重要保障。精准扶贫实施 6 年，战略目标、秉持原则、措施安排、政策要点已然十分清晰，所以部分地区责任落实不到位首要的原因即是干部责任意识不强，从而工作做得不够扎实，导致施策过程出现偏差。针对此类情况，一是要加强作风建设，增强"四个意识"，坚决杜绝形式主义、官僚主义作风以及腐败，完善基层党组织，发挥好其战斗堡垒的作用。二是要强化监督执纪问责力度，健全奖惩机制。对于不负责任、徇私舞弊、弄虚作假的，要严肃问责；对于表现优秀的给予适当奖励，脱贫攻坚任务完成后可以提拔重用。此外，一些基层班子涣散软弱、缺乏长远意识，也是导致扶贫目标责任落实不到位的原因之一。当前，脱贫攻坚已进入决胜关键时期，所面对的都是最难啃的"硬骨头"，这就要求必须选配一支思想作风过硬、业务能力绝对强的队伍来完成攻坚任务。除了选好配强人员外，还要加强工作指导与业务培训，抓好作风建设，为如期打赢脱贫攻坚战提供可靠的组织保障。

中国脱贫攻坚实施最严格的考核评估制度。除了年度考核，还有省际交叉考核、第三方评估、绩效考核以及中央脱贫攻坚专项巡视，此外还有来自媒体与民主的监督。虽然考核机制不断完善，但实践中依然存在一些突出问题。有的地方考核评估流于形式，对脱贫成效本身关注较少，却使基层干部疲于应付填表、开会和接待各方检查人员。对此，中央一再强调实施最严考核评估并不意味着要多填表、多开会、多发文、重复检查。目前，围绕考核评估，主要原则是强化执纪问责，但要大幅减少各级考核频次，避免重复考核。特别是整改意见汇总反馈给地方以后，要留足时间。针对第三方评估，之前是呼声一致的褒扬，近两年逐渐回归理性。总体上，第三方评估具有一定的优势，但我们也不能忽视抽样方式、调查人员素质对评估结果产生的影响。应该审慎对待第三方评估制度，综合扶贫绩效考核、专项巡视结果以及媒体暗访等情况，对各项政策脱贫成效做出更为客观的评价。考核不是目的，规范组织管理、提高脱贫质量、识别基层干部才是目的，所以我们应该关注的重点是考核结果所反映出的问题，以此来改进脱贫工作，提高脱贫质量。

## 参考文献

1. 李小云、徐进、于乐荣：《中国减贫四十年——基于历史与社会学的尝试性解释》，《社会学研究》2018 年第 6 期。

2. 魏后凯：《2020 年后中国减贫的新战略》，《中州学刊》2018 年第 9 期。

3. 吴国宝：《改革开放 40 年中国农村扶贫开发的成就及经验》，《南京农业大学学报》（社会科学版）2018 年第 6 期。

4. 汪三贵、曾小溪：《从区域扶贫开发到精准扶贫——改革开放 40 年中国扶贫政策的演进及脱贫攻坚的难点和对策》，《农业经济问题》2018 年第 8 期。

# 财政金融支持农业农村优先发展的现状、问题与对策

李 功[*]

**摘 要：** 当前我国保障财政资金优先投入农业农村的长效机制初步建立，财政支农的投入规模近年来持续增加，支农资金的投入重点由生产性领域向农业农村全面发展转变，财政支农的投入方式正在逐步优化；金融服务"三农"规模不断加大，涉农金融业务和产品不断创新，农村金融服务体系持续完善，农村金融扶持政策体系已经逐步建立。与此同时，财政金融在支持农业农村发展过程中也面临诸多问题：一是财政支农支出结构不合理，农业农村基础设施建设和科技发展投入不足；二是财政资金使用效率低，撬动金融与社会资本支农力度有限；三是涉农信贷资金供给总量不足，金融服务与农业农村实际发展需求不匹配；四是农村金融配套服务机制有待完善；五是财政金融支农相关法律法规尚不健全。对此，本报告建议，优化调整财政支农结构，

---

\* 李功，人文地理学博士，中国社会科学院农村发展研究所助理研究员，研究方向为城乡发展。

加大农业农村公共品投入；提高财政资金使用效率，进一步发挥引导和撬动作用；加强农村金融产品和服务创新，构建多元化农村金融供给体系；完善农村金融配套服务机制，提升农村金融服务生态环境；建立健全财政金融支农相关法律法规，构建差异化监管体系。

**关键词**：农业农村优先发展　财政支持　金融投入

# Trends，Problems and Countermeasures of Fiscal and Financial Support for Prioritizing the Development of Agriculture and Rural Areas

Li Le

**Abstract**：The long – term mechanism that guarantees the fiscal funding for agricultural and rural development as a priority has been established，the scale of fiscal support for agricultural and rural development has been constantly increasing in recent years，the fiscal funding focus has transformed from productive fields to comprehensive agricultural and rural development，and the method of fiscal support for agricultural and rural development has been gradually optimized. In terms of the financial development in rural areas，the scale of financial services for "agriculture，rural areas and farmers" are constantly increasing, the financial services and products for agricultural and rural development are constantly innovated, the rural financial service system is constantly improving, and the rural financial support policy system has gradually been established. However, during the process of fiscal and financial support for agricultural and rural development, there are also many problems. Firstly, the expenditure structure of fiscal support is not unreasonable. The fiscal funding for infrastructure construction as well as technological development is not enough. Secondly, the fiscal funding is not used efficiently enough, with limited effects in stimulating financial and social capital support for agricultural and rural development. Thirdly, the credit funds supply in rural areas is not enough, resulting in the mismatching of financial services and actual development demands in rural areas. Fourthly, the supporting mechanism for rural financial services needs to be improved. Fifthly, the laws and regulations of fiscal and financial support for agricultural and rural development are not well established. Therefore, the report has raised the following suggestions: Adjust and optimize the expenditure structure of fiscal support for agricultural and rural development and increase the input of public agricultural and rural goods; Improve the efficiency of fiscal funds; Strengthen the innovation of rural financial services and products to establish a diverse rural financial supply system; Improve the supporting mechanism of rural financial services and promote the financial service ecological environment in rural areas; establish complete laws and regulations regarding fiscal and financial support for agricultural and rural development and set up differentiation regulatory system.

**Key Words**：Prioritizing the Development of Agriculture and Rural Areas；Fiscal Support；Financial Investments

财政金融是支持农业农村发展的重要手段之一。党的十九大以来，先后出台的2019年中央一号文件《中共中央国务院关于坚持农业农村优先发展做好"三农"工作的若干意见》，中国人民银行等联合印发的《关于金融服务乡村振兴的指导意见》，以及财政部印发的《财政部贯彻落实实施乡村振兴战略的意见》等，在保持政策连续性、稳定性的基础上，进一步围绕保障"三农"资金投入，坚持把农业农村作为财政优先保障领域和金融优先服务领域，提出加强财政金融扶持农业农村发展的一系列新的重大要求和举措。本报告立足于相关文献和实地调研资料，对我国财政金融支农发展现状、存在的问题进行分析，进而提出财政金融支持农业农村优先发展的对策建议。

# 一 财政金融支持农业农村优先发展的现状

## （一）财政支农现状

### 1. 财政支农的政策保障体系初步建立

2004年以来，连续出台的16个中央一号文件都是关注农业农村发展问题，为国家财政支农体系的构建提供了重要的政策保障。2004年中央一号文件按照"多予、少取、放活"的农业发展方针，提出增加农业财政投入，通过"三项补贴"、降低农业税费等措施促进农民增收。2005 年的中央一号文件首次制定了财政支农投入"三个高于"的硬性要求，并提出加大新增财政支出与固定资产投资对"三农"的倾斜力度。2006—2010 年的中央一号文件，重点围绕调整耕地占用税率做出部署，并指出将新增的耕地占用税收收入主要用于"三农"发展，其中 2010 年的中央一号文件更进一步要求新增建设用地的土地有偿使用费全部用于农业发展。2011 年、2012 年和 2013 年分别明确了财政支农投入的重点领域，包括水利建设、农业科技投入等。2014 年和 2015 年的中央一号文件主要围绕加强农业补贴的导向性和效能，提出调整和完善农业补贴政策的具体要求。2016 年的中央一号文件再次强调优先保障财政对农业农村的投入，重点支持耕地地力保护和粮食产能提升。2017 年的中央一号文件从优化支出结构，加大整合和统筹力度等方面提出完善财政支农投入供给体制机制的具体措施。2018 年中央一号文件提出通过健全投入保障制度、创新投融资机制等举措，确保财政支农投入力度不断增强的同时，积极发挥财政资金撬动作用，引导金融和社会资本进入乡村。2019 年中央一号文件提出"四个优先"确保农业农村的优先发展地位，其中就包括坚持把农业农村作为财政优先保障领域和金融优先服务领域。至此，一套保障财政支持农业农村优先发展的长效机制初步建立起来（孔祥智，2018）。

**2. 财政支农投入规模持续增加**

在中央政策的支持和引导下，国家财政支农投入规模持续增加。财政"三农"支出规模从 2004 年的 2337.63 亿元增加到了

2018 年的 20786 亿元，增长了近 8.9 倍，年平均增长速度达到
15.68%。其中，党的十八大以来，财政支农支出规模平均每年
增加约 1400 亿元，累计支出已超过 10.34 万亿元。从增幅情况
来看，近些年财政支农支出水平呈现波动特征，在 2004 年、
2007 年、2008 年和 2015 年增幅较大，同比增幅分别达到
33.2%、36.1%、37.9% 和 19.2%。从财政支农支出的相对规
模来看，财政支农占我国财政支出比重整体呈缓慢增长态势，从
2004 年的 8.21% 逐步增长至 2018 年的 9.40%。根据中央财政预
算公告，2019 年全国一般公共预算农林水支出将比 2018 年继续
增长 7.02%，占总预算支出的比重也同比增加 0.1 个百分点，
达到 9.50%。① 由此可见，无论从国家财政支农的绝对规模还是
相对规模来看，中央对农业农村的投入力度连年持续加大，从
2012 年达到高位并一直保持至今。

表1　　　　　　2004—2018 年财政支农情况统计　　单位：亿元、%

| 年份 | 财政支农总额 | 国家财政总支出 | 财政支农占财政支出比重 | 支农支出增长速度 |
|------|------|------|------|------|
| 2004 | 2337.63 | 28486.9 | 8.21 | 33.2 |
| 2005 | 2450.31 | 33930.3 | 7.22 | 4.8 |
| 2006 | 3172.97 | 40422.7 | 7.85 | 29.5 |
| 2007 | 3404.7 | 49781.3 | 6.84 | 36.1 |
| 2008 | 4544.1 | 62592.7 | 7.26 | 37.9 |
| 2009 | 6720.41 | 76299.9 | 8.81 | 21.8 |
| 2010 | 8129.58 | 89874.2 | 9.05 | 18.3 |

① 财政部编：《关于 2018 年中央和地方预算执行情况与 2019 年中央和地方预算草案的报告》。

| 年份 | 财政支农总额 | 国家财政总支出 | 财政支农占财政支出比重 | 支农支出增长速度 |
|------|------------|--------------|---------------------|--------------|
| 2011 | 9937.55 | 109247.8 | 9.10 | 22.4 |
| 2012 | 11973.88 | 125953 | 9.51 | 18.1 |
| 2013 | 13349.55 | 140212.1 | 9.52 | 11.8 |
| 2014 | 14173.8 | 151785.6 | 9.34 | 7.0 |
| 2015 | 17380.5 | 175877.8 | 9.88 | 19.2 |
| 2016 | 18587.36 | 187755.21 | 9.90 | 6.9 |
| 2017 | 19088.99 | 203085.49 | 9.40 | 2.7 |
| 2018 | 20786.00 | 220906.00 | 9.40 | |

资料来源:《中国财政年鉴》(2004—2017);《中国农村统计年鉴》(2004—2017);《2018 年统计公报》;《2019 年财政预算公报》。

### 3. 支农资金投入重点由生产性领域向农业农村全面发展转变

近年来支农结构不断调整,资金投入重点由生产性领域逐步向农业发展与农村建设并重转变(郭军、孔祥智,2015)。2000—2008 年,农村生产和各项农业事业费支出是财政支农资金的主要投入领域。从 2009 年开始,农村社会事业发展支出额度开始超过农业生产支出,并且投入领域逐步多样化。近几年的投入重点主要包括以下几个方面,一是以"四项补贴"为核心的支农补贴体系,2004—2017 年,四项补贴投入从 146 亿元增长到 1381 亿元(周振、涂圣伟,2019),此外还建立了目标价格、生产大县奖励补贴、新型主体补贴等一系列补贴制度;二是农业综合开发和生态建设投入,2013—2017 年中央农业综合开发累计投入财政资金达到 2580.1 亿元,主要用于农田改造、生态综合治理等;其中 2017 年中央财政投入的森林、草原等生态效益补偿资金总额就分别达到 175.8 亿元和 187.6 亿元;① 三是基础设施建设,集中用于重大水利工程、小型农田水利设施建设及新一轮农网升级等;四是农村教育、文化、脱贫攻坚、社会保障等民生事业,其中 2017 年一事一议财政奖补投入 185.7 亿元②,重点支持农村垃圾污水处理、农业生产废弃物资源化利用、厕所革命、村容村貌等农村人居环境的改善。在财政扶贫投入方面,2018 年,全国扶贫支出达 4770 亿元,比 2017 年增加近 1600 亿元。其中,中央财政专项扶贫资金从 2015 年起,连续 4 年每年增加约 200 亿元,2019 年扶贫专项资金预算持续增加,增长至 1261 亿元。

### 4. 财政支农投入方式逐步优化

统筹整合存量资金和撬动金融与社会资本投向农业农村,是不断优化财政支农资金投入方式,提高资金使用效率的两大重要途径。国家先后发布《关于探索建立涉农资金统筹整合长效机制的意见》(国发〔2017〕54 号)等一系列相关文件,推动行业内涉农专项资金的统筹整合以及行业间涉农资金的衔接配合,改变涉农资金长期以来存在的"九龙治水"问题。通过采取"大专栏 + 任务清单"管理方式,从预算编制到预算执行的各个环节入手,全面推进财政资金统筹整合。此外,目前中央财政涉农资金以及专项扶贫资金的审批权限已经分别下放到省级和县级,通过提高基层对涉农资金的灵活安排,进一步促进整合统筹

---

① 《国家发改委新闻发布会介绍西部大开发与生态补偿相关情况》,国际环保在线,2018 年 8 月 31 日。
② 财政部:《2017 年扶持村级集体经济发展试点扩至 23 省份》,国际在线,2018 年 1 月 23 日。

效果。数据表明，2017 年全国通过各项措施整合的各级财政涉农资金达到 3286 亿元，基本完成了年度整合计划。①

　　针对财政资金撬动金融投入和引导社会资本进入农业农村，目前主要通过贴息贷款、以奖代补，建立担保机制和风险补偿基金，以及试点发展地方政府专项债券等方式撬动金融投入，与此同时积极推广政府和社会资本合作、地方政府和社会资本设立农业农村发展投资基金等引导社会资本投入，帮助农村地区引入新技术、新业态，延伸农业产业链。针对贷款难的问题，各级财政采用"银政担"模式，积极扶持或直接设立了一批担保机构，发挥财政资金杠杆作用。截至 2018 年，先后成立了国家信贷担保联盟、33 家省级农业担保公司及 376 家市（县）分支机构②，为降低涉农信贷风险，撬动金融支农提供基础；此外，财政也通过牵头建立农业农村发展投资基金等方式创新撬动社会资本，如中国农垦产业发展基金、现代种业发展基金以及各地方农业发展投资基金等。截至 2018 年 10 月，国家产业扶贫基金已撬动近1500 亿元社会资本投入贫困地区产业发展。③

## （二）农村金融发展现状

### 1. 金融服务"三农"规模不断加大

　　党中央、国务院始终高度重视金融在服务农业农村优先发展中的重要作用，金融服务"三农"规模不断加大。在政策的持续引导下，涉农信贷已经成为农业农村发展的重要融资来源。

---

① 财政部：《截至 2017 年全国整合贫困县涉农资金 3286 亿元》，人民网，2018 年 5 月 23 日。
② 《农业信贷担保业务快速增长》，新华网，2019 年 1 月 18 日。
③ 《国家产业扶贫基金已撬动超 1500 亿社会资本》，第一财经，2018 年 10 月 16 日。

2007 年以来我国全部金融机构涉农贷款余额从 6.1 万亿元增长至 2018 年年末的 33 万亿元①，累计增长达到 540.9%，年平均增速为 16.6%。农村（县及县以下）、农户和农业贷款投放余额分别从 2009 年的 7.45 万亿元、2.01 万亿元和 1.94 万亿元增长至 2018 年的 26.46 万亿元、9.23 万亿元和 3.94 万亿元，其中农户贷款增长幅度最大，增长近 3.59 倍，农业贷款增长较缓，增加了 1.03 倍。主要农村金融机构人民币贷款余额从 2008 年的 3.7 万亿元增长至 2018 年的 16.98 万亿元，占全部金融机构人民币各项贷款余额比重从 11.6% 增至 12.5%。

### 2. 涉农金融业务和产品不断创新

近年来，金融支农在股票、证券和期货市场等直接融资渠道的基础上，围绕"三农"信贷、农业保险、农业资产证券化、融资租赁、互联网金融和普惠金融等涉农金融业务，进行了一系列产品和服务创新。在"三农"信贷方面，继续推进"两权抵押"贷款试点，同时开展预期收益权质押、林权抵押等信贷服务。截至 2018 年 9 月末，在全国 232 个"两权抵押"试点地区，农地和农房抵押的贷款余额分别达到了 520 亿元和 292 亿元。②此外，针对新型经营主体，农村金融服务推出了农村信用社小额信贷、专业大户（家庭农场）贷款等产品。在农业保险方面，重点围绕农业供给侧结构性改革，通过增加地方特色优势农产品保险品种、大力发展价格保险、扩大天气指数产品保险范围等措施，构建多层次、多品种的农业保险体系，探索开展"保险 +

---

① 中国人民银行网站，http://wzdig.pbc.gov.cn。
② 《"两权"抵押贷款试点取得明显成效》，人民网，2018 年 12 月 24 日。

期货"等价格保险融资模式。截至 2018 年年末，全国乡镇保险机构覆盖率达到 95%，全面实现保费收入 572.65 亿元，为 1.95 亿户次农户提供风险保障 3.46 万亿元，涉农小额贷款保证保险为 20 万农户撬动融资贷款 138 亿元。[①] 在农业资产证券化方面，2017 年年底，中国农业银行发行的"浙江'绿水青山'专项信贷资产证券化项目"建立了利用资产证券化等投行工具推动农业农村、绿色产业发展的新模式，目前已发放专项对公贷款 600 多亿元，并带动项目投资约 1500 多亿元。在融资租赁方面，新疆、黑龙江和江苏等地积极推出农机融资租赁业务，帮助新型经营主体解决大型机械、生产加工设备购置更新资金不足问题。在"三农"互联网金融方面，新兴科技金融能够减少金融机构对实体网点的依赖，打破城乡数字鸿沟，将供应链金融、互联网众筹、消费金融等产品引入农村地区，近些年在相关政策的扶持下得到快速发展。目前，也有电子商务企业积极与农村信用合作社展开合作，不仅为农资采购、农业生产和后续农产品加工等提供融资服务，同时结合企业自身特点，为农产品销售、物流等提供支持。随着金融科技与农村金融机构进一步融合发展，将更加有助于满足农村地区多样化的金融服务需求。

### 3. 农村金融服务体系持续完善

农村金融机构网点覆盖率不断提高，数字普惠金融进一步普及。截至 2018 年年末，农村地区共有银行网点 12.66 万个，平均每万人拥有网点 1.31 个，县均网点 56.4 个，乡均网点 3.95

---

① 中国人民银行网站，http://wzdig.pbc.gov.cn。

个,村均网点 0.24 个。其中,村镇银行是聚焦"支农支小"的重要农村地区金融机构,截至 2018 年年末,全国共组建 1621 家,覆盖了 1286 个县,县域覆盖率达 70%;在国家划定的 758 个贫困县和连片特困地区所辖县市中,有 444 个县市已经设立或备案拟设村镇银行,覆盖率约为 58.6%。此外,随着移动互联网等新兴技术在农村地区金融机构的进一步普及,数字金融服务覆盖面也不断扩大。

农村支付环境有所改善,移动支付等新兴支付方式在农村地区呈高速发展态势。银行机构的结算账户和非现金支付方式发展整体呈增长趋势,但增幅较缓。2018 年农村地区银行单位开户数量同比增长 10.6%,累计开设结算账户达到 2174.8 万户;各类个人银行结算账户共 43.05 亿户,同比增长 8.6%。银行业金融机构为农村地区电子商务提供收款服务 4.95 亿笔,金额总计 5783.43 亿元,分别增长 7.7% 和 4.3%。与之相对应的是,随着中国近年来移动支付服务的"井喷式"发展,农村地区的移动支付业务持续高速增长,并占据农户网络支付方式主导地位。2018 年,非银行机构为农村地区提供网络支付业务共计 2898.02 亿笔,金额达到 76.99 万亿元,比 2017 年分别增长了 104.4% 和 71.11%,基本翻番。其中,移动支付数量和金额也分别比 2017 年增长 112.25%、73.48%。此外,农村地区取款、汇款、代理缴费等其他支付业务发展水平基本与去年持平,或呈小幅下降趋势。

农村信用体系建设不断完善,小农户和新型农业经营主体的融资增信机制有所改善。目前,中国人民银行通过多渠道采集小农户、家庭农场、农民专业合作社等多种生产经营主体信用信息,已搭建全国范围内县(市)层面农户信用信息数据库,并且纳入信贷管理机制。各地方也联合政府部门、农村基层组织、金融机构等积极进行"信用户、村、乡镇"体系建设。截至2018年6月，累计为1.78亿农户建立了信用档案，约9500万农户获得银行贷款。

### 4. 农村金融扶持政策体系逐步建立

中央先后出台了一系列农村金融激励和扶持政策，通过货币、财税、监管相结合的政策工具支持"三农"金融服务。首先，在货币、信贷政策方面，主要运用差别化准备金率、再贷款、抵押补充贷款等多种货币政策工具，降低融资成本。其次，在财政税收政策方面，主要包括出台系列税收优惠政策，扩大涉农贷款奖励补贴范围，以及实施农业保险保费补贴等。如财政部对金融机构向农户、小型企业等发放小额贷款制定专门税收政策，提出贷款利息收入免征增值税，降低融资成本。并且，对农业保费的补贴政策也进一步保障了农业保险的良性发展，2017年中央财政拨付农业保险保费补贴179.04亿元，补贴资金使用效果放大达156倍。最后，在监管政策方面，重点对农村中小金融机构实施差异化的资本要求和不良贷款率容忍度等监管考核指标。

## 二 财政金融支持农业农村优先发展存在问题

### （一）财政支农结构不合理，农业农村基础建设和科技创新投入不足

从财政支农投入领域来看，我国财政支农结构存在以下不合

理：一是农村救济性支出及各项事业费占比过高，长期以来占比达到 60% 以上；二是农业农村基础设施投入不足。基础设施建设大部分是公益性事业，主要依赖财政投入支持，由于财政资金配套管理机制，地方财政支农支出大部分用于中央财政投入的大型水利设施、农田整治等项目配套，致使农村地区中小型水利工程、电网设备、集中供水、互联网以及流通设施等投入严重不足，成为制约农业农村发展的"瓶颈"问题；三是农业科技投入严重不足，目前我国农业 R&D 经费支出占农业增加值的比重不到 1%，远低于发达国家 3%—6% 的水平（《中国农村发展报告》总报告课题组，2018），导致农业现代化缺乏有力的科技支撑。

## （二）财政资金使用效率低，撬动金融与社会资本支农力度有限

目前，虽然财政投入力图通过贷款贴息等方式撬动金融和社会资本投向农业农村，但是，由于行业内资金整合与行业间资金统筹相互衔接配合不足，财政资金使用效率低下，从而弱化了财政投入资金的导向性和杠杆作用。总体上看，财政投入明显促进了金融机构涉农信贷资金和社会资本参与农业农村发展，但其与"建立财政、银行、保险、担保'四位一体'的多元化立体型支农财政体系"的目标还存在一定的距离（董翀，2019）。

## （三）信贷资金供给总量不足，金融产品与农业农村金融需求不匹配

虽然近年来涉农信贷资金总量持续增长，但与乡村振兴背景

下农业农村发展旺盛的资金需求相比，供给总量仍然不足。具体表现为，2008—2018 年，农村金融机构人民币贷款余额占全部金融机构人民币各项贷款余额的比重一直处于 11.6%—12.9% 的中低水平，且从 2014 年开始每年下降 1—2 个百分点；并且，金融机构农村（县级县以下）和农业贷款占全部贷款比重与同期相比，均出现下降趋势。其中，农业贷款占比始终呈较低水平，并持续下降，2018 年凭借仅 3% 的信贷支持贡献了 7.2% 的国内生产总值，信贷支持水平与贡献程度严重不匹配（董翀、孙同全，2018）。

我国农业农村经济从传统小农分散生产，逐步转向农业现代化，现代农业的资本密集度和产业规模化水平均显著上升，对农村金融服务的需求也从"小额、短期、分散"，逐步转向"长期、大额、集中"的综合化金融服务（张承惠、潘光伟等，2017）。但金融产品与农业经营主体的需求不匹配。第一，中长期贷款需求得不到满足。据统计，现有农业企业获得的贷款中，80% 为短期贷款，中长期贷款占比仅为 20%（张红宇等，2016）。由于合格抵押物和担保人的缺乏，涉农经营主体的中长期大额信贷需求无法得到满足，只能不断延续短期贷款，导致流动资金紧张，严重影响正常经营。第二，多样性、多层次、差异化的金融需求得不到满足。在农村第一、第二、第三产业融合发展的大趋势下，农村各类经营主体投资需求多样，而政策性金融、商业金融和合作金融在农村产业投融资领域的协同机制仍不完善，农业保险、产业基金、融资租赁和互联网金融等新兴农村金融服务尚处于发展初期，支持农业农村发展的力度有限。第三，综合性需求得不到满足。现代农业对金融服务的需求，已经从单一的融资需求，转向农产品定价、风险管理、资本化经营的多种需求并存，如农产品市场风险管理等综合性金融服务明显不足（张红宇，2016）。

## （四） 农村金融配套服务机制有待完善

制度设计上，农业融资担保服务、农村产权登记交易服务、社会信用信息等级和信贷管理的有效配合，能够在很大程度上改善涉农信贷抵押担保不充分，信息不对称，降低农村产业领域投融资项目的不确定性（董翀、孙同全，2018）。然而，目前我国农业融资担保服务、农村产权登记交易服务覆盖范围有限，业务规模较小，农村地区各产业领域的社会信用信息登记和查询服务系统仍在逐步建立完善中，财务管理服务、内部经营管理咨询和查询服务系统仍在逐步建立完善中，并且财务管理服务、内部经营管理咨询和法律服务等只有少数经营主体才能获取和使用，覆盖面极其有限。① 由于农村金融配套服务机制的不完善，导致我国农村金融面临风险控制、降低服务成本等问题。

## （五） 财政金融支农相关法律法规不健全，管理机制有待优化

### 1. 财政支农资金投入机制有待改进

一方面支农资金立项不规范，审批制度中对项目可行性和科学性的论证仍不足，资金投入具有一定的随意性。并且支农

---

① 董翀、孙同全：《加强投融资机制创新 满足农村产业多样化需求》，《农民日报》2018年10月14日。

项目立项和实施过程中，农民直接参与决策程度不高，发展意愿难以得到充分体现，导致投资项目与农民直接需求不匹配。另一方面，"以奖代补"的投入机制容易造成财政支农资金普遍流入经济较为发达的地区，经济欠发达地区反而未能得到有效支持。

### 2. 支农资金监管及绩效评价机制不健全

财政资金在层层下拨过程中，拖延和截留现象导致资金到位与农业生产的季节性需求严重不匹配，影响财政支农效果。而在财政资金使用中，由于缺乏监管，资金挤占挪用现象频发。另外，由于财政支农绩效评估制度与规范的不健全，财政支农往往存在"重过程，轻结果"现象（郭军、孔祥智，2015）。

### 3. 农村金融领域法律法规滞后

近年来农村金融出现了多种服务和产品创新，然而农村金融领域的大部分法律法规尚未及时修订和完善，在一定程度上已不适用于新形势（孙同全，2018）。如小额贷款公司、融资性担保公司、贫困村资金互助社、融资租赁公司以及新型合作金融组织等，实际上是正规金融机构的有效补充，但由于监管规则模糊，政策支持难以覆盖，这类机构往往被简单归类为金融风险的来源和隐患。面对各类农村金融机构日益多样化的涉农金融业务，监管过度和监管缺失在农村金融领域同时存在，监管部门在出台适宜的监管政策、履行恰当的监管责任方面面临巨大压力。

# 三 财政金融支持农业农村优先发展的对策建议

## (一) 优化调整财政支农结构，加大农业农村公共产品投入

优化调整财政支农支出结构，降低农业事业费支出，大幅提升农业农村公共产品投入。明确财政投入重点领域，一是农业农村基础设施建设，着重投入中小型农田水利设施、农村道路建设，以及农村饮水、厕所、电网、信息通信、文化教育等基础设施建设等；二是农业科技发展，重点投入农业高新技术创新、农业科技推广和成果转化等，并以财政资金为引导，推进农业科技与资本有效对接；三是农业社会化服务体系建设，重点推进农业信息服务体系、农产品流通体系建设等。财政支农的重点要从单纯的"输血"式补贴，转向提供具有"造血"功能的农业基础设施及农村公共产品。

## (二) 提高财政资金使用效率，进一步发挥引导和撬动作用

充分发挥财政资金引导作用，通过财政补贴、降低税率、提供技术支持等方式，加大对涉农信贷的支持范围和力度，引导各类金融资本积极投入农业农村发展。尽快形成覆盖全国农业重点区域的政策性农业信贷担保体系，推动农业信贷担保服务网络向市、县延伸。充分发挥中国农垦产业发展基金、现代种业基金等

农业产业基金作用，以股权投资方式引导社会资金投入，扩大产业基金规模。以财政资金为引导，鼓励龙头企业出资，组建农业企业互助基金会等，积极为小微农业企业提供融资服务。

## （三）加强农村金融产品和服务创新，构建多元化农村金融供给体系

创新农村金融供给形式，培育和设立多样化的金融供给主体，鼓励不断进行金融产品和服务创新，满足农业农村差异化的金融需求。在强化金融产品和服务方式创新方面，首先，积极构建针对不同主体、分层分类的农业经营主体金融支持体系，重点满足新型农业经营主体和小农户金融服务需求，探索完善对各类新型农业经营主体的风险管理模式，增强金融资源承载力。大力发展农业供应链金融，依托核心企业提高小农户和新型农业经营主体融资可得性。其次，积极推动形成多元化的农村资产抵质押融资模式，创新推出大型农机具抵押、畜禽抵押、农业保单融资等信贷业务，以及进一步推广融资租赁等业务。最后，强化大数据、人工智能、区块链等技术在涉农信贷风险识别、监控、预警和处置中的使用，为提高涉农信贷投入规模提供基础保障。此外，加强农村金融对生态文明建设支持力度，创新"三农"绿色金融产品和服务，一方面完善绿色信贷体系，另一方面通过发行绿色金融债券等方式，筹集资金，用于支持农村地区污染防治、节水、保护生态以及发展绿色农业等。

在拓宽农村金融资金渠道方面，充分发挥股票、证券、期货、保险等非信贷机制的保障作用。首先，培育涉农上市公司，鼓励和帮助涉农企业在主板、中小板、创业板以及新三板等上市

和挂牌融资，引导风险资金加大对初创期涉农企业的支持力度。其次，创新债券市场融资工具和产品，支持地方政府及商业银行试点发行涉农专项金融债券。最后，扩宽农产品期货市场投资路径，扩大"保险＋期货"试点，探索建立农业补贴、涉农信贷、农产品期货（权）和农业保险联动的农村金融综合体系。

## （四）完善农村金融配套服务机制，提升农村金融服务生态环境

加强农村金融配套服务平台与体系建设，提高配套服务效率，降低服务门槛，从根本上改善农村金融生态环境。首先，加快推进农村信用体系建设，积极运用大数据、云平台、人工智能等现代信息手段，推进农户、家庭农场、农民合作社、农村企业等新型经营主体的数字信用档案建设，促进农村地区信息、信用、信贷联动，发挥信用信息对农村经济主体融资的服务功能。其次，积极推动农村土地改革配套机制建设，为进一步试点"两权"抵押贷款提供基础，促进农村土地资产和金融资源的有机衔接。最后，推动移动支付等新兴支付方式在农村地区的普及应用，鼓励各类支付服务主体研发和推广符合农村农业农民需求的新型支付产品。以加强风险防范为重点，不断优化银行账户服务，促进农村支付服务环境可持续发展。此外，强化农村地区金融消费权益保护，一方面加大金融消费权益保护宣传力度，提高消费者的风险意识和识别违法违规金融活动的能力；另一方面规范金融机构业务行为，加强信息披露和风险提示，促进农村地区构建良好的金融生态环境。

## （五）建立健全财政金融支农相关法律法规，构建差异化监管体系

在财政支农方面，首先，完善支农资金整合机制，推进自上而下与自下而上相结合的统筹整合模式，建立各部委涉农资金联席会议制度，同时完善县级为主体的涉农资金整合管理机制。其次，完善中央和地方的支农资金审批流程，通过社会公示、专家评估等确保资金有效分配，使用规范有序。最后，通过引入项目指南、第三方评估、集中采购等机制，加大支农资金监督力度，确保支农投入资金专项专用。

在农村金融方面，首先，结合农村金融出现的新实践与新形势，修订和完善相关政策法规，重点明确各类民间金融、合作金融形式和机构法律地位，出台相关指导细则。其次，推动完善农村金融改革试点相关法规，强化"两权"抵押贷款的法律基础，研究推动农村金融立法。最后，加强农村金融法制建设，依法保障农村产业经营主体合法权益，同时保障农村金融机构合法合理权益。此外，构建差异化监管体系，明确监管责任，健全监管协调机制，监管层既应着力弥补监管缺失、排查风险隐患，也应在把握原则和边界的条件下，避免对新型农村金融机构的过度监管和干预。

### 参考文献

1. 孔祥智：《产业兴旺是乡村振兴的基础》，《农村金融研究》2018年第 2 期。

2. 郭军、孔祥智：《新形势下我国财政支农问题研究》，《江淮论坛》

2015 年第 4 期。

3. 总报告课题组：《走中国特色的乡村全面振兴之路》，载魏后凯、闫坤等《中国农村发展报告（2018）——新时代乡村全面振兴之路》，中国社会科学出版社 2018 年版。

4. 张承惠、潘光伟等：《中国农村金融发展报告（2016）》，中国发展出版社 2017 年版。

5. 张红宇：《中国强势农业的金融支撑》，《金融世界》2016 年第 10 期。

6. 周振、涂圣伟等：《工商资本参与乡村振兴的趋势、障碍与障碍》，《宏观经济管理》2019 年第 3 期。

7. 张红宇等：《金融支持农村一二三产业融合发展研究》，中国金融出版社 2016 年版。

8. 孙同全：《从制度变迁的多重逻辑看农民资金互助监管的困境与出路》，《中国农村经济》2018 年第 4 期。

9. 董翀：《构建乡村振兴多元投入保障机制》，载魏后凯等《农村绿皮书（2018—2019）》，社会科学文献出版社 2019 年版。

10. 董翀、孙同全：《农村产业发展中的投融资机制与对策》，载魏后凯、闫坤等《中国农村发展报告（2018）——新时代乡村全面振兴之路》，中国社会科学出版社 2018 年版。

# 返乡农民工创业现状、
# 问题与政策思考

张海鹏　朱　钢　陈　方　年　猛[*]

**摘　要：** 本报告通过田野调查，总结和归纳返乡农民工创业的现状、意愿以及存在的问题。返乡农民工在当地实现了相对较高的就业率，但主要以打工为主，创业并未形成主流；已经创业返乡农民工以初中以上文化程度的中青年男性为主，且大多数具有专业技术；新创业返乡农民工占已经创业返乡农民工的主体，但是再创业返乡农民工具有更高的人力资本。返乡农民工创业具有三个鲜明的特征：一是创业带有一定的盲目性，因政策吸引主动返乡创业的比重很低；二是创业项目类型多样，但以劳动密集型传统产业为主；三是创业项目与外出务工职业的关联度较小。从返乡农民工创业的条件来看，初始投资规模较小，以自我积累为主，正规金融支持力度小；大部分掌握一定的技能；雇人比例

* 张海鹏，管理学博士，中国社会科学院办公厅研究员，研究方向为城乡关系与城乡发展一体化、林业经济理论与政策、资源与环境经济；朱钢，中国社会科学院农村发展研究所研究员，研究方向为农村发展、农村财政、城乡关系；陈方，管理学博士，中国社会科学院农村发展研究所副研究员，研究方向为农村金融、城乡关系；年猛，经济学博士，中国社会科学院农村发展研究所副研究员，研究方向为城乡关系、城市经济、区域经济。

不高，当地劳动力资源尚未对创业形成制约；值得注意的是，多数没有享受到政策支持。已创业返乡农民工面临的首要问题是资金不足，他们中绝大多数未来仍将继续创业，但是扩大规模的意愿不高。未创业返乡农民工中约有1/4有创业打算，资金不足依然是影响这部分人创业的首要因素。针对当前返乡农民工创业的现状和问题，建议提高返乡创业支持政策的瞄准性；开展"量身定做"式的培训，提高返乡农民工的创业技能和创业水平；拓宽融资渠道，为农民工返乡创业提供金融支持；以产业集聚带动返乡农民工创业；以"三产"融合发展推动返乡农民工创业。

**关键词：**返乡农民工　创业　创业意愿

# The Status, Problems of Returning Migrant Laborers' Venture

Zhang Haipeng　Zhu Gang　Chen Fang　Nian Meng

**Abstract：**Through field investigation, this paper summarizes and concludes the current status, willingness and existing problems of returning migrant laborers' venture. Returning migrant laborers have achieved a relatively high employment rate in the local area, but they mainly work outside the home, and entrepreneurship has not formed the mainstream; Young and middle – aged men with junior high school education are the main types of returning migrant laborers, and most of them have professional skills. The newly – employed returning migrant laborers account for the majority of returning migrant laborers, but the Re – entrepreneurship returning migrant laborers have higher human capital. There are three distinct characteristics of returning migrant laborers' entrepreneurship: firstly, entrepreneurship has certain blindness, and the proportion of initiative entrepreneurship is very low through the policy attraction; secondly, entrepreneurship projects are diverse, but mainly in labor – intensive traditional industries; thirdly, entrepreneurship projects are less related to the occupation of migrant laborers. From the perspective of the conditions for returning migrant laborers to start their own businesses, the initial investment scale is small, mainly self – accumulation, and the formal financial support is weak; most of them have certain skills; the proportion of employees is not high, and the local labor resources have not yet formed constraints on entrepreneurship; it is worth noting that most of them have not enjoyed policy support. The primary problem facing the returned migrant laborers who have started their own businesses is lack of funds. Most of them will continue to start their own businesses in the future, but their willingness to expand their scale is not high. About 1/4 of the returning migrant laborers who have not started their own businesses have plans to start their own businesses, and insufficient funds are still the primary factor affecting the entrepreneurship of these people. In view of the current situation and problems of the returning migrant laborers' entrepreneurship, it is suggested to improve the targeting of the supporting policies for returning entrepreneurship; carry out "tailor – made" training to improve their entrepreneurial skills and entrepreneurial level; broaden financing channels to provide financial support for returning migrant laborers' entrepreneurship; drive returning migrant laborers' entrepreneurship by industrial agglomeration; and promote the returning of migrant laborers to start businesses with the integration of tertiary industries.

**Key Words**: Returning Migrant Laborers; Entrepreneurship; Entrepreneurial Willingness

随着我国经济增长进入新常态，农民工返乡的规模和速度都明显提高。根据国家发展和改革委员会的数据，2017 年农民工返乡创业的规模达到 536.5 万人[①]，约占当年农民工总数[②]的 1.87%。大规模的农民工返乡，特别是对于农民工返乡的性质，引起了全社会的广泛关注，各方看法莫衷一是。与政府将其归结为农民创业热情高涨不同，有人认为是农民工大规模失业，因此，非常有必要彻底弄清楚农民工大规模返乡的原因，回应社会质疑并及时调整农民工相关政策。当前更为现实的问题是，如此大规模的返乡农民工在当地能否得到较好的安置？这是关乎经济发展和社会稳定的大事，而这又取决于返乡农民工能否在当地顺

---

① 国家发展改革委农村经济司：《农村一二三产业融合发展年度报告（2017 年）》，http://www.ndrc.gov.cn/gzdt/201804/t20180419_882893.html。
② 《2017 年农民工监测调查报告》统计的农民工总量为 28652 万人。

利就业。创业是实现返乡农民工就业的重要途径之一，创业者既实现了自身的就业，还能为更多的人创造就业岗位，并最终为当地经济发展注入活力。党中央、国务院对于农民工返乡创业寄予厚望，2015 年的中央一号文件明确提出："引导有技能、资金和管理经验的农民工返乡创业。"此后，国务院办公厅出台了《关于支持农民工等人员返乡创业的意见》等一系列支持政策。那么，返乡农民工创业的现状如何？这些创业具有哪些特征？存在哪些问题？现有的返乡创业政策是否发挥了作用？以及需要采取哪些政策支持或进行政策调整？都需要摸清楚。本报告通过田野调查，总结和归纳返乡农民工创业的现状、意愿以及存在的问题，期望为完善农民工返乡创业政策提供决策依据。

# 一　调查情况说明

本报告对返乡农民工创业的定义是，从农村出县境到城市务工或经商 3 个月以上的农民，返回户籍所在地县城、乡镇或村创办工商企业和从事农业适度规模经营的活动。与一般的定义相比，我们对创业的定义比较宽泛，将农业适度规模也纳入了创业当中，目的是捕捉到更多的信息，对返乡农民工创业有更加全面的反映。

本报告使用的数据通过 2016—2018 年在河南省和陕西省开展的 4 次田野调查获得。第 1 次调查于 2016 年 9 月 20—27 日在河南省汝阳县进行，共获得 145 个返乡农民工调查样本。第 2 次和第 3 次调查分别于 2017 年 5 月 2—7 日在河南省汝州市、2017

年 9 月 7—12 日在河南省清丰县进行，共获得 247 个返乡农民工调查样本。第 4 次调查于 2018 年 8 月 21—27 日在陕西省渭南市大荔县、咸阳市长武县和宝鸡市千阳县进行，共获得 253 个返乡农民工调查样本。4 次田野调查共计获得 645 个返乡农民工样本，这是本报告分析的数据基础。4 次田野调查均为整村全户调查。① 2016 年和 2017 年开展的前 3 次调研采用整行政村调研的方式。为了提高样本的代表性，2018 年第 4 次调查对调查方式进行了调整，将调查单元放到自然村（组）的层面。首先，在 3 个县内分别选择 2 个镇；然后，在每个镇内选择两个行政村；最后，在每个行政村内随机选择 1 个自然村（组）作为样本村，共计 12 个自然村。具体调查方式为入户面对面问卷访谈，问卷涉及农户个人及家庭的基本特征与外出务工以及返乡相关的情况。与返乡创业有关的内容包括返乡后就业情况、创业的基本情况、创业意愿、创业中遇到的问题，以及创业政策需求。

本报告对于返乡农民工创业的考察包括两个部分：一部分是已经创业的返乡农民工行为的考察，另一部分是尚未创业但有创业意愿的返乡农民工行为的考察。

## 二 返乡农民工创业的现状

总体来看，返乡农民工创业已经形成了一定的规模，创业者以中青年男性为主，人力资本相对较高，而且在创业中呈现出一

---

① 整村全户调查可以克服以往微观研究的样本选择偏误问题。

些比较鲜明的特征。

**1. 返乡农民工就业以打工为主，创业并未形成主流**

综合 4 次实地调查结果，当年农民工返乡率大约为14.52%。经济增速趋缓对农民工就业具有一定影响，但并未成为农民工返乡的主要原因，农民工返乡更多是由于社会因素。返乡农民工实现了相对较高的就业率，就业人数占返乡农民工总数的84.34%。未就业人员主要是新返乡农民工，他们大多处于返乡后的工作搜寻期，随着时间的推移这部分人员的数量会进一步下降。但如果这一现象长期存在，则会对这部分人的心理和行为产生一定影响，因此，当地政府需要密切关注，并采取一定的措施妥善解决。645 位返乡农民工主要以打工为主，少部分完全在农业中就业；有 152 位已经创业，占返乡农民工总数的23.57%，与政府部门公布的相关统计结果比较吻合。

**2. 已经创业返乡农民工以初中以上文化程度的中青年男性为主，且大多数具有专业技术**

已经创业返乡农民工中男性占73.17%。女性人数远低于男性，但是呈现持续增长的趋势。从年龄结构来看，已经创业返乡农民工集中在35—45 岁，平均年龄约为43 岁；从受教育程度来看，已经创业返乡农民工以初中以上为主，平均受教育程度接近高中；从自评健康状况来看，已经创业返乡农民工普遍认为身体健康。在152 位已经创业返乡农民工中有84 位具有非农技能，约占55.26%；外出前从事过农业生产的约占76.19%。总体来看，已经创业返乡农民工的人力资本高于未外出农民工，也高于已经返乡但未创业返乡农民工。这表明，农民工外出务工的过程既是年龄增长的过程，也是经验、技能与人生阅历积累的过程，只有人力资本达到一定的程度，才能为返乡创业打下坚实的基础。

**3. 再创业返乡农民工比新创业返乡农民工具有更高的人力资本**

根据返乡前的创业情况，可以将返乡前已经创业、返乡后创业的称为再创业返乡农民工，返乡前未创业、返乡后创业的称为新创业返乡农民工。从调查结果来看，再创业返乡农民工占已经创业返乡农民工总数的 23.53%，也就是当前创业返乡农民工以新创业为主。比较这两类创业返乡农民工的特征可以发现：①再创业返乡农民工的受教育程度高于新创业返乡农民工；②再创业返乡农民工全部都从事过农业生产，而新创业返乡农民工的这一比例仅占七成；③再创业返乡农民工拥有其他非农手艺的比重高于新创业返乡农民工；④再创业返乡农民工对自身健康状况的评价低于新创业返乡农民工，这与再创业返乡农民工的平均年龄高于后者有关。以上特征表明，再创业返乡农民工的人力资本素质要高于新创业返乡农民工，较高的人力资本应该是他们在外出期间实现创业的重要因素。

**4. 因政策吸引主动返乡创业的比重很低**

受到政府政策的鼓励而主动返乡创业的农民工数量很少。近年来，各级政府出台了一系列政策措施鼓励农民工返乡创业。以河南省为例，省政府出台了《关于支持农民工返乡创业的实施意见》，明确支持返乡农民工创业的政策措施；各市、县也在资金扶持、场地保障、培训辅导等方面陆续出台了支持农民工返乡创业的优惠政策。再以陕西省为例，省政府先后出台了《农村劳动力转移就业创业行动方案（2014—2020）》《关于进一步做好新形势下就业创业工作的实施意见》《关于做好为农民工服务工作的实施意见》《关于支持农民工等人员返乡创业的实施意见》等一系列政策措施支持农民工返乡创业，此外各市、县也出台了大量的优惠政策。可以说，各级政府为农民工返乡创业搭建了一个丰富的支持政策体系。但是，从调查结果来看，只有1.19%的人回答是因为受到政策的吸引而主动返乡创业。

**5. 创业带有一定的盲目性，创业项目与外出务工职业的关联度较小**

返乡农民工选择创业的首要原因是"以前从事过"，占31.87%；有10.53%是因为"回来之前家里就有人干"，以上两者合计占42.20%，可见重操旧业，或者是继承、接收家里人的事业，抑或是跟随家人开展新的事业是返乡农民工创业的重要动机。"看到别人经营收益好"在返乡农民工创业中也占有非常高的比重，约为20.33%，这反映出部分返乡农民工创业带有一定的盲目性。面对市场时，选择合适的创业项目对创业者来说是比较困难的，返乡农民工受到自身人力资本的限制，难度进一步增加。所以，很大一部分返乡农民工选择创业项目时，就会出现跟风随大流的现象，往往是看到别人赚钱，不考虑自身的优劣势，简单模仿照搬，结果导致创业失败的风险急剧增加。实地调查中的一个案例很能说明这个情况。近年来，随着农民收入的提高，小轿车开始进入农民家庭，返乡农民工某某看到了这一商机，在村内开办了简单的练车场，由于价格便宜而且方便，练车场在短期内取得了很好的经济效益。看到某某的成功，仅仅在半年内其他返乡农民工就又开办了4—5家，竞争相当激烈。

农民工外出务工、经商的经历，特别是过去从事的职业以及专业技术的积累，都是返乡农民工创业的优势条件。但是从调查结果来看，只有20.51%的返乡农民工创业所从事的职业与其外出务工所从事的职业一致或相关，其中仅有6.33%的返乡农民工创业和外出务工的职业完全一致，有14.18%的返乡农民工创业和外出务工的职业相关。有7.39%的返乡农民工是回归了外出前的职业，有72.10%的返乡农民工从事的是全新的职业。由于返乡创业与外出务工、创业职业的关联度较低，创业就具有一定的风险。

### 6. 创业项目类型多样，但以劳动密集型传统产业为主

返乡农民工创业的产业和行业分布比较分散。在河南省汝阳县的调查显示，返乡农民工创业以开饭店和开商店为主，合计占42.31%，其余包括加工凉皮、开办养殖场、超市、幼儿园、旅馆、养殖场、理发店、快递以及照相馆等。在河南省汝州市和清丰县的调查显示，返乡农民工创业以种植养殖和商店零售为主，合计占58.54%，此外还包括修理、小加工厂、建筑运输等。在陕西省大荔县、长武县和千阳县的调查则显示，批发零售和餐饮业在返乡农民工创业中占有相当高的比重，合计占55.23%，此外还包括养殖业，以农、林产品加工为主的加工业等。总体来看，返乡农民工创业的项目大部分属于劳动密集型传统产业，反

映出农民工返乡创业受到自身技能素质的制约，多数选择了技术含量较低、对教育程度要求相对不高的劳动密集型产业。

# 三　返乡农民工创业的条件和存在问题

返乡农民工创业已经具备了部分条件，但是在资金、技术、劳动力等生产要素方面还有待加强，特别是政府的政策支持覆盖面较小。与此同时，返乡农民工创业还面临一些亟待解决的问题。

**1. 初始投资规模较小，以自我积累为主，正规金融支持力度小**

大部分返乡农民工创业初始投资的规模都不是很大，平均不超过 15 万元，大约六成以上的初始投资规模在 5 万元以下。这表明农民工返乡创业的规模都很小，这也与返乡创业的行业集中于劳动密集型传统产业有关。相对而言，农业适度规模经营活动的初始投资规模较大，初始投资 20 万—30 万元的样本中，农业适度规模经营的占到一半左右。

返乡农民工创业所需要的初始投资的来源多样，包括自我积累、家里资助、亲朋借贷、金融机构借贷、借高利贷等方式，通过与别人合伙融资解决困难的方式在返乡农民工创业中几乎没有出现，至于是不愿意还是无法采用还有待进一步调查。依靠自我积累是返乡农民工解决初始投资的主要途径，大约 87.50% 的返乡农民工创业都有自我积累的资金，而且 41.50% 的返乡农民工创业完全依靠自我积累。特别需要注意的是，大约有 1.37% 的返乡农民工完全通过高利贷进行初始投资，虽然数量很少，但是其中蕴藏着巨大的社会风险。

返乡农民工创业从正规金融机构得到的支持很少。调查数据显示，仅有 9.13% 的农民工回乡创业获得银行或者信用社贷款，这表明正规金融机构在返乡农民工创业中发挥的作用有限。近几年，返乡农民工创业从银行或信用社获得贷款的比重有所上升。

**2. 大部分掌握有一定的技能，创业对技术的需求不高**

技术是创业的重要资源之一，从调查结果来看，已经创业返乡农民工大部分掌握一项非农技能，比例达到 79.15%。技能来源呈现多样化特征，其中，回来后新学、以前接受过短期培训和以前外出务工学习分别占 23.38%、23.65% 和 22.78%，是返乡农民工创业的主要技术来源途径；另外还有大约 9.35% 来自家传的手艺。虽然大部分返乡农民工都掌握了至少一项非农技能，但是他们普遍缺乏经营管理方面的知识和经验，这对于创业绩效造成了较大的制约。

已经创业返乡农民工普遍没有把技术作为创业中的问题，这既与已经创业返乡农民工掌握非农技能高的状况相关，也反映出返乡农民工的创业层级较低，技术需求还没有成为他们的现实选择。

**3. 雇人比例不高，当地劳动力资源尚未对创业形成制约**

从调查结果看，返乡农民工创业大多是"单打独斗"的自雇创业模式，雇人的比重不高，约为 26.78%。而且返乡农民工创业雇人的规模差异较大，最少的雇 1 人，最多的雇 78 人。自雇创业比例高也与返乡农民工创业能力欠缺以及创业资源不足密切相关。长期以来农村年轻的、受过教育的劳动力多数外出务工，在家务农留守的多是老弱病残或妇女儿童，导致很多劳动力流出地劳动力短缺，劳动力短缺成为当地产业发展的重要制约因素之一。实地调查中，这样的情形比较少，95% 以上的创业者认为比较容易雇到合适的劳动力。

返乡农民工创业特别是创办较大规模企业面临的是高素质人才短缺的困扰。由于县域生活环境、工作环境、收入水平等难以和城市竞争，因此很难吸引到大学及以上学历的人才，即使有部分返籍大学生也是更倾向于在政府或者事业单位就业。高素质人才的短缺也是造成创业产业低端化的重要原因之一。

**4. 多数人没有享受到政策支持**

一般认为，政策支持力度越大，返乡农民工创业的意愿就越强。而且创业以后如果能够得到一定的政策支持，也有利于提高创业的成功率和成长性。本次调查发现，大多数的返乡农民工创业没有享受到优惠政策。调查结果显示，85.81% 的返乡农民工创业没有享受到政策支持。各地虽然制定了许多鼓励农民工返乡创业的扶持政策，但依然有很多人并未享受到政策支持，原因是多方面的，既有政策设计上的一些缺陷（如享受政府扶持基金的条件较为苛刻）；也有政策宣传上的问题，在调查中，一些从事农业适度规模经营的创业者反映并不知道有什么优惠扶持政策；还有一些创业者受惯性思维的影响，例如，一些人即使知道有一些优惠政策，却不去争取，只是因为听说条件较高以及别人以往的经历（如贷款难）。还有一个重要的原因是，很多地方支持农民工返乡创业政策主要瞄准的是规模较大的企业，导致规模较小的返乡农民工无法享受到政策支持。分析享受到政策扶持的返乡农民工创业样本，我们发现，创业初始投资规模相对较大；政策扶持最多的是担保贷款，其次是创业和技能培训。

### 5. 资金不足是返乡农民工创业面临的首要问题

已经创业返乡农民工现阶段面临的首要问题是资金不足，比例占到56.92%。其中，52.36%的已经创业返乡农民工认为资金不足是主要问题，另有4.55%的已经创业返乡农民工同时选择了资金和技术问题。事实上，为了推动返乡农民工创业，当地出台最多的就是金融支持，加大创业担保贷款支持力度。实际上，各地都出台了针对农民工返乡创业的金融支持政策，陕西省《关于实施农民创业示范工程的意见》规定：对有创业愿望和创业能力的个人，给予最高不超过8万元贷款，期限为2年。在审核中，要简化程序，明确办贷时间，鼓励引导农民自主创业。建立完善小额贷款担保基金补充机制、小额担保贷款贴息兑付机制。以县为单位，对申报的有较好发展前景的创业项目进行筛选排序，优先安排贷款支持。河南省通过创业担保贷款、大众创业扶持资金等政策为农民工返乡创业提供支持。这些支持政策之所以没有很好地发挥效应，主要是两个方面的原因。一方面，这些金融支持政策的额度普遍偏小，对于资金投入规模较大的创业项目如同"鸡肋"，对他们缺乏吸引力。另一方面，对于满足需要的小规模创业返乡农民工来说，这些贷款又显得门槛过高、程序复杂，包括需要财政全额单位公职人员担保，且担保人没有担保过贷款；申请人及其家人没有担保贷款记录，即使贷款已经偿还也不能申请等。有些支持还附带其他要求，比如要参加规定天数的技术培训，十几天的培训才能得到一两千元的支持，对返乡农民工来说机会成本过高。在如此严苛的申请条件下，其结果是返乡农民工很难获得资金支持，同时金融支持政策也难以充分发挥作用。资金不足成为农民工返乡创业的首要问题，说明政府的金融支持力度和方式的确有待改善。除了贷款额度的增加，还要进一步降低申请门槛，提高服务质量，真正使政府的金融支持政策在返乡农民工创业中发挥作用。很多地方已经开始了这方面的工作，例如陕西省出台了《创业贷款信用乡村试点办法》，开展免除反担保试点。项目不对路在返乡农民工创业占有一定的比重，约为11.70%。这就再次反映出返乡农民工由于人力资本、社会资本的制约，在选择项目时存在一定的盲目性，导致经营效果较差。返乡农民工创业还面临的一个问题是家里人手不够，虽然当地劳动力并不短缺，但是返乡农民工创业还是更倾向于使用家里人，一方面是在创业初期使用家里人更加放心，另一方面也有利于节省成本。

有创业意愿返乡农民工认为创业面临的首要问题依然是资金短缺，占89.80%。认为缺技术和缺好创业项目的比重也较高，分别为30.61%和24.49%。与其面临的问题相对应，有创业意愿返乡农民工创业需求最高的政策是"放宽贷款条件，提供金融支持"，这一比重达到72.92%。其次是对技能培训和市场信息的需求，而对于税收减免和用地限制放松的需求较低。

# 四 返乡农民工的创业意愿

绝大多数已经创业返乡农民工仍将继续创业，但是扩大规模的意愿不高，未创业返乡农民工中约有1/4有创业打算。

## 1. 已经创业返乡农民工未来继续创业意愿非常高，但绝大多数没有扩大经营规模和范围的计划

高达95.29%的已经返乡农民工未来仍将继续创业，并且有90.71%的人选择"长期从事目前的职业"，这似乎反映出已经创业返乡农民工对目前的状况还是相对满意的。另外有6.80%选择"继续干，但是想换别的职业"，主要原因是"目前的职业太辛苦"。只有4.72%的选择未来"不再继续干了"，主要是因为"身体或年龄的原因"和"赚不到钱"。

大多数愿意继续创业的返乡农民工没有扩大经营规模和范围的计划。60%的人将保持现状，有32.5%的人将扩大经营规模；只有7.5%的人表示要同时扩大经营规模和经营范围。大多数返乡农民工没有扩大规模和经营范围的计划，一方面可能与其资金制约有关，另一方面也反映出返乡农民工的创业行为较为保守。

计划扩大规模和经营范围的已经创业返乡农民工当中，大约77.5%的需要增加投资，其中一半以上追加投资额在20万元以上，而且需要通过贷款来完成。对于贷款的来源，返乡创业的农民工最期望的途径首先是信用社，约为35.63%；其次是商业银

行，约为32.5%；再次是从亲朋好友处借款，约为26.25%；最后才是政府贷款项目和其他途径。对于他们期望的贷款期限，大多数人希望在3—5年。对于可以接受的贷款条件，大约56.67%的人选择信用贷款；26.67%的人选择信用担保；只有16.66%的人可以接受抵押或者质押。对于抵押或质押的标的，返乡创业人员倾向于住房、本人或他人存单以及农机具等生产资料，不倾向于使用土地经营权作为抵押标的。

**2. 未创业返乡农民工约1/4有创业意愿，计划创业领域集中在传统第三产业**

未创业返乡农民工目前大部分从事非农工作，其中在本地实现非农就业的占30.61%，以非农为主兼有农业的占20.41%；从事纯农业的占36.73%，以农业为主兼有非农的占10.21%；仅有2.04%的人处于没有工作的赋闲状态，远远低于返乡农民工整体的未就业比重。这部分人中有创业意愿的约为25.74%。

有创业意愿的返乡农民工当中，大约有46.15%的人已经有规划好的创业项目。这些创业项目主要处于传统产业领域，但与已经创业的项目有所不同。其中大约25%计划开展商品零售活动，20.83%的人计划从事餐饮业，这是最大的两类产业。有16.67%的人计划从事养殖业，但无人选择从事种植业。调查结果显示，有创业意愿返乡农民工计划创业的形式倾向于选择家庭经营，这一比例占71.4%。有22.4%的人选择合伙经营这一模式；而选择注册企业方式的只有6.1%。

# 五　政策思考

针对当前返乡农民工创业的现状和问题，提出如下政策建议。

**1. 提高返乡创业支持政策的瞄准性**

结合国家产业转移的趋势，对农民工返乡创业按照区域进行分类，将支持返乡农民工创业政策集中于中部地区和西部经济发达地区。而对于现阶段当地产业体系相对落后的西部落后地区，尚不具备农民工返乡创业的条件，盲目推动农民工返乡创业既增加了地方政府负担，也极大地增加了返乡农民工创业的风险。因此，建议在西部落后地区将"支持和鼓励农民工返乡创业"的提法，修改为"为返乡创业提供创业条件"，主要是通过改善当地创业环境，加强基础设施硬环境、完善创业软环境等，为有意愿、有能力的返乡农民工创业提供条件。

**2. 开展"量身定做"式的培训，提高返乡农民工的创业技能和创业水平**

返乡创业以劳动密集型传统产业为主，而且存在很大的盲目性，反映了返乡农民工自身技能素质较低，同时大部分返乡农民工不具备创业所需的人力资本。这就要求政府部门针对有创业意愿的返乡农民工进行"量身定做"式的培训。在培训内容上，可根据市场需求、返乡农民工的资源特征等开展培训，重点培养其创业机会识别能力、风险抵御能力和经营能力；在培训方式上，可以采取集中培训和专业培训相结合的方式，组织经贸、商业、金融等方面的专家及创业成功的典型对返乡农民工创业过程中遇到的难题提供实际的指导。

**3. 拓宽融资渠道，为农民工返乡创业提供金融支持**

推行返乡创业贷款贴息制度，重点对农民工返乡创业的贷款给予贴息，对农民工创办的符合农业产业化贴息条件的企业，适当降低贴息审批条件，优先给予贴息。对农民工在贫困地区创办的企业，符合扶贫贷款贴息条件的，优先给予扶贫项目贷款贴息。在城市建立农民工信用体系，将农民工在城市就业生活的微观行为转化成可计量的信用程度，为农民工返乡创业贷款申请和发放提供可靠的依据，进而降低门槛并提高授信额度。

**4. 以产业集聚带动返乡农民工创业**

2015 年国家发改委在《关于结合新型城镇化开展支持农民工等人员返乡创业试点工作的通知》中提出："依托现有各类开发区及闲置厂房等存量资源，通过 PPP 等多种方式，整合发展返乡创业园区，聚集生产要素，完善配套设施，降低创业成本。落实完善鼓励创业的用地支持、税费、租金减免和资金补贴等扶持政策，适当放宽用电用水标准，吸引更多农民工等人员入园创业、集群创业。"实地调查中发现，以产业园区、产业集聚区等形式，通过一定的政策支持，吸引再创业的确是一种值得探索的模式。各地可以结合自身情况，以产业园为依托对传统产业进行升级，吸引外出农民工返乡创业；或者通过产业园建设，制定各种优惠政策，吸引在外成功创业的农民工返乡投资再创业等方式带动返乡农民工创业。以产业集聚带动返乡农民工创业有利于提高基础设施的利用效率，同时也有利于提高返乡创业政策的覆盖面。

### 5. 以三产融合发展推动返乡农民工创业

各地应该继续完善相关政策，继续发挥农业适度规模经营在返乡农民工创业中的作用，同时需要注重发展农产品加工、休闲农业、乡村旅游、电商等新业态和新模式，推动第一、第二、第三产业融合发展，以农业转型升级提高返乡农民工创业的效率。

# 互联网企业与农村发展

## ——以"农村淘宝"为例的实证研究①

于建嵘*

**摘　要：** 互联网进入乡村，改变了城乡资源配置格局，将农业生产与统一市场精准对接起来，推动了传统的农业生产形态的转变。本报告通过对"农村淘宝"的实证研究发现，在这个过程中，互联网企业起到了非常重要的作用。它不仅有效地组织了城乡生产和生活需求，提供了可靠的交易工具和平台，而且在组织农村社会方面起到重要作用。如何建立相关的公共政策体系，让互联网企业更好地促进农村社会发展，是当前的一个重要问题。

**关键词：** 互联网　城乡关系　资源配置　农村发展

① 感谢阿里巴巴农村淘宝公关团队提供了本文的重要资料。

* 于建嵘，法学博士，中国社会科学院农村发展研究所教授，研究方向为农村组织与制度、乡村治理等。

# Internet Company and Rural Development: An Empirical Study of "Rural Taobao"

## Yu Jianrong

**Abstract**: With Internet enter the countryside, comes great changes in many ways. It alters the allocation pattern of resource both in urban and rural area, bridges agricultural production with unified market, and accelerates the transformation of traditional agricultural form. This paper, by an empirical study of Rural Taobao, found out that Internet companies played a very important role in the process above. It not only effectively organizes production and living demands, but also provides reliable trading tools and platforms, furthermore, have big influences in rural society. So, how to establish related public policy system and enable Internet companies to better promote rural development becomes an important issue at present.

**Key Words**: Internet; Urban – rural Relationship; Resource Allocation; Rural Development

近年来，随着互联网进入乡村，乡村社会在生产和生活方面均发生了显著的变化。然而，这些变化具体表现在哪些方面，其发生机制如何，需要什么样的公共政策与之相适应等，学术界还没有系统的研究。既有的研究大多根据经济逻辑进行的理论分析，缺乏扎实的实证基础；有限的实证研究也主要将视野局限在农村电商本身的发展方面，鲜有对互联网企业的运作过程及其对农村社会发展的影响进行详细的考察。本报告试图在现有学术成果的基础上，以互联网进入农村的典型形式——农村电商企业作为切入点，通过对目前在农村电商处于领军地位的"阿里巴巴农村淘宝"进行具体考察，来讨论互联网在未来农村发展的可能性前景。在此基础上，提出推进农村互联网经济发展的公共政策体系的设想。

## 一　互联网进入乡村的实践探索

改革开放以来，我国农村发展从加快城镇化，到城乡统筹，到城乡一体化，再到城乡全面融合，既是一脉相承，又有战略升级。近年来，中央提出的乡村振兴战略的核心内容是，坚持农业农村优先发展，按照产业兴旺、生态宜居、乡风文明、治理有效、生活富裕的总要求，建立健全城乡融合发展体制机制和政策体系，加快推进农业农村现代化。这意味着传统城乡关系将进入新时代。也就是说，过去解决"三农"问题，更多是工业反哺农业，城市反哺农村。在城乡关系中，农村处于从属和被动辐射的位置。但现在国家把城乡放到平等视角来融合发展，试图构建一种全新城乡关系。在这种新型城乡关系思路下，既要借助城市力量解决"三农"问题，也要借助乡村力量解决城市问题，实现城乡协同共振的命运共同体。城乡融合正迎来从资源流动、技术创新和深层次体制机制变革飞跃的历史窗口。可以预见，打造一个城市和农村双向融合发展的平台，给企业界提供了一个难得的历史机会。

作为中国互联网的先锋企业的阿里巴巴，非常敏锐地认识到了这种历史性趋势和政策性变化。早在 2014 年，阿里巴巴就将乡村战略、全球化、高科技（大数据和云计算）一起列为阿里集团未来 20 年三大核心战略。同年 7 月，阿里巴巴 B2B 事业群启动了"农村淘宝"项目，旨在搭建一条"城乡双通道"，通过整合阿里集团、社会和政府资源，建立农产品电商发展标准体系、农村电商服务站点、人才保障体系、商贸、供销、邮政和电商互联互通的物流体系、电商产业园、农产品冷链物流基础设施网络、鲜活农产品直供直销体系以及农村金融支撑体系。具体来说，村淘这些年来，主要进行了如下几个方面的工作。

## （一）与地方政府合作，利用商业化的方式，在全国建立了系统的村淘经营体系

村淘首先是作为一个针对农村市场而建立的网购平台。它依托于淘宝网，将一个虚拟的网络市场与现实的农村社会组织体系结合起来。村淘的网点布局思路是：在县里设立电商运营服务中心、开设天猫优品电器体验店和天猫优品电器合作店；在乡镇（街道）设天猫优品服务站；在村级设农村淘宝服务站。县级服务中心的主要职能有：村级服务点的开发建设、培训和发展；乡镇（街道）、村级服务站点的运营、管理；物流服务和市场推

广、村小二培训。乡镇（街道）级服务站的主要职能是：配合阿里巴巴开展村选点布局、村小二招募；挖掘本地特色产品，并协同进行品牌策划和宣传推广；配合县级服务中心管理村级服务点。村级服务站的主要职能有网上代买代卖；代收发快递；代缴水电费、通信费等；预订酒店、火车飞机票等。现在，村淘服务站的职能进一步扩充到了各种服务领域，比如入户安装、送货上门等。从这些职能可以看出，村淘试图建立全方位的农村电商服务体系。

显然，要建立这个体系，需要与地方政府进行密切的合作。所以，从一开始，村淘就将县级政府作为主要的合作者。截至2019年3月初，村淘签约合作县1095个，阿里兴农扶贫业务落地县559个，村淘淘乡甜平台的合作县175个。上述县域去重后达到1368个县，其中贫困县占54%，覆盖近2亿人口。① 与淘宝合作的县，按合作协议都会成立农村淘宝项目领导小组，由县政府主要领导人挂帅任组长。这为村淘在乡镇和村的发展争取到了十分重要的体制性资源。目前，村淘有3万多个网点，大都分布在乡村一线，有近6万名"村小二"和"淘帮手"。

## （二）村淘充分利用大数据，对农村生产方式的转变起到了一定的引导作用

村淘作为一个企业行为，如何占有市场并通过经营获得利益，是其终极性的目标。为了实现这个目标，村淘在优化一般交易网站的商务模式的同时，重点强化了两个方面：一是利用大数

---

① 《阿里乡村业务合作县达1368个，淘宝村覆盖2亿人口》，联商网，2019年3月1日。

据在保障农业有效供给和提高有质量的供给上，给出了一个合理的市场化方案；二是为农业生产和生活提供必要的金融服务。

村淘的市场化解决方案重点是建立新的产供销链路。这首先是村淘在各地的产地仓，然后再通过天猫超市和村淘的淘乡甜天猫官方旗舰店，直达消费者餐桌。村淘在全国大量建设农业标准化数字示范基地，覆盖水果、米面粮油和肉蛋禽等农业全品类。村淘根据不同示范基地的农产品特点，精准匹配相应直供渠道。天猫超市、盒马等不同渠道都有对应的专属基地。同时，每一个渠道又会通过大数据对用户需求分类，建立矩阵式销售通路。比如大天猫直供渠道，又分成淘乡甜天猫官方旗舰店、天猫超市等。虽然其他农村电商有过类似的计划，但由于村淘背靠阿里的高科技优势，尤其是大数据优势，使这个链条更为有效。

2018年3月，村淘推出了"亩产1000美元"的计划。[①] 这个计划是通过订单农业链接供需两端，实现农产品品质的稳定和销售的可持续，从而实现每亩地产出的农产品的价值能达到1000美元，也就是6000多人民币这样的水平，这也是国内首个把亩产折算成收入金额提出来。比如，农村淘宝发起以"抢空贵州"为主题的兴农扶贫活动，阿里巴巴旗下淘抢购、聚划算、手机淘宝搜索等电商平台，向贵州引入流量，集中推广贵州16个县域的特色农产品，供2亿用户选购。其中，贵州兴仁薏米吸引了300多座城市的6万访客抢购，在淘宝网粮油类目单日排行全网第三，仅仅5个小时就卖出33吨，帮助216户粮农做到了亩产1000美元。此外，惠水牛肉干、黔西南古方红糖等贵州特

---

① 洪宇涵：《用农村淘宝把农产品亩产做到1000美元》，《经济观察报》2018年4月20日。

产的销量也都突破了 1 万单。当地农户表示，以前自己种出的薏仁米都是麻袋包装，直接卖给商贩，落到自己手里的收入一亩地还不到 4000 元。这次"抢空贵州"活动的总销售额接近 100 万元，平均亩产 12000 元。①

特别值得注意的是，村淘充分利用其掌握的大数据，推进"订单农业"，使农业"计划性生产"成为可能，进一步提高农产品的供应标准、品质和市场竞争力。一般来说，订单定制化农业有两个基本的路径，即根据消费需求形成订单和根据生产能力形成订单。在根据消费需求形成生产订单方面，村淘有着十分明显的优势。它可以通过对阿里云的大数据的分析，确定某类农产品的需求特征来指导农业生产，比如，妮维雅通过村淘反馈的销售数据，推出了农村定制产品，并针对农村家庭人口多的特点，设计了泵头包装，减少品牌商触网后对自身经销商群体和价格体系的冲击。如何根据某一生产区域的特色和生产能力形成生产订单，村淘也有过一些探索。其基本的解决方案是，通过协议将农户分散的土地等资源统一起来，然后设计相应的定制产品，消费者一次性地定制若干年的产品。公司根据订单组织农民进行生产，以满足各方需求。这样的好处在于，农业生产者通过订单可以获得一定的生产订金以解决生产资金的问题，只要一心一意按合同组织生产，而不必更多地考虑销售；消费者对农产品的品质的要求可以得到满足。

村淘的一个重要功能是为农业生产提供金融服务。一方面，村淘的基层组织与蚂蚁金服联合开展农资农具和小额贷款支持。

---

① 《农村淘宝"卖空贵州"：5 小时亩产 1000 美元》，http://baijiahao.baidu.com/s? id = 1598815570582258039&wfr = spider&for = pc，2018 - 4 - 26。

在种植环节，村淘和蚂蚁金服联合开展农资农具和小额贷款支持。2016 年，蚂蚁金服宣布了农村金融的"谷雨"计划。目前蚂蚁金服已经为 460 万农村小微企业提供了 4100 亿元的贷款支持。由于村淘的这种农村金融服务，与前述的农村组织特别是"村小二"等人员密切相关，它充分利用农村"熟人社会"的信用特点，再加上高科技的信用控制技术，所以可以做到高效率而低风险，在农村很受欢迎。另一方面，村淘店配备了普惠金融知识宣传展架、POS 机等设备，方便村民网上购物和取款、汇款、查询等基本的金融服务需求。

村淘在加强电商知识的宣传培训的同时，积极引导具有实践经验的电商从业者返乡创业，鼓励电商职业经理人到农村发展。

2015 年 11 月国务院办公厅印发的《关于促进农村电子商务加快发展的指导意见》指出，要实施农村电商百万英才计划，对农民、合作社和政府人员等进行电商技能培训，支持有条件的地区建立专业的电商人才培训基地和师资队伍，培养既懂理论又懂业务、会经营网店、能带头致富的复合型人才。[①] 实际上，早在 2014 年，阿里提出乡村战略并成立"淘宝大学"，该学校根据不同县域的需求和特点，提供个性化和定制化课程。其中需求量最大的两门课程是"农产品上行如何突围"和"乡村振兴战略与电商路径"。推出了面向县级领导（副县长及以上）的"县长电商研修班"，2016 年又推出"县域干部电商研修班"。截至 2018 年 12 月底，县长电商研修班举办了 74 期，共培训 2926 名县领导，覆盖 28 个省份。县域干部电商研修班举办了 32 期，累

---

① 国务院办公厅：《关于促进农村电子商务加快发展的指导意见》，http：//www.gov.cn/zhengce/content/2015－11/09/content_ 10279. htm。

计培训 13417 名县域干部，覆盖 170 个国家级贫困县。

在此基础上，村淘加大了引导返乡青年进入电商行业的组织工作。他们特别重视"村小二"和"淘帮手"的招募和培训工作。应该说，这是组织农村电商人才的一个好的方式，因此，也受到了农村的欢迎。村淘曾在贵州一个 40 万人的县招募"村小二"，结果引来 8000 多人报名。这些"村小二"，许多人是返乡青年，他们通过深度介入村淘的工作，在利用网络帮助村民们销售农产品的同时，也向村民们宣传普及了电商知识，引导村民进行网络消费。在这个过程中，他们也获得了较好的收入，有的还成为当地知名新一代乡村企业家。阿里研究院数据显示，目前中国已有 3202 个淘宝村，背后是 60 多万网店。2018 年淘宝村带动的就业机会超过 180 万。

## 二 互联网深入乡村的效果与影响

有研究者认为，互联网进入乡村经济的过程，充分展现了流空间（space of flow）深入乡村地域，与乡村本土要素结合，改造地方空间（space of place）的过程，是一种对城乡空间关系的重构。在社会学家卡斯特看来，流空间是一种"不必地理邻接即可实现共享时间的社会实践的物质组织"（Castells，1989）。它们的研究切入点主要包括网上零售商铺对购物模式的组织和空间影响、对城市交通空间结构的影响和对居住空间的影响三个角度研究（曾思敏、陈忠暖，2013）。互联网对乡村地区社会、经济环境与物质空间的系统重构，体现为跃迁的就业非农化、全面的生活现代化和空间城镇化特征（杨思等，2016）。乡村草根创业者将低成本的创业环境、本地非农产业基础以及农特产品的资源优势等乡村本土要素与互联网、电子商务结合，使得乡村得以突破传统区位约束，参与全国乃至全球的产业分工（陈宏伟、张京祥，2018）。

我们的研究表明，互联网深入乡村社会，实现了信息共享，分散的小农得以直接对接统一的市场，并且使定制农业成为可能，从而改变农业生产形态；而且还会改变城乡资源配置的结构，实现了教育资源、文化资源和信息资源的无门槛跨地域共享。在这个问题上，村淘这种超大型企业，如果有意识去推动这种改变，进行宏大的战略布局，其作用非常巨大。然而，企业是以营利为目的的，而"三农"领域虽然市场广阔，商机无限，但要真正实现盈利有一个很长的过程。这些年来，我国许多农村电商企业都经营困难，充分说明了这一点。这不仅在考验农村电商企业的领导人的远见，而且与企业掌握资源状况及融资能力有着密切的关系。从目前我国农村电商企业来看，也只有阿里这样的超大型企业才有能力进行村淘这样的布局。

事实上，村淘项目实施五年多来，阿里公司一直没有给项目盈利 KPI（关键绩效指标，Key Performance Indicator）。而是着眼于战略性布局，力图在农村搭建一个开放、协同、标准化和可复制的商业基础设施服务平台。特别重要的是，在这个过程中，它在全国建立的经营体系，尤其是基层淘宝服务站及"村小二"的推广及其在乡村社会的作用，可以理解为是按照商业逻辑重新组织农村社会。甚至可以说，村淘正在改变农村的社会结构和组织形态。认识到这一点，是十分重要的。

# 三　推进互联网深入乡村的建议

现在的问题是，中国农村市场十分巨大而且意义深远，一个村淘显然难以承担起发展农村电商的重任。而且从长远的发展来看，"一家独大"容易因垄断而产生许多问题。如何让更多的电商企业进入农村，使它们与农村社会组织协调发展，使社会资源流动变得更为有序和有效，是一个现实而具有重大战略意义的问题。为此，我们的公共政策方面应该有相应的改变。在目前情况下，主要包括税收、市场准入、基础设施建设和产业政策倾斜扶持等方面。

第一，建立系统的农村互联网经济公共政策体系。在诸如税收、市场准入条件和产业政策倾斜扶持的基础上，鼓励、支持和引导城市互联网资源向城市流动，开辟互联网式农业经济。商务部、农业部和相关立法机关等，加快推进适应电子商务的农产品分等分级、包装运输标准、市场信用体系等一系列的立法活动。放宽农村地区互联网企业的市场准入条件，降低门槛，尽量盘活农村现有的互联网经济资源。对一些电商龙头企业，鼓励其在贫困地区特色农产品网上销售平台，并提供相应的税收优惠。

在金融方面，应有意识向农村互联网企业提供优惠贷款政策。同时，地方政府应引导通过农民合作社内部资金互助，为农村互联网经济发展提供资金支持。通过税收优惠和研发资金支持等方式，引导银行业金融机构和支付机构研发适合农村特点的网上支付、手机支付、供应链贷款等金融产品，加强风险控制，保障客户信息和资金安全。加大对电子商务创业农民尤其是青年农民的授信和贷款支持，简化农村网商小额短期贷款手续。符合条件的农村网商平台和机构，可按规定享受创业担保贷款及贴息政策等相关金融政策优惠。[①]

新的市场领域往往因为缺乏规制而产生混乱，为保证互联网经济在农村的健康有序发展，需要严格加强网络市场监管，强化安全和质量要求，通过重点打击制售假冒伪劣商品、虚假宣传、不正当竞争和侵犯知识产权等违法行为，维护城乡消费者的合法权益，促进守法诚信经营。以优质平台示范、督促各第三方平台加强内部管理，规范主体准入，遏制"刷信用"等欺诈行为。维护公平竞争的市场秩序，推进农村电子商务诚信建设。

第二，加强农村尤其是偏远地区互联网基础设施建设。互联网能够进入乡村并发挥相应的作用，前提是具备电力、信息网络和电脑等硬件基础设施。因此，推进互联网企业在农村的发展，必须完善农村地区相关基础设施建设，实现通电、通网，并采取财政补贴方式为农村学校、社区站等公共机构购置电脑，提高电脑在农村的普及率。电子商务农业的发展离不开物流体系，物流的基础是交通运输业的发展。建设铁路、公路和水运等基础交通方式，这一点在偏远地区的农村尤其重要。

第三，提升农村人力资源质量，适应互联网技术应用的基本要求。鼓励地方、企业等因地制宜，积极探索旨在促进优质农产

---

① 参见张文汇《农村互联网金融创新与监管》，《中国金融》2017 年第 7 期。

品城乡对接的农村电子商务新模式。持续实施农村电子商务百万英才计划，对农村骨干、带动能力强的合作社和政府有关人员等进行实战技能培训。在偏远农村地区普及夜校教育，提高农村识字率，从而掌握使用电脑和互联网的基本技能。引导具有实践经验的电子商务从业者从城镇返乡创业，鼓励电子商务职业经理人到农村发展。

第四，调整城乡发展战略，预留土地、人口、户籍等各种基本制度的改革空间。随着互联网进入乡村，农业生产形态和城乡资源配置状况随着有所改变，也会带来相应的城乡发展模式的转变，主要涉及土地、户籍、人口政策等一系列基本制度的改革。需要站在长远视角，进行相应的战略规划。毕竟当前我国的城乡政策体系和土地等基本制度是围绕着以工业产业为基本动力的城市化发展模式建立的，未来互联网经济的发展会需要与之不同的资源配置和人口结构模式。这需要中央决策部门在制定相关政策时具有前瞻性。

第五，高度重视互联网企业对农村社会的组织功能，为其运作提供必要的法律保障。当年台湾地区在进行新村建设时，在进行土地改革的基础上，充分发挥"农会"的作用。遍布台湾地区各地的农村组织，通过为农户提供生产技术、农产品销售及农村生产的金融服务，成为台湾农村的发展最为重要的力量。随着互联网时代的到来，互联网企业按照商业逻辑在农村运作，事实上在一定程度上起到了重新组织农村社会的作用。我们应该肯定和支持互联网企业的这些努力，要给它们的实践保留足够的制度空间。

## 参考文献

1. 曾思敏、陈忠暖：《国外网上零售商业空间及其影响效应研究综述》，《人文地理》2013 年第 1 期。

2. Manuel Castells, *The Informational City：Information Technology，Economic Restructuring and the Urban – Regional Progress*, Oxford UK & Cambridge USA：Blackwell, 1989.

# 主要发达国家和地区农业农村支持
# 政策的重点、效果与启示

崔 凯[*]

**摘 要：**报告通过梳理近年来美国、欧盟和日本等国家和地区支持农业农村发展的主要政策，提出当前国外农业政策聚焦的五个重点方向，即农业补贴和收入保障、农村基础设施和公共服务、新农户扶持和培育、农业资源利用和环境保护、农业农村新产业发展。报告运用 OECD 政策评估系统对 2008—2017 年上述国家和地区的农业支持效果进行评估，得出美国和日本农业总体支持水平和生产者支持水平稳步提高，其中美国在保障生产者收入的同时最大程度降低市场价格干预，而日本通过投入大量生产者补贴形成强势的内部农业保护环境。欧盟的农业总体支持水平、生产者支持水平和一般服务支持水平均呈下降态势，在农业支持方面的经济负担减少。结合这些国家和地区的政策导向和实

---

\* 崔凯，管理学博士，中国社会科学院农村发展研究所助理研究员，研究方向为农业经济理论与政策、农业农村信息化。

际效果，报告在优化补贴、保持投入、培育主体、环境保护和加快创新五个方面总结政策特征和启示。

**关键词：**发达国家和地区　农业农村支持政策　重点内容　效果　启示

# The Key Point, Effect and Implications of Agriculture and Rural Support Policy in Mainly Developed Countries and Regions

Cui　Kai

**Abstract：**This report proposed five focus direction in foreign agricultural policy by sorting the agriculture and rural support policy in U. S. , EU and Japan, those including agricultural subsidies and income security, rural infrastructure and public services, new farmer supporting and cultivating, agricultural resources utilization and environmental conservation, development of new agricultural industry. OECD policy evaluation system was used to estimate the effect of agricultural support in these countries and regions from 2008 to 2017. The conclusion shows that total support and producer support in agriculture was steadily increasing in U. S. and Japan. Agricultural policy guaranteed producers' income while minimizing price intervention in U. S. , while powerful agricultural protection circumstance was shaping by pouring into producer subsidy in Japan. There was decreasing tendency in total agricultural support, producer support and general service support in EU, which also reflected shrinking financial burden in agricultural support. Based on policy orientation and actual effect in these countries and regions, the report accordingly put forwards five policy characteristics and implications, that was subsidy optimizing, maintain investment, main body cultivating, environmental protection and facilitating innovation.

**Key Words**：Developed Countries and Regions；Agricultural and Support Policy；Key Content；Effect；Implications

结合地缘经济，从资源条件类型和农业发展模式来看，较有特点和代表性的国家和地区是美国、欧盟和日本，它们也是国内学者关注和研究较多的国别地区。从农业支持政策看，近年来美国、欧盟和日本都出台了支持农业农村发展的系列政策，美国农业政策制定的依据是《农业法案》，该法案首次提出于1933年，在2008年、2014年和2018年陆续有法案出台。欧洲共同体在1962年建立《共同农业政策》（CAP），CAP周期为7年，2013年欧盟进行 CAP 改革并颁布《2014—2020年计划》。日本则是围绕《食品、农业、农村基本法》的修订完善，通过出台系列农业政策，进行新农政改革。本报告将重点关注这些国家和地区在支持农业农村发展中的政策变化和创新，以期为我国实施乡村振兴战略和推动农业农村优先发展提供借鉴。

# 一 主要发达国家和地区农业农村支持政策的重点内容

基于近年来美国、欧盟和日本的立法和规制，对支持农业农村发展的典型政策进行梳理，发现农业支持政策的重点对象包括生产主体、基础设施、公共服务、生态环境等，农业支持政策目标兼具收入保障、市场稳定、产业持续、生态保护等。由此，可将上述国家和地区支农政策的主要导向归纳为以下五个方面。

## （一）农业补贴和收入保障

各国农业发展首要考虑的问题是稳定主要农产品产量和保障农民收入，对农业补贴成为有效的政策激励手段。受 WTO 协议黄箱规则约束，如何避免过多采用干预和扭曲市场的补贴形式，形成适合本国农业发展的支持手段，这方面许多国家都进行了有意义的尝试。

从美国《农业法案》来看，2008 年《食物、资源保护及能源法案》增加对本国优势农产品，如大麦、大豆、棉花等的补贴金额，扩大了对果蔬等作物的补贴范围。还首次提出平均作物收入选择计划（ACRE），该计划根据农场主实际收入与作物单产基准收入的关系，来确定补贴额。2014 年《食物、农场及就业法案》中，突出特点是通过建立价格损失保障计划（PLC）和农业风险保障计划（ARC），来替代直接支付、反周期补贴、平均作物收入选择补贴等补贴手段，表明农业保险体系成为美国农业补贴政策的重要构成。该法案规定农户只能选择价格损失保障计划和农业风险保障计划中的一类，其中价格损失保险计划主要用于替代反周期补贴，补贴水平参考目标价格与年度全国平均市场价格（12 个月）之间的差额（齐皓天、彭超，2015）。农业风险保障视为对平均作物收入选择计划的替代，包括县农业风险保障和个人农业风险保障，生产者也只能选择一种补贴形式。其中县农业风险保障主要针对农场单一品种，根据县农业实际收入是否低于 86% 的县农业风险保障收入来补贴。个人农业风险保障以农场为单位，根据个人单产水平对农场所有品种进行补贴（李登旺等，2015）。最新的美国《2018 年农业提升法案》有效期为 2019—2023 年，继续保留价格损失保障计划和农业风险保障计划，并提高了保险覆盖面和保障水平，如对价格损失保险计划中的参考价格设定 115% 的上浮率。据美国国会预算局估计，未来 5 年每年农民获得的价格和收入补贴将会超过 53 亿美元（彭超，2018）。

欧盟《共同农业政策》包括第一支柱和第二支柱，其中第一支柱以直接补贴和市场支持等为主，通过制定统一市场价格，以及实施收入补贴、生产补贴等来保障农民收入。2013 年欧盟通过新一轮共同农业政策改革，规定 2014—2020 年每年直接补贴和市场支持上限分别约 422 亿欧元和 27 亿欧元（刘武兵、李婷，2015）。其中，直接补贴约占 CAP 支持总量的 70%，分为强制直补和自愿直补，强制直补整合之前直补为新基础直补，并新增青年农民直补和绿色直补；自愿直补包括自然条件恶劣地区直补、挂钩直补、重新分配直补、小农场直补等（European Commission，2013）。市场支持方面，欧盟废除了烟酒糖奶生产限制，增加了危机应对和生产者合作等项目（于晓华等，2017）。

日本农业扶持政策逐渐转向与收入相关的直接补贴，直接补贴比例很高，与价格脱钩，主要针对稻米、小麦、大豆、饲料作物、蔬菜、生物燃料作物等，以农地面积作为依据，按播种面积补贴（方言等，2016）。2015年出台《食品、农业与农村地区基本规划》，2015年日本发布《食品、农业与农村地区基本规划》，引入农民收入保险制度和农业灾害补偿制度，规定2015年起在农业直接支付项下增加旱地作物（小麦和大豆等）直接支付补贴，以及对大米和旱地作物等收入损失的补偿性补贴，降低农产品价格下降带来的农民收入损失（张斌，2016）。日本农业补贴类型多样，根据生产作业流程划分，有复种补贴、种植高产品种补贴、生产资料购置补贴等，还有针对不同地区（山区和半山区）农民的直接收入补贴等。

## （二）农村基础设施和公共服务

物质条件是农业发展的先决因素，各国通过大力改善农村地区基础设施和作业条件，保障农业生产可持续，并为农村居民提供必要生活公共服务。

美国《农业法案》有专门针对农村发展方面的政策，近年来重点是推进宽带、水利、交通、教育、卫生、住房等事业发展，其中住房和社区设施项目是农村发展政策的三大支柱之一。如2008年和2014年的农业法案中在农村发展领域，均强调投入大量财政资金，为农村居民提供可负担安全住房，扶持落后农村社区，为学校、医院、水电网基础设施等提供融资。特别是

2014 年《食物、农场及就业法案》增加了农村宽带信息技术服务、远距离学习和医疗、污水处理与利用、垃圾处理以及能源节约等项目的支持，在 2014—2018 年执行期内将安排财政预算9564 亿美元（USDA ERS，2018）。《2018 年农业提升法案》中的农村发展政策，继续关注社区发展、远程教育、卫生保健、宽带建设等方面，并细化对农村健康、宽带提速等方面的支持来源和范围（彭超，2019）。

21 世纪后欧盟农业政策目标开始转向对食品安全、农业可持续以及农村社会发展的支持，其中农村发展是欧盟《共同农业政策》的第二支柱。2013 年 CAP 改革规定 2014—2020 年每年农村发展资金上限约为 137 亿欧元，约占 CAP 资金总量的 25%（European Commission，2013）。改革确定了 2014—2020 年欧盟框架下农村发展的六个优先项目[①]，其中促进农村地区社会包容一项，主要针对农村社区互联网、智能化等基础设施落后于城市，以及公共服务可获得性降低等问题。与 CAP 改革同步，欧盟推出"智慧乡村行动"，在基础设施方面重点建设与数据化、智能化有关的农村现代网络设施，在社区服务方面创新服务模式，整合教育、医疗、培训等服务机构，完善农村社区生活服务环境，促进农村社区发展的区域平衡性。

日本主要根据地区特点完善农业生产基础设施，对农村基础设施建设采取多种资助和补贴政策，基础设施支持水平居一般服

---

① 一是促进农林业和农村地区知识创新和推广；二是增强农业竞争力、农场科技创新和林业可持续；三是提高食物链组织化、强化动物福利和农业风险保障；四是修复、保持和提高农林生态系统；五是提高资源效率，支持农林、食品等行业的低碳发展和增强气候适应性；六是促进农村地区社会包容、减贫和经济发展。欧盟要求成员国在制定农村发展政策时至少满足其中四个方面。

务支出的首位。其中，农田水利建设补贴所占份额最大。日本长期坚持高标准农田建设，通过规定审批程序的一般性农田改造项目费用，中央财政、都道府县财政和市町村财政分别补贴50%、25%和15%，其余部分由农民自付或从有关金融机构获得优惠贷款（方言等，2016）。2015年日本《食品、农业、农村基本纲要》再次修订，在生产生活性基础设施方面，提出保护和建设水利灌溉设施、发展信息和交通网络等内容，致力于改善生产环节以及提高交通、通信、教育、文化等方面的生活福利保障水平。

## （三）农业经营者扶持和培育

稳定农业经营人才，激发经营主体积极性，培育适用于本国农业发展的人力资源，是各国农业政策的又一着力点。

2008年美国农业法案积极鼓励非农人员从事农业，确立新农户直接补贴计划，对新从事农业者，5年内享受1.2倍于一般农场主的直接补贴率（徐轶博，2017）。《2014年农业法案》加大对初期（经营不足5年）农户和农牧场主扶持力度，用于提供教育培训、技术推广和援助的强制性预算由7500万美元增加到1亿美元。免除针对直接经营贷款的期限限制，购买不动产的贷款限额升到30万美元（USDA ERS，2014）。美国《2018年农业提升法案》将农民可享受的贷款、研究开发推广等时限由5年延长至10年，使新从业农场主更有能力负担创业时的成本（彭超，2019）。

从2013年欧盟《共同农业政策》改革来看，第一支柱的直接补贴中新增了青年农民直补，表明直接补贴逐渐与农产品价格、农业生产"脱钩"，但开始与支持小农户和青年农民"挂钩"，直接补贴的分配将倾向于青年农民、小农场主等（张慧琴、吕杰，2015）。为吸引更多的年轻农民从事农业，欧盟推行青年农民计划，规定自2015年起各国需将不高于直接支付总额2%的资金用于支持新农民（低于40岁），新农民在最初5年内享受给付标准基础上最高25%的额外支持（李登旺，2017）。通过青年农民计划，欧盟力争让每个青年农民都有机会获得共同农业政策下的补贴资金和创业援助。

日本于2013年年底颁布《农林水产业地区活力创造计划》，旨在通过培育骨干经营主体，提升小农经营竞争力，应对农业资源匮乏、农业劳动力短缺等问题。该计划提出促进土地向骨干经营主体集中，利用政府信用担保将农户的分散农地集中整理。还鼓励城市和第二、第三产业劳动力返农以及青年学生务农，对45岁以下有意愿经营农业人员，政府开展培训指导并给予资金支持、生产生活补贴等，推进农业从业者年轻化。该计划拟通过10年时间，实现日本80%的农地集中到农业经营者中，40岁以下的农业从业者达到40万人，法人经营体数量达到5万个（胡凌啸、周应恒，2018）。随后，2015年日本修订《食品、农业、农村基本纲要》，提出培育多样化的农业经营主体，鼓励女性主动参与农业事务等。2016年日本《农业竞争力强化计划》指出要充分利用非农业人才、国外人才等多元化人才，来解决农业劳动力短缺问题。

## （四）农业资源利用和环境保护

提高资源利用效率，保护生态环境，是实现农业可持续的必然要求。结合本国农业发展的阶段性要求，有效应对资源短缺和环境问题，是各国农业政策高度关注的热点。

近年来，美国逐步加大在资源保护项目上的投入力度。2014年《食物、农场及就业法案》综合考虑土壤、耕地和水资源保护以及减少农业环境污染等问题，将资源保护项目与农作物保险补贴结合，扩充了资源和环境的支持计划，形成了以保育休耕项目、资源保护管理项目、环境质量激励项目、农业资源地役权项目和区域资源保护合作项目等在内的系列资源环境保护项目，加强对土地、森林和水资源的保护（果文帅等，2016）。休耕保育项目是最大的资源保护项目，2018年美国《农业法案》把休耕面积上限定为2700万英亩，一般休耕补贴率上限设定为所在县平均地租的85%，持续休耕的土地补贴率设定为不超过所在县平均地租的90%。根据美国国会预算局的估算，2019—2023年资源保护项目预计增幅达5.55亿美元，成为农业财政支出增幅最大的项目（彭超，2019）。

欧盟通过完善环境保护标准加强对农业生态环境保护。CAP将环境保护和生态可持续作为三大长期目标之一，2013年CAP改革后在第一支柱的直接补贴中新增绿色直补，占直接补贴的30%。此项举措通过强制性激励，将农场主补贴资金的获取与保护农业生产环境、保障食品安全、应对气候变化等挂钩，农民需采取维持种植作物品种多样性、保持永久性草地牧场、保护生态重点区域三项强制性生产措施，方能获得补贴。同时，CAP规定第二支柱农村发展项目预算的30%要用于有利于环境保护和气候变化适应的措施，包括发展有机农业、建立自然保护区、进行森林资源保护和投资等（European Commission，2013）。第二支柱在绿色发展、环境保护等补贴方面体现了与第一支柱的联系，CAP 两大支柱都对生态环境保护、改善物种多样性，应对气候变化等做出资金安排，增大了支持力度和覆盖广度（芦千文、姜长云，2018）。

农地利用和环境保护是日本农政战略的重点。2012 年日本提出构建"日本型直接补贴政策"的农政改革思路。为引导农户加强对耕地资源有效利用，日本农业补贴政策推出了农地水环境保护、环境友好型农业的直接补贴等。通过出台《农业多功能性法》，调整和扩大补贴范围，将对以稻米种植户为对象的收入直接补贴，扩展到保持水土、保护农业文化遗产、拓展农业多功能性等农地有效利用行为上（徐雪、夏海龙，2015）。2013 年日本对农业支付体系进行了调整，保留环境友好型农业直接支付，将农地和水资源保护直接支付变更为农业多功能性直接支付，包括基础性农地保护和涉及农地、灌溉系统和农村道路质量改善的直接支付（张斌，2016）。2015 年日本对《食品、农业、农村基本纲要》再次修订，其亮点是推动生态农业建设，吸引和培育农户成为注册生态农民，大力支持生态农户和提高有机农场种植面积，使农业与生态环境协调发展（郭曦等，2016）。

## （五）农业农村新产业发展

从各国农业发展实践看，顺应时代要求和科技发展趋势，大力发展农村新兴产业和培育农业新业态，能够显著提高农业附加值，培育农业竞争力，这将成为未来农业政策的重要导向。

2014 年美国《食物、农场及就业法案》中对农村产业政策进行调整，扩大了部分生物能源项目，为生物能源项目规定强制性预算支出，充分挖掘农村能源经济潜力。农业与能源产业的联系，能够使农产品深加工业更具活力，政府还可以根据能源市场变化灵活调整农产品供需，为农户生产经营提供指导。为进一步增强农业和制造业两者的联系，发展新兴产业，《食物、农场及就业法案》提出"美国乡村制造"倡议，重点支持农村地区的中小农场和小型企业，帮助中小农场和乡村企业吸引投资（芦千文、姜长云，2018）。《2018 年农业提升法案》延续生物能源项目，并增加对于有机农业研发和推广的支持力度。可见，美国已将能源农业、有机农业等作为未来农业产业发展的新增长点。

欧洲《共同农业政策》越来越广泛地关注农村经济社会发展各个领域，在农业功能拓展方面，更多体现在有机生产、环境保护、文化传承等方面，通过强化农业和相关产业联系，促进产业链延伸。欧盟成员国基于 CAP 的农业产业发展导向，法国重点发展农产品加工、食品产业和乡村休闲旅游业，德国扶持有机农业、乡村旅游业等，荷兰主要推动创业农业、集约型农业产业链发展。近年来，欧盟逐渐意识到大数据、信息技术等前沿科技带来的农业进步和农村变革，2016 年欧盟以"让农村拥有更好的生活"为主题通过《Cork 2.0 宣言》，提出要抓住新兴市场机遇，充分利用通信技术和数字化给农村带来的红利，提升农业产业创新能力（European Commission，2016）。欧盟的"智慧乡村行动"，也提倡通过数字技术应用，借助社会创新等手段激活农村产业增长潜力，增强农业竞争力。

从日本农业政策调整来看，其越来越注重农业与多产业关联性，拓展农业多功能，如生态保护、休闲旅游、文化教育等，不断增强农村活力。比较突出的农政举措是推进农业与第二、第三产业的联合，发展"六次产业"。2010 年，日本颁布《六次产业化·地产地消法》，正式将"六次产业"提升至国家战略。2014 年修订的《农林水产业·地域活力创造计划》中进一步明确了"推动第六产业发展来构建日本农产品的价值链，提高农林水产品和食品附加值"的发展目标（苏杭、李智星，2017）。2015 年日本发布《食品、农业与农村地区基本规划》，提出加大农业多功能性直接支付力度，引导农业企业进入农村地区等。农村旅游和民宿是发展"六次产业"和拓展农业多功能性的重要内容，日本推出面向国内外游客的短期农业观光旅游项目，在各地设立"市民农业园"（Farm House）。日本政府希望通过"六次产业"来带动农业与加工业、流通业与旅游业的有机融合，延伸产品价值链和提升农业竞争力。

# 二　主要发达国家和地区农业农村支持政策效果评估[①]

世界经济合作与发展组织（OECD）有专门针对农业支持政策的评估系统，根据该评估系统，农业总支持水平估计值（TSE）指通过执行农业支持政策工具，每年从纳税人和消费者转移到农业部门的总价值。从类型看，各国农业支持政策主要分为三类指标，即生产者支持评估值（PSE）、消费者支持评估值

---

[①] 该部分全部数据来自 OECD 农业政策评估系统，https：//data. oecd. org/agrpolicy/agricultural - support. htm；以及 OECD，*Agricultural Policy Monitoring and Evaluation 2018*，http：// dx. doi. org/10. 1787/agr_ pol - 2018 - en。

（CSE）和一般服务类支持评估值（GSSE）。本部分结合近期各国对农业农村发展的支持政策，按照 OECD 评估系统的农业支持政策分类，对 10 年间（2008—2017 年）美国、欧盟和日本的农业政策支持水平变化进行分析。

## （一）农业总体支持

农业总支持水平估计值代表农业政策支持总量。从 2008—2017 年有关国家和地区 TSE 水平来看（见图 1），美国由 713.50 亿美元增长至 961.61 亿美元，10 年提高约 250 亿美元。欧盟则是由 1592.34 亿美元下降至 1045.01 亿美元，10 年减少约 550 亿美元，说明欧盟农业支持总量在降低。日本 TSE10 年间经历起伏，2012 年最高达 743.63 亿美元，2015 年最低为 414.52 亿美元，此后稳定在 520 亿美元上下，与 2008 年水平相当。

通过国内生产总值（GDP）中 TSE 所占比重，能够看出该国家或地区对农业支持的经济负担程度。近 10 年（2008—2017 年）TSE 占 GDP 比重，美国维持在 0.5%，而日本维持在 1%，这两国 TSE 占 GDP 比重相对稳定，对农业支持水平保持在一定的经济负担范围内。欧盟 TSE 占 GDP 比重由 2008 年的 0.8% 下降至 2017 年的 0.6%，与农业支持总量降低相对应，欧盟农业政策支持的经济负担规模也在下降，这与 OECD 国家整体表现一致。

近 10 年农业总体支持水平方面，美国保持了稳定比例的农业政策支持，并且农业支持水平总量上不断提高，这成为美国能够始终保持农业竞争力从而延续农业国际贸易优势地位的关键。欧盟则是逐渐降低农业支持水平，包括在总量水平和经济负担比重层面。欧盟农业支持方面的经济负担持续减少，说明近 10 年农业在欧盟国家中经济体地位的下降。日本的农业支持总量和农业负担比例总体上稳定，说明该国始终重视农业在经济体中的地位，并给予稳定支持力度。

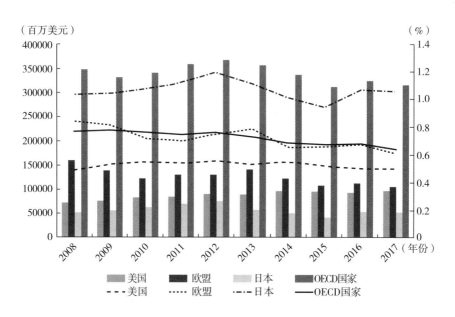

图 1　2008—2017 年有关国家和地区 TSE 与

TSE 占 GDP 比重变化

资料来源：OECD https：//data. oecd. org/agrpolicy/agricultural – support. htm。

## （二）农业生产者支持

生产者支持评估值被用来衡量对农业生产者的政策支持水平，表示由农业支持政策引起，每年从消费者和纳税人转移至农业生产者的货币价值总量。生产者支持估计相对值（％PSE）表示 PSE 在农业总收入中的比重。生产者名义支持系数（NAC）

是指包括支持水平的农业总收入与边境价格衡量的国内农业总收入间的比值。生产者 NAC 越高，表明农业总收入中来自政策支持的份额越大，来自市场获取的份额越小。生产者名义保护系数（NPC）是生产者获得的单位产出平均价格与边境价格之比，表示国内生产者获得政策支持的价格水平变化。生产者 NPC 越大，表明农户受政策支持的生产价格较国际市场价格越高。

2008—2017 年美国生产者支持评估值占农业总支持水平估计值比例稳定在 40% 左右，在总量上由 299.54 亿美元增加至 396.06 亿美元，占该国农业总收入比重由 8.62% 提高至 9.88%，说明美国对于农业生产者补贴力度持续增加，生产者支持对于农业收入的贡献已接近 10%。日本与美国相似，给予生产者较大的政策补贴力度，并保持政策延续性。近十年日本 PSE 总量和相对值（% PSE）都有小幅增加，PSE 占 TSE 比重保持在 80% 上下，到 2017 年农业总收入中来自生产者支持政策的贡献已将近 50%。欧盟 PSE 是农业政策支持的最重要组成部分，占 TSE 比重在 85% 以上。但其 PSE 与 TSE 变化趋势一致，表现为由 2008 年的 1376.70 亿美元降低至 2017 年的 931.50 亿美元，生产者支持估计相对值（% PSE）也相应减少。说明在欧盟国家整体降低来自农业支持的经济负担背景下，对生产者的补贴力度在弱化。如表 1 所示。

结合生产者名义支持系数和生产者名义保护系数，如表 2 所示，10 年间美国 NAC 在 1.10 左右，说明与按边境价格计算完全从市场获取（无任何政策干预）的总收入相比，美国农业实际总收入高出 10%。2017 年美国 NPC 为 1.03，说明由于生产者支持，使该国生产者的获得价格较国际价格高 3%。同理，从欧

表1  主要年份美国、欧盟和日本 PSE、PSE 相
对值与 PSE 占 TSE 比重

|  |  | 2008 年 | 2011 年 | 2013 年 | 2015 年 | 2017 年 |
|---|---|---|---|---|---|---|
| 美国 | PSE（百万美元） | 29954.31 | 32683.82 | 29056.33 | 38224.53 | 39606.49 |
|  | PSE 相对值（%） | 8.62 | 8.02 | 6.91 | 9.45 | 9.88 |
|  | PSE 占 TSE 比重（%） | 41.98 | 39.00 | 33.22 | 40.82 | 41.19 |
| 欧盟 | PSE（百万美元） | 137669.77 | 110460.57 | 122790.31 | 93771.37 | 93149.68 |
|  | PSE 相对值（%） | 22.89 | 18.31 | 20.23 | 19.00 | 18.32 |
|  | PSE 占 TSE 比重（%） | 86.46 | 85.78 | 87.65 | 87.42 | 89.14 |
| 日本 | PSE（百万美元） | 41001.28 | 56319.17 | 47593.60 | 33494.72 | 42494.32 |
|  | PSE 相对值（%） | 46.58 | 48.48 | 49.83 | 41.96 | 49.20 |
|  | PSE 占 TSE 比重（%） | 78.89 | 81.71 | 82.80 | 80.80 | 82.87 |

资料来源：OECD，https：//data.oecd.org/agrpolicy/agricultural – support.htm。

表2  2008—2017 年美国、欧盟和日本 NAC 与 NPC 变化

|  |  | 2008 年 | 2009 年 | 2010 年 | 2011 年 | 2012 年 | 2013 年 | 2014 年 | 2015 年 | 2016 年 | 2017 年 |
|---|---|---|---|---|---|---|---|---|---|---|---|
| NAC | 美国 | 1.09 | 1.11 | 1.09 | 1.09 | 1.09 | 1.07 | 1.10 | 1.10 | 1.11 | 1.11 |
|  | 欧盟 | 1.30 | 1.31 | 1.25 | 1.22 | 1.24 | 1.25 | 1.22 | 1.23 | 1.26 | 1.22 |
|  | 日本 | 1.87 | 1.87 | 2.07 | 1.94 | 2.14 | 1.99 | 1.87 | 1.72 | 1.88 | 1.97 |
| NPC | 美国 | 1.01 | 1.02 | 1.02 | 1.01 | 1.02 | 1.01 | 1.02 | 1.03 | 1.03 | 1.03 |
|  | 欧盟 | 1.09 | 1.08 | 1.04 | 1.03 | 1.05 | 1.06 | 1.04 | 1.04 | 1.06 | 1.05 |
|  | 日本 | 1.78 | 1.78 | 1.92 | 1.78 | 1.99 | 1.85 | 1.74 | 1.60 | 1.75 | 1.82 |

资料来源：OECD https：//data.oecd.org/agrpolicy/agricultural – support.htm。

盟近十年平均趋势看，由于生产者支持政策，其农业实际总收入
高出无支持下的市场获取收入 20% 以上，欧盟国家生产者的获

得价格较国际价格高 5%。日本 NAC 和 NPC 两者都始终较高，到 2017 年，该国由生产者支持导致的农业实际收入已经高于完全市场获取水平下收入的 97%，同年其生产者获得价格也大大高于国际市场价格约 82%，可见日本对农业生产者支持力度很大，农业生产者收入提高近 1 倍，国内生产者获得价格也远高于国际市场价格。

从各国农业生产者支持水平来看，美国、日本在对农业生产者支持方面的总量在增加，并且生产者支持在农业总收入中的贡献份额也有所提高。有所区别的是，美国生产者支持总量相对较少，有选择性地建立了针对市场价格的价格损失保障计划，以及针对农场主收入的农业风险保障计划，从脱钩补贴效果来看，美国生产者支持政策对保障生产者收入作用更大，而对于市场价格扭曲程度较小。除个别年份，日本对于农业生产者支持总量略高于美国，并且农业总收入中将近一半的贡献来自对农业生产者支持，这与日本始终高度重视保持粮食自给率的政策导向有关。而由于较高水平的国内农业政策保护，该国生产者获得价格远高于国际市场价格，在保障生产者收入的同时也造成了相当程度的市场扭曲。欧盟农业生产者支持在总体支持水平中占比最大，但总量逐年下降，对于农业总收入的贡献也持续减少。欧盟在农业支持力度总量降低趋势下，施行对生产者的多元化补贴，调整补贴结构，同时附加条件约束，如第一支柱中新增绿色直补等。从效果来看，对于生产者收入提高作用更为显著，而生产者价格提升幅度不大。与美国农业支持政策效果相似，欧盟也在强调保障生产者收入基础上，最大限度地减少市场价格扭曲。

## （三） 农业一般服务支持

农业一般服务支持估计值是对于农业服务转移的货币价值，表现为政策引导下通过支持私人或公共服务等，为基础农业部门创造发展条件。农业一般服务包括农业知识创新和推广、农业检测和过程控制、基础设施、市场营销和促销等。农业一般服务支持政策是针对整体农业基础部门，而不包括对生产者或消费者个体的支付。GSSE 在农业总支持水平估计值（TSE）中的比例，表明农业政策支持中一般服务类支出的份额。

从 2017 年与 2008 年的对比看（见图 2），欧盟和日本都削减了农业一般服务类的支出，其中欧盟削减程度较大，GSSE 由 2008 年的 196.47 亿美元减少至 2017 年的 105.80 亿美元，10 年间下降幅度约 46%，同期日本 GSSE 下降幅度约 20%。从近十年整体趋势看，美国农业一般服务支持水平先降后增，到 2017 年美国 GSSE 与 2008 年水平基本持平。从 GSSE 占 TSE 的份额来看，2008—2017 年，美国由 14.44% 降低至 10.89%，欧盟由 12.34% 降低至 10.12%，日本由 21.08% 降低至 17.12%，说明在支出结构方面，10 年来美国、欧盟和日本对农业一般服务的支持比例在降低。

从各国家和地区农业一般服务支持结构看，美国和日本对农业基础设施建设和维护更为重视，2017 年两国这方面的支出占 GSSE 比例最大，其中美国为 39.64%，日本为 85.85%，可见日本农业一般服务支持主要用于基础设施的投入上。欧盟则更加重视农业知识创新、推广和培训方面，这方面占 GSSE 的支出不断提高，2017 年达 59.46%，对于农业知识创新和推广等方面的服务支持，也很好地支撑欧盟 CAP 项目中的青年农民计划。

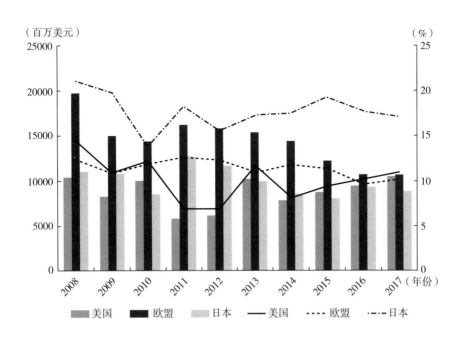

**图 2　2008—2017 年美国、欧盟和日本 GSSE 与**

**GSSE 占 TSE 比重变化**

资料来源：OECD，https：//data. oecd. org/agrpolicy/agricultural - support. htm。

# 三　主要发达国家和地区农业农村支持
# 政策的特征与启示

农业是国民经济的基础，各个国家和地区都极为重视农业农村发展，形成了各具特色的支持政策体系。虽然各国对农补贴和保护形式有所不同，也随时间不断变化，但提高农业竞争力，保障农民收入，促进农村发展，始终是各国农业政策的核心目标。借鉴国外支持农业农村发展的政策内容和导向，结合 OECD 国家的政策效果评估，提出五点重要的政策特征和对我国农业农村发展的政策启示。

## （一）主要特征

### 1. 优化补贴政策，合理发挥市场作用

农业补贴是最重要的农业政策工具。为适应国际贸易环境，各国根据 WTO 农业协定，不断优化政策工具，完善补贴制度，表现在：一是脱钩补贴成为主导。美国、欧盟和日本的大部分生产者补贴已与当期生产脱钩，逐步由价格补贴转向对生产者收入补贴，尤其是美国通过农业保险创新了农业收入补贴制度，欧盟则是在第一支柱中确立以收入为导向的直接支付。二是突出市场机制作用。各国农业政策由黄箱支持转变为绿箱支持，致力于减少对市场的直接干预，充分发挥价格机制。如欧盟近年来降低了第一支柱中市场支持总量，而日本农业支持中最主要的是绿箱支持，水平高于黄箱支持（王学君、周沁楠，2018）。三是补贴手段多样。有关国家和地区通过不断更新的补贴种类，提供多元补贴方式的选择，增加农民潜在补贴获取空间和范围，在贸易规则允许下最大限度保障农民收入。

### 2. 保持投入力度，持续稳固生产基础

从农业一般服务支持的普遍特点看，美国、欧盟和日本对于农业基础设施和公共服务等，都安排有稳定的财政支出。其中，健全的基础设施条件是农业生产的重要基础，在基础设施支出的

用途方面，欧盟国家重视土地改良、设施农业建设等，日本则大力推进高标准农田建设，这些都是保障农业生产能力的重要举措。同时，这些国家和地区农业政策也重点支持社区的卫生、交通、教育、医疗等基本公共服务，特别是近期重点关注信息技术、宽带网络等公共品投入。总之，有关国家和地区在农业支持政策中，都始终注意完善农业生产基础和农村居民生活条件，并适时通过政策调整以顺应农业生产和时代发展的需求变化。

### 3. 培育新型主体，不断增强内生动力

农业农村发展的根本力量，源于与本国农业生产规模相匹配的经营主体。发达国家人口自然增长率低，大部分都面临农业经营人口不足，农业发展动力减弱的情况。有关国家和地区都采取系列手段和措施，大力培育农业生产经营者，调动农场主、农户、创业者等主体对农业生产的积极性。如近年来欧盟推行青年农民计划，日本则鼓励青年学生、女性和非农人才等从事农业，来扩充农业劳动力。相对发达国家而言，发展中国家农业比较效益相对低下，城镇化进程也加速农村劳动力流失。因此，通过政策支持形成激励手段，在保障农业劳动力生产积极的同时，吸引更多人才返乡务农，培育多元农业经营主体，将是各国未来农业支持政策的重点内容。

### 4. 重视环境保护，有效开发农业功能

美国、欧盟和日本等国家农业支持政策的一大共同点，是在重视对农投入、保障农业生产力的同时，始终没有放松对生态环境的保护。如美国未来农业财政支出增幅最大的项目是资源保护

225

项目，欧盟将第二支柱预算的 30% 用于环境保护相关措施，并积极推动有机农业等绿色生产方式。在保护和修复生态基础上，各国还充分利用自然生态资源发展生产，开发农业休闲、旅游等功能，如日本积极推动生态农业建设，培育农户成为注册生态农民，通过农村旅游和民宿拓展农业多功能性。可见，发展农业生产不能忽视生态治理和环境保护，从各国政策实践看，包括积极应对气候变化，调整农业生产方式，鼓励绿色生产行为，开发农业多功能等，都是提高资源利用率，重塑农业比较优势的有效方式。

### 5. 加快创新驱动，积极引导产业升级

许多国家着眼于长期发展，努力提高农业科技水平，推进产业升级和结构调整。如美国以能源农业为发展重点，使产业链条向生物质产业和农产品加工业延伸。欧盟、日本等积极推广现代农业智能装备，着力发展农产品精深加工、食品加工业等高附加值产业。同时，为顺应时代发展要求，各国越来越重视信息技术的作用，积极推动大数据、物联网、人工智能等在农业农村的运用，如欧盟正在推进"智慧乡村"项目等。结合农业发展趋势，要进一步提高农业附加值，引导农村经济增长，必须借助工业化和信息化等手段，延长农业产业链，改造和升级传统农村产业，实现"三产"融合，这将成为未来各国农业支持政策的重要取向。

## （二）启示

我国正深入贯彻农业农村优先发展的理念，对农政策扶持力

度不断加大，如何进一步优化政策取向，提高政策支农惠农效果，部分典型国家和地区提供了很好的借鉴启示。未来我国农业政策制定应重点关注以下几个方面，一是探索市场化补贴手段，健全目标价格、反周期调节等市场风险对冲机制，完善农业保险等多元收入保障机制，稳定农民收入。二是持续保障农业生产基础设施投入，针对不同农村地区特点优化公共服务，加大农村地区互联网、大数据等现代化设施投入。三是重视新型农业经营主体培育，结合不同类型主体的需求，围绕农民返乡务农和再就业方面，出台相应补贴和激励措施。四是以休闲农业、绿色农业、循环农业等为依托，通过政策引导农民优化生产经营行为，在适宜地区积极开发多功能农业。五是顺应现代科技发展趋势，对现代种业、生态农业、智慧农业等前沿的现代农业产业进行重点扶持，尽快形成农业核心竞争力，应对农业国际化冲击与挑战。

## 参考文献

1. 方言、蓝海涛、王为农等：《完善农业支持保护政策体系研究》，载陈锡文、韩俊《中国农业供给侧改革研究》，清华大学出版社 2017 年版。

2. 郭曦、齐皓天、钟涨宝：《日本第四次修订食品、农业和农村基本法及启示》，《中国人口·资源与环境》2016 年第 7 期。

3. 果文帅、王静怡、陈珏颖等：《美国农业政策演变阶段、趋势和启示》，《中国农业科技导报》2016 年第 6 期。

4. 胡凌啸、周应恒：《提升小农竞争力：日本农业新政策的指向及启示》，《中国农村经济》2018 年第 2 期。

5. 李登旺、仇焕广、吕亚荣等：《欧美农业补贴政策改革的新动态及其对我国的启示》，《中国软科学》2015 年第 8 期。

6. 李登旺：《欧盟共同农业政策改革助力可持续发展》，《农村工作通讯》2017 年第 24 期。

7. 刘武兵、李婷：《欧盟共同农业政策改革：2014—2020》，《世界农业》2015 年第 6 期。

8. 芦千文、姜长云：《欧盟农业农村政策的演变及其对中国实施乡村振兴战略的启示》，《中国农村经济》2018 年第 10 期。

9. 芦千文、姜长云：《乡村振兴的他山之石：美国农业农村政策的演变历程和趋势》，《农村经济》2018 年第 9 期。

10. 彭超：《美国 2018 年农业提升法案动向及启示》，http：//www.sinotex.cn/newsHtml/181222/140441/。

11. 彭超：《美国新农业法案的主要内容、国内争议与借鉴意义》，《世界农业》2019 年第 1 期。

12. 齐皓天、彭超：《我国农业政策如何取向：例证美农业法案调整》，《重庆社会科学》2015 年第 1 期。

13. 苏杭、李智星：《日本"进攻型农业"政策的实施及启示》，《现代日本经济》2017 年第 2 期。

14. 王学君、周沁楠：《日本粮食安全保障策略的演进及启示》，《现代日本经济》2018 年第 4 期。

15. 徐雪、夏海龙：《发达国家农业补贴政策调整及其经验借鉴——基于欧盟、美国、日本的考察》，《湖南农业大学学报》（社会科学版）2015 年第 3 期。

16. 徐轶博：《美国农业支持政策：发展历程与未来趋势》，《世界农业》2017 年第 8 期。

17. 于晓华、武宗励、周洁红：《欧盟农业改革对中国的启示：国际粮食价格长期波动和国内农业补贴政策的关系》，《中国农村经济》2017 年第 2 期。

18. 张斌：《日本农业发展的困境及政策调整》，《日本问题研究》2016 年第 6 期。

19. 张慧琴、吕杰：《欧盟农业支持状况演变及其政策改革分析》，《世界农业》2015 年第 5 期。

20. European Commission, *Overview of CAP Reform 2014 - 2020*, https：//ec. europa. eu/agriculture/sites/agriculture/files/policy - perspectives/policy - briefs/05_ en. pdf.

21. European Commission, *Rural Development 2014 - 2020*, https：//ec. europa. eu/agriculture/rural - development - 2014 - 2020_ en.

22. European Commission, *Cork 2. 0：European Conference on Rural Development*, https：//ec. europa. eu/agriculture/events/rural - development - 2016_ en.

23. USDA ERS, *Agricultural Act of 2014：Highlights and Implications—Beginning Farmers and Ranchers*, https：//www. ers. usda. gov/agricultural - act - of - 2014 - highlights - and - implications/beginning - farmers - and - ranchers.

24. USDA ERS, *Agriculture Improvement Act of 2018：Highlights and Implications—Rural Development*, https：//www. ers. usda. gov/agriculture - improvement - act - of - 2018 - highlights - and - implications.

经济篇

# 我国休闲农业发展现状、问题与对策

廖永松[*]

**摘　要：**与世界休闲农业发展规律相似，人均 GDP 迈过 8000 美元后，我国休闲农业进入高速发展阶段。但是，受农地制度等诸多因素影响，我国休闲农业面临着产权不稳定、经营普遍亏损和碰触耕地红线等重大问题，亟待国家根据休闲农业发展特征，划定休闲农业区域，改革休闲农业用地制度，制定休闲农业建设标准，确保休闲农业健康发展。

**关键词：**休闲农业　乡村旅游　三产融合　农地改革

---

　\* 廖永松，管理学博士，中国社会科学院农村发展研究所研究员，研究方向为农村发展与政策。

# Current Situations, Issues and Policies
# of Leisure Agriculture in China

## Liao Yongsong

**Abstract**: In Similar with the development pattern of leisure agriculture in the world, China's leisure agriculture has entered a high – speed development stage after the per capita GDP has exceeded 8, 000 US dollars. However, limited by multiple factors such as land institutions, leisure agriculture in China is facing with serious obstacles: unstable property rights, operating losses and touching upon the red line of cultivated land. It is urgent for the central government to delimit leisure agriculture zones according to the characteristics of leisure agriculture development, reform the land system, formulate the construction standards of leisure agriculture, aiming at its healthy development.

**Key Words**: Leisure Agriculture; Rural Tourism; Industrial Convergence; Land Institutions Reform

# 一　前言

休闲是美好生活最重要的组成部分，不同学科的学者对休闲有不同的认识和定义。从与休闲相对应的工作角度，休闲是不以工资为目的的时间利用，是人力资本积累的一种形态以及人们生活满意度和幸福感提高的重要维度。技术进步和制度变迁，使人从繁重的体力劳动中解放出来，休闲观作为人的生活价值观，已影响到一个国家的经济形态（马惠娣，2015）。一般的看法是，人均GDP超过5000美元后就进入一个旅游休闲时代。但从发达国家或地区休闲农业发展的历程看，人均GDP达到8000美元后，休闲农业才进入一个快速发展的"休闲拐点"：城市居民对于乡村自然景观的需求增长，诱致农业多功能的开发利用。

从全球范围看，意大利在1865年成立了世界上最早的农业与旅游专业协会"农业与旅游全国协会"，介绍城市居民到农村去体验农业趣味，与农民同吃住，这是休闲农业的萌芽（詹玲等，2009）。随着资本主义经济的发展，休闲农业随之兴起。以农业生产最为基本的要素土地的丰裕程度为标准划分，发达国家或地区现代农业发展类型主要有以日本、韩国、我国台湾等土地资源短缺型和以欧美、澳大利亚等土地资源丰富型为代表的两类。不管哪种类型，随着工业化、城镇化、信息化和农业现代化的推进，农业生产成本上升，政府都积极制定政策引导发展休闲农业等乡村新业态，以此促进农民增收、农村经济繁荣和农村生态环境改善（原农业部农产品加工局，2015）。

我国是一个人多地少的资源短缺型国家，大国小农的基本国情、城乡分割的二元经济制度等系列因素限制了农业竞争力的提高和农民收入增长潜力，发展休闲农业与乡村旅游，是我国都市郊区、特色产品地区、农业自然资源丰富和农耕文化多样化地区拓展农业功能，实现城乡融合发展的重大举措。休闲农业是以农业生产、农村风貌、农家生活、乡村文化为基础，开发农业与农村多种功能，提供休闲观光、农事参与和农家体验等服务的新型农业产业形态，分为农家乐、休闲农园、休闲农庄和休闲乡村 4 种（原农业部，2015）。近年来，在市场拉动、政策推动和经营主体联动下，我国休闲农业产业规模迅速扩大，已成为农村第一、第二、第三产业融合发展和产业兴旺的重要载体。但是，我国休闲农业面临着产权不稳定、建设不规范、经营普遍亏损和碰触耕地红线等重大问题，制约着休闲农业的健康发展，因此需要系统梳理发展现状、存在的问题并提出有针对性的政策措施。

## 二 我国休闲农业发展历程

改革开放后，伴随中国经济成长，我国休闲农业发展大致可分为以下几个阶段（张辉等，2017；杨旺生等，2013；刘德谦，2006）：

### （一）1978—1997 年缓慢发展阶段

改革开放初，中国经济开始恢复和快速发展，靠近城市和景区的农民，自发举办西瓜节、荔枝节、桃花节等节庆活动，吸引城市居民去品尝、观光旅游，这是中国休闲农业的萌芽。随着城乡经济发展，在经济发达地区、特色农产品地区，出现了以农业生产和观光旅游相结合的新农村，如江苏的华西村、浙江上虞的盖北葡萄休闲观光园。1987 年，一些从事乡村农家旅游发展和农村居民出游活动的社会人士在北京成立了"中国农民旅游协会"。1989 年，"中国农民旅游协会"更名为"中国乡村旅游协会"，标志着全社会开始关注乡村旅游（刘德谦，2006）。20 世纪 90 年代初，以华西村建立农民旅行社为标志，农业旅游市场开始形成，一些村镇开始兴办旅游企事业，有计划地开发农业旅游资源。1995 年 5 月，我国实施"一周五日工作制"，居民休闲需求获得了释放机会，休闲农业和乡村旅游正式进入政策制定者的视野。

## （二）1998—2005 年初步发展阶段

随着人民生活水平从温饱走向小康，休闲旅游需求增加，旅游交通体系持续完善，政府也不断出台扶持休闲农业与乡村旅游政策。1998 年，原国家旅游局推出"华夏城乡游"，提出"吃农家饭，住农家院，做农家活，看农家景，享农家乐"的口号；1999 年推出"生态旅游年"活动；2001 年出台了《农业旅游发展指导规范》，公布了首批农业旅游示范点；2002 年倡导开展农业旅游，发布实施《全国农业旅游示范点、工业旅游示范点检查标准（试行）》；2004 年在全国评出 203 个农业旅游示范点。一系列政策推动了休闲农业与乡村旅游发展，涌现出了上海孙桥现代农业科技观光园、北京锦绣大地农业科技观光园、广州番禺化龙农业大观园、北戴河集发生态农业观光园、苏州西山现代农业示范园、成都郫县农家乐、武夷山观光茶园等一大批观光休闲农业园区。

## （三）2006—2015 年快速增长阶段

这是我国经济社会"十一五"和"十二五"两个五年规划时期，以中国共产党十六届五中全会提出建设"生产发展、生活宽裕、乡风文明、村容整洁、管理民主"社会主义新农村为标志，休闲农业进入快速增长阶段，开始注重整体规划，开展科学论证。2006 年原国家旅游局将当年全国旅游主题确定为"中国乡村旅游年"，宣传口号为"新农村、新旅游、新体验、新风尚"，出台了《关于促进农村旅游发展的指导意见》；2007 年原国家旅游局与原农业部发文《关于大力推进全国乡村旅游发展的通知》；2009 年的"中国生态旅游年"，倡导"走进绿色旅游，感受生态文明"；2010 年原农业部组织编制了《全国休闲农业发展"十二五"规划》；2014 年审定了《休闲农业术语、符号规范》《农家乐设施与服务规范》两项标准。同年国务院发布的《关于促进旅游业改革发展的若干意见》提出了"大力发展乡村旅游"的具体指导意见。这些举措有力地助推了休闲农业和乡村旅游发展，相继出现了以农家乐、度假村、野营地、生态农业观光园、教育农园、民俗文化村、乡村俱乐部等多种形式的休闲农业与乡村旅游，休闲农业和乡村旅游成为经济社会发展的新业态、新亮点。据不完全统计，2015 年全国休闲农业和乡村旅游接待游客超过 22 亿人次，营业收入超过 4400 亿元，从业人员 790 万，其中农民从业人员 630 万，带动 550 万户农民增收。①

## （四）2015 年后"十三五"高速发展阶段

进入"十三五"后，中国经济发展进入新常态，人均 GDP 超过 8000 美元，农业发展进入"休闲拐点"，休闲农业呈现出产业规模化、经营集约化、内涵多元化的发展趋势。各项扶持政策密集出台，2015 年以来每年的中央一号文件都对发展休闲农业和乡村旅游进行了部署。休闲农业的社会投资增加，经营主体多元，类型模式多样，组织体系逐步健全。与之相关的规划设计、人才培训、信息咨询和宣传推广等中介服务机构也发展起来。截至 2018 年年底，农业农村部已创建了 388 个全国休闲农业和乡村旅游示范县，聚集村达 9 万多个，推介了 710 个"中国美丽休闲乡村"和 248 个"中国美丽田园"。2018 年全国休闲农业和乡村旅游接待超 30 亿人次，比 2015 年增加 9 亿人次，年均增长 11%；营业收入超 8000 亿元，比 2015 年翻了一番，年均增长 22%。据对 13.5 万家休闲农业经营主体的观测，休闲农业中农民从业的占 93%。休闲农业对增加农民就业、精准扶贫精准脱贫、促进农村产业融合、城乡一体化发展以及拓展旅游业发展空间具有重要意义。根据休闲农业和乡村旅游发展"十三五"规划，到 2020 年，全国休闲农业布局将更优化、类型更丰富、功能更完善、特色更鲜明。

---

① 休闲农业相关数据据农业农村部产业发展司官方网站资料整理。

# 三 我国休闲农业区域布局和主要发展模式

休闲农业贯穿农村第一、第二、第三产业,融合生产、生活和生态服务功能,紧密联结农业、农产品加工业、服务业,将农业从单一的农产品生产功能向原料供应、生态涵养、文化传承、人文创意等多功能扩展,实现大农业与大旅游的有机结合。根据区位、资源、文化背景等条件,我国休闲农业的区域空间布局主要有:大中城市和名胜景区周边,依山傍水逐草自然生态区,少数民族地区和传统特色农区(原农业部乡镇企业发展局,2011)①。当然,不同发展时期和不同分类标准,休闲农业发展模式有不同的分类方式(帅娅娟,2008;史学楠,2012;曾玉荣,2015)。2018 年中央一号文件指出,要"实施休闲农业和乡村旅游精品工程,建设一批设施完善、功能多样的休闲观光园区、森林人家、康养基地、乡村民宿、特色小镇",把乡村民宿和特色小镇作为当前休闲农业和乡村旅游发展的重要模式。

## (一) 都市农业和名胜景区周边连片开发型

为满足城市多方面需求发展起来的都市农业,位于市区周围的近郊(也可能镶嵌在市区内部)和客源丰富名胜景区周边,二者是休闲农业布局和发展的重要区域,适合政府为主建设基础设施,带动农民集中连片开发。这种模式结合周围的田园景观和

---

① 《全国休闲农业发展"十二五"规划》,2011 年 8 月 23 日。

民俗文化，兴建一些休闲、娱乐设施，为游客提供休憩、度假、娱乐、餐饮、健身服务，主要经营类型包括相对集中联片的休闲度假村、休闲农庄、农业嘉年华、市民农园、农事体验乐园以及民宿和乡村酒店，在北京、上海、成都以及海南、云南等区域较常见，如北京"朝来农艺园"、上海"孙桥现代农业开发区"、苏州"未来园林大世界"等。此外，依托科研力量建立起来的很多农业科技园区，也由单一的生产示范功能，逐渐转变为兼有休闲和观光等多功能的农业园区，分蘖出农业观光园、农业科技生态园、农业产品展览馆、农业博览园或博物馆等经营模式，可以为游客提供了解农业历史、学习农业技术、增长农业知识等活动服务。

## （二）依山傍水逐草自然生态区的观光养生型

山区、滨水地区与草原地区具有独特气候、植被、生态和人文资源，是重要的特色休闲农业功能区。在保护生态环境的基础上，发展出了农业生态游、农业景观游、民俗风情游、特色农牧渔业为主的休闲农庄和农家乐。同时，结合特色村落、小城镇建设，以美丽乡村和古村镇宅院建筑为旅游标志物，开发观光旅游，涵盖有古民居和古宅院型、民族村寨型、新村风貌型和古镇建筑型。如海南省利用独特资源，以共享农庄为载体发展休闲农业。此外，以独特的景观、设计加上互联网带动创建的精品民宿，逐渐成为这些地区的亮点。民宿除了增加乡村人气、游客消费频率，还大大提升了目的地知名度，通过熟人营销，提高入驻率。浙江松阳县的"过云山居"，不少游客去松阳，就是为了在那住一晚。可以说，一家民宿带动了全松阳县的旅游。

## （三）少数民族地区的民俗风情型

少数民族地区具有丰富的特色民风和民俗资源，通过保护特色村庄和田园风光，以特色风土人情、民俗文化为旅游标志物，凸显农耕文化、乡土文化和民俗文化，开发农耕展示、民间技艺、时令民俗、节庆活动、民间歌舞等休闲旅游活动，丰富休闲农业和乡村旅游的文化内涵。主要类型有农耕文化型、民俗文化型、乡土文化型、民族文化型。每年七八月牲畜肥壮的季节被喻为"农牧物资交易会"的蒙古族那达慕大会；在黔东南地区农历三月初三侗族的播种节，农历正月至二月由寨老带领男女老少通过吹笙跳舞、斗牛、对歌等"祭萨"活动的榕江三宝侗族萨玛节；以展示梯田、高原湖泊、雪域风光和白族、藏族、哈尼族等少数民族农村生产生活特性的云南民族农耕文化博物馆；体现黎族风情文化的海南保亭黎族船型屋民宿，都是很好的案例。

## （四）传统特色农区的农家乐、观光采摘、民宿等多形态

传统特色农区是以农产品生产为主，同时，立足当地农业资源、农耕文化、生产条件和自然景观，通过拓展农业的多功能性，强化农业生产过程和产品功能创意，提升文化内涵，发展出景观农业、农事节庆、观光采摘、特色动植物观赏以及各种农业园区、主题公园等。农民利用自家庭院、自己生产的农产品及周围的田园风光、自然景观，以低廉的价格吸引游客前来吃、住、玩、游、娱、购等的农家乐，主要类型有农业观光农家乐、民俗

文化农家乐、民居型农家乐、体闲娱乐农家乐、食宿接待农家乐、农事参与农家乐等。近年发展起来的乡村民宿覆盖云南等全国 21 个省份 239 个贫困县，仅 2018 年这些贫困县的民宿就增长了 5 倍，其中陕西和河南两省贫困县的乡村民宿分别增长了 23 倍和 15 倍，对于脱贫发挥了重要作用。

# 四 我国休闲农业发展中的主要问题

## （一）多部门管理，缺乏统筹规划

休闲农业涉及三次产业，空间结构复杂，需根据社会经济发展的阶段性要求进行统筹规划。休闲农业既是"农业"，也是"休闲"，在管理层次上涉及农业农村部门与文化和旅游部门的职能定位和综合协调问题。把"休闲农业"定位为"农业"与把"休闲农业"定位为"休闲产业"，不仅是一个由哪个部门管理的问题，更是一个影响休闲农业发展方向的重大问题。比如当前社会关注的"民宿"产业，在日本、我国台湾地区，民宿与乡村酒店是严格区分的。很多国家和地区发展民宿的主要目的是充分利用农户现有民房，增加农民特别是农村老人的就业机会，增强外界对农村生产、生活的了解，为农民与城市外来客搭建交流平台。因此，在用地制度、房屋建筑、卫生、防火等方面的标准就要低于乡村酒店业。而当前我国的旅游民宿，是按照酒店管理定位的，其用地制度、建筑、道路、景观和环境等方面的要求大大高于以农民特别是小农户经营为主体的"民宿"。多部门管理，缺乏对休闲农业发展定位的一致性意见，各个部门都在按各自的理解和权限制定发展规划和行业标准，比如有些地方推出休闲农业基地星级认证，片面强调旅游接待的设施设备完备及服务标准化，忽视了休闲农业的"农业特色""农民特色"，造成规划定位不清。

## （二） 基础设施不配套，价值链短

近年来，我国乡村公路、水、电、气、网、医疗、卫生等基础设施建设取得了突出成绩，但相对于城市来说，还很落后。在少数民族地区、贫困山区和经济欠发达地区，基础设施条件更差些，很难吸引城里人去吃、住、游。连接休闲农业场地的道路、停车场等基础设施建设滞后，垃圾和污水等农村人居环境整治历史欠账多，乡村民宿、农家乐等产品和服务标准不完善，经营主体与消费者之间的信息沟通不畅，经营规模普遍偏小，服务质量不高，尚未形成完整的产业链，无法取得规模效应，价值链短。

## （三） 建设指标少，用地成本高

按照2018年新的农村土地承包法，承包地必须农用，但对什么是"农用"并没有严格定义。现行的土地制度是按传统"农业、工业和服务业"行业分类标准对土地进行用途管制的，而休闲农业是三次产业的融合，既是"休闲"也是"农业"，生产过程和产品同时包含了需由"农业和非农业用地"的综合用途土地要素。不管哪种模式的休闲农业，要想获得正常的投资收益和可持续经营，必然需要建设一些基本的餐饮、农产品加工、展销、停车场、住宿、会议、休憩娱乐、科学实验设施。现有的

《土地管理法》规定，这些设施用地属于非农的建设用地，需要通过征地将集体用地转变为国有的建设用地才能使用。在城市建设用地指标还极为紧缺的情况下，休闲农业的建设用地难有保障。此外，即使休闲农业项目符合土地利用整体规划，在有建设用地指标的情况下，将农用地通过征、挂、拍等程序转为建设用地，用地成本大幅度增长，很多休闲农业项目难以承受。

## （四）资金回收期长，经营效益不理想

在国家提倡下，休闲农业近年来成为社会的热点。在城市地产降温的大背景下，很多工商资本下乡，盲目流转土地，发展休闲农业综合体，但农业投资周期长，市场波动大。根据我们的调查，休闲农业项目的盈利率很低，10个休闲农业项目，7个亏损、2个持平、1个能盈利，原因是多方面的：①休闲农业自身属性和农地制度限制，休闲农业经营者很难提供符合金融部门要求的有效抵押品，导致其获得的银行信贷支持有限，也很难直接从资本市场融资，需要经营者雄厚的资本为支撑，投资量大；②乡村旅游季节性强，客源分散。旺季客源多了接待不了，淡季客源又太少，日常经营费用高；③乡村旅游产品单一、对项目地文化缺乏深度挖掘，同质化问题严重；④农地产权不稳定，休闲农业缺少投资价值；⑤农产品市场风险大，"家有万贯，带毛的不算"，一场突如而来的非洲猪瘟，就让很多养猪场关门倒闭。

## （五）缺乏建设标准，碰触农地红线

在休闲农业难盈利的背景下，不少经营者开始碰触农地红线，打"擦边球"违法用地，出现农地非农化现象。总体上，

直接在农用地上建设永久住房、私人休闲农庄、会所、饮食大排档等现象较少，而大多表现在扩大设施农业用地面积，变更农业设施用途，突出表现在：①在温室、大棚、葡萄架、果树下布置桌椅从事餐饮活动；②建设空中木屋，将建筑物腾空；③以建设临时生产用房名义建民宿；④不经用地许可程序建设游泳池、儿童乐园、会议室等非农用地设施。2018 年 10 月以来国家开始全面清理"大棚房"，目前已拆除 13.5 万亩休闲农业上的各种违规建筑。应该看到，这种违规"大棚房"是各种原因造成的，不管如何，已造成经营者千亿元级损失，大多数是多年来坚守农业的经营者积累起来的财富，是休闲农业发展的重要推动力量。"农业不挣钱，动辄就违法，随时遭强拆"，这种情况势必影响休闲农业的投资预期。

# 五 政策建议

## （一）划定休闲农业区，配套相应的基础设施

为了引导休闲农业向集群分布、集约经营转变，农业农村部主要通过全国休闲农业与乡村旅游示范创建、全国休闲农业创意精品推介、中国美丽田园推介和中国最美休闲乡村推介等方式，推动形成休闲农业产业区、产业带，个别地方制订了休闲农业产业带发展规划，但在国家层面尚未制定休闲农业区设置标准和管理办法。大陆可参照借鉴台湾经验，划定休闲农业区。在休闲农业区域内，认定休闲农业经营主体，制定符合休闲农业发展要求

的政策措施。结合美丽乡村建设、乡村公路建设、农村人居环境整治等国家重大工程，完善交通、物流、网络、水电、安全、卫生等基础设施。充分利用旅游电商平台大数据资源，实现休闲农业经营主体与消费者之间的信息匹配和需求对接。根据区域气象特征，利用科技手段改进休闲农业生产技术，提升设备设施，提高休闲农业产品品质，增强季节性客户体感舒适度。

## （二）改革休闲农业用地制度

休闲农业是在经济发展后，农业生产成本上升，国民休闲需求增长"推"和"拉"的结果，其目标是在保护农地的基础上，利用农业多功能性进行保护性开发。开发的目的是要给予农业投资者、经营者合理的赢利空间，带动农民增收，稳定农业从业者队伍，防止农地荒芜化。休闲农业融合了三次产业，其用地属性复杂，不能简单地按姓"农"还是"非农"的传统用地性质进行管制。休闲农业将农业生产、农民生活和农村生态环境保护纳入同一经营过程，因此需要打破现有的农地、建设用地管理制度，容许农家乐、民宿、休闲农园、休闲农庄等按新的建设材料、建设标准合理、合规、合法开发。对于通过建设用地获得的土地增值收益，可按一定比例评估征收增值收益税，专项用于农田保护。按照 2018 年中央一号文件《中共中央 国务院关于实施乡村振兴战略的意见》的要求，"在符合土地利用总体规划前提下，允许县级政府通过村土地利用规划，调整优化村庄用地布局，有效利用农村零星分散的存量建设用地；预留部分规划建设用地指标用于单独选址的农业设施和休闲旅游设施等建设"。但在实际过程中，休闲农业用地难以得到保障。不管是《农村土地承包法》还是《城市用地分类与规划建设用地标准》，不能很好地满足休闲农业发展的用地需求，亟待改革。在符合规划的前提下，农村集体经营建设用地、农村闲置房屋、"四荒地"、可用林场和水面自办、入股等方式经营休闲农业的，可以不通过招、拍、挂程序直接转为建设用地。

### （三）制定休闲农业建设标准，保护经营者合法权益

中国是一个人多地少的大国，保障粮食安全和农村社会稳定是头等大事，在适度放宽休闲农业用地标准的同时，对于休闲农业建设材料、建设标准要严，做到宽严相济。既要支持发展，也要保护耕地，严防借休闲农业之名，从事房地产开发以及各种形式的非法用地行为。通过制定新的建设标准，基本目标是要防止农地的综合生产能力受到根本性破坏。在遇到粮食供给严重不足的特殊情况下（技术进步后，这种情况基本不存在），能够顺利地恢复为可生产粮食的耕地。在开发的同时，"藏粮于地，藏粮于技"，以防不测。同时，要保护经营者合法权益，稳定社会投资预期，吸引社会资本进入，保障休闲农业健康发展。大体上可按"限材料、限规模、易复垦"的要求制定建设标准。"限材料"就是使用对农地不产生永久性、不可恢复性的材料，比如木制材料或开发出新的特种材料；"限规模"，明确休闲农业项目中农用地承担休闲功能的比例上限和面积上限；"易复垦"，允许农用地上搭建易移走或复垦的建筑物，比如移动小木屋、集装箱或者易拆除钢结构小型住房等。

### （四）培养休闲农业专门队伍，规范服务质量

休闲农业是乡村产业发展中的新事物，政策制定，经营管理

模式，服务标准方方面面都还在探索试验的过程中。在公共服务上，要从规划引导入手，积极推进"多规合一"，将休闲农业和乡村旅游开发纳入城乡发展大系统中，打造产业带和产业群。完善休闲农业和乡村旅游监测统计制度，适时向社会公布统计数据，便于分析、跟踪和研究。通过宣传先进地区的发展经验，制定行业标准，引领和规范服务质量。加强从业技能培训，培养一批服务接待、教育解说实用人才。打造多元化产品，制定学生下乡实习、城市居民下乡体验生活等休假制度，促进乡村休闲观光游旺季分流、淡季不淡。在村庄规划制订和美丽乡村建设中，要提前根据休闲农业和乡村旅游要求布局农村居民点，按照发展休闲农园、农庄、民宿要求提升食品安全、消防安全、环境保护等监管标准和管理手段。鼓励学校开设专业课程，培养一批规划设计、创意策划和市场营销专门人才。在新型农民职能培训中，把休闲农业的相关知识作为重点课程。支持城里人、大学生、外出务工经商的成功人士回乡从事休闲农业开发，让新乡贤与农民结对子，促进现代农民的培育。

## （五）提供财政金融支持，提升创收能力

不管是农家乐、民宿，休闲农园，休闲农庄还是休闲乡村，任何一种休闲农业可持续发展的基点都要建立在经营主体能够盈利的基础上。从事休闲农业的经营主体，虽然充满乡愁，但本质上是从事市场经营活动的企业，具备创收能力才可能承担起带动农民发家致富、提升乡村产业品质和繁荣乡村经济的历史责任。只有家国情怀的浪漫，而不能认识到乡村仍是以 80% 初中文化程度以下的农民为主、充斥贫困和落后的广大区域，休闲农业的

经营注定难以长久。农业仍然弱质，农民仍然弱势，现代生产要素由农村向城市转移的大趋势没有变，休闲农业需要国家的财政金融支持。财政上，创新融资模式，鼓励利用 PPP 模式、众筹模式、互联网＋模式、发行私募债券等方式，引导社会资本投入。采取以奖代补、先建后补、财政贴息、设立产业投资基金等方式进行财政支持，整合财政资金向休闲农业区倾斜。金融政策上，加大对休闲农业的信贷支持，帮助经营主体解决融资难、融资贵的问题，建立银企对接平台，拓宽抵押担保物范围，扩大信贷额度。

## 参考文献

1. 马惠娣：《休闲：人类美丽的精神家园》，中国经济出版社 2015 年版。

2. 詹玲、蒋和平、冯献：《国外休闲农业的发展状况和经验启示》，《中国乡镇企业》2010 年第 10 期。

3. 原农业部农产品加工局（主编）：《中国休闲农业年鉴（2015）》，中国农业出版社 2015 年版。

4. 原农业部：《休闲农业术语、符号规范》（中华人民共和国农业行业标准 NY/T 2857—2015），2015。

5. 谢安世：《我国休闲农业发展演进及"互联网＋"转型研究》，《经济纵横》2017 年第 6 期。

6. 张辉等：《我国休闲农业和乡村旅游发展现状与趋势展望》，《中国农业资源与区划》2017 年第 9 期。

7. 杨旺生等：《江苏休闲农业发展报告 2012》，科学出版社 2013 年版。

8. 刘德谦：《关于乡村旅游、农业旅游与民俗旅游的几点辨析》，《旅游学刊》2006 年第 3 期。

9. 原农业部乡镇企业发展局：《全国休闲农业发展"十二五"规划》，《中国乡镇企业》2012 年第 2 期。

10. 帅娅娟：《休闲农业发展模式研究》，硕士学位论文，湖南师范大学，2008 年。

11. 史学楠：《中国乡村休闲经济发展研究》，博士学位论文，中央民族大学，2012 年。

12. 曾玉荣：《台湾休闲农业理念·布局·实践》，中国农业科学技术出版社 2015 版。

# 中国家庭农场的生产经营情况及
# 农场主教育水平对其影响分析
## ——基于全国 31 省份 2014—2017 年监测数据

杜志雄　夏雯雯　郜亮亮\*

**摘　要：** 家庭农场是当前阶段最符合未来中国农业发展需要和政策目标的新型农业生产经营主体，对其生产经营情况进行研究具有重要现实意义。本报告基于全国 31 个省份 2014—2017 年四年的种植类家庭农场监测数据，对家庭农场的土地经营特征、常年雇用劳动力情况、生产资料情况、生产经营管理水平、组织化、绿色化等生产经营特征进行了统计描述分析。并进一步分析了农场主教育水平对这些生产经营特征的影响。最后给出了政策建议。

**关键词：** "三农"问题　家庭农场　生产经营情况　农场主教育水平

---

\* 杜志雄，农学博士，中国社会科学院农村发展研究所党委书记、博士生导师，研究方向为农村发展、现代农业和家庭农场；夏雯雯，中国社会科学院研究生院农村发展系博士生，研究方向为家庭农场；郜亮亮，管理学博士，中国社会科学院农村发展研究所土地经济与人力资源研究室副研究员，研究方向为发展经济学、土地制度和农业农村人才。

# Analysis on the Production and Management Situations of Chinese Family Farms and Impact of Farmers' Education Level: Based on the 2014 – 2017 Monitoring Data of Family Farms in 31 Provinces

Du Zhixiong   Xia Wenwen   Gao Liangliang

**Abstract**: Study on production and management of family farm has important practical significance, for which as one of new type of agricultural production and management entities, present situations that best meet the needs and policy objectives of China's agricultural development in the future. Based on the monitoring data of planting family farms in the three provinces of China from 2014 to 2017, statistical analyzed on land management characteristics, perennial employment labor situation, production level, production and management level, organization, greening, etc. Furthermore, impact of the education level of farmers on these characteristics have analyzed. Finally, policy suggestions have put forward.

**Key Words**: Issues Concerning Agriculture; Family Farms;

Production and Management Situations；Family Farmers'Education

# 一　引言

2013 年，中央一号文件首次提出发展家庭农场，2019 年《关于促进小农户和现代农业发展有机衔接的意见》中进一步提出启动家庭农场培育计划。家庭农场作为农业专业大户的"升级版"，保留了家庭经营的内核，坚持了农业家庭生产经营的优势（杜志雄，2018；杜志雄、王新志，2013），并且在家庭生产经营的基础上，具备土地规模化、生产要素集约化、农产品商品化等特点（张红宇，2018；王丽霞，2018）。在整个中国农业生产经营体系中，家庭农场处于核心地位，是最适合农业生产的主要实践者（杜志雄，2018）和组织形式（韩朝华，2017），是农户经济发展的基本方向（张红宇，2018），是最契合经济社会发展阶段的经营主体（郜亮亮、杜志雄，2016），并且在农业生产中具有稳定的主导地位（联合国粮农组织，2014）。那么，家庭农场从 2013 年发展至今，生产经营情况如何？农场主的教育水平是否会对农场的发展速度和质量产生影响？这些都是亟待回答的问题。

家庭农场作为中央重点培育和突出抓好的新型农业生产经营主体，肩负着国家粮食安全的使命。因此，选取种植类家庭农场进行分析具有更大的政策意义，而且这样也能有效回避农场类别对生产经营的影响，进而更好分析农场主教育水平对生产经营的影响。因此，本报告基于 2014—2017 年四年的种植类家庭农场监测数据，对家庭农场的生产经营情况进行描述分析，进一步分析农场主教育水平对这些生产经营特征的影响。基于以上分析结果，为下一步家庭农场的发展提供政策建议。

## 二　数据说明

本报告所用数据来源于农业农村部委托中国社会科学院农村发展研究所开展的家庭农场监测。家庭农场监测样本覆盖全国31 个省（区、市），在随机分层抽样总原则指导下各省份选择 3个样本县，每个省约 100 个家庭农场进行监测。家庭农场监测从2014 年开始，截至目前，已完成 2014—2017 年四年的监测工作。在 2014—2017 年分别获得有效监测样本 2826 家、2903 家、2998 家和 2947 家。本报告选取 2014—2017 年每年种植类样本进行分析（见表 1），包括 2014 年 1589 家、2015 年 1731 家、2016 年 1774 家和 2017 年 1683 家家庭农场。这里的种植类家庭农场为种植小麦、玉米、水稻、薯类、豆类、高粱、燕麦、花生、蔬菜瓜果的农场。

## 三　家庭农场生产经营情况

这里把家庭农场主教育水平分成不识字或小学、初中、高中/中专/职高和大专及以上四个等级（见表 1）。农场主的教育水平为农场的生产经营提供了关键的人力资本支撑。总体来看，接近 10% 的农场主教育水平为大专及以上，85% 左右的农场主教育水平为初中或高中/中专/职高；同时，与 2017 年农村居民家庭户主文化程度相比①，农场主教育水平为大专及以上水平的占比高 8%，不识字或小学水平的占比低 30% 左右；并且，在 2014—2017 年，农场主教育水平为大专及以上水平的占比从 9.06% 上升到 10.22%，增幅为 12.80%，而农场主教育水平为不识字或小学水平的占比从 5.22% 下降到 4.58%，降幅在 12.26%。下面考察整体及每组家庭农场在生产经营等方面的特征。

## （一）土地经营特征

2014—2017 年家庭农场的土地经营特征与家庭农场主教育水平如表 2 所示。

从表 2 可以看出，第一，农场土地经营规模基本适度，并且随着农场主教育水平的提高，农场土地经营规模增加。总体来看，农场土地经营规模平均为 402.97 亩，如果按户均 8 亩土地核算，相当于 50 户农民的土地集中连片。2014—2017 年，尽管土地经营规模存在浮动，但基本集中在 350—450 亩。2015 年，不识字或小学组的农场土地经营规模为 261.82 亩，当农场主教育水平提高到初中时，农场土地经营规模增加到 379.87 亩，农场主教育水平进一步提高到高中/中专/职高时，农场土地经营规模进一步增加到 483.36 亩，在大专及以上组，农场土地经营规模为 517.32 亩。这说明教育水平能够影响农场主的经营理念或

---

① 资料来源于 2018 年《中国农村统计年鉴》，农村居民家庭户主文化程度为小学及以下占比为 33%，大专及以上占比为 1.50%。

表1  2014—2017年按照家庭农场主教育水平分组的样本数及其占比

| 教育水平 | 2014年 | | 2015年 | | 2016年 | | 2017年 | | 平均/总体[a] | |
|---|---|---|---|---|---|---|---|---|---|---|
| | 样本数（个） | 占比（%） | 样本数（个） | 占比（%） | 样本数（个） | 占比（%） | 样本数（个） | 占比（%） | 样本数（个） | 占比（%） |
| 不识字或小学 | 83 | 5.22 | 98 | 5.66 | 91 | 5.13 | 77 | 4.58 | 349 | 5.15 |
| 初中 | 825 | 51.92 | 826 | 47.72 | 820 | 46.22 | 825 | 49.02 | 3296 | 48.64 |
| 高中/中专/职高 | 537 | 33.79 | 638 | 36.86 | 694 | 39.12 | 609 | 36.19 | 2478 | 36.56 |
| 大专及以上 | 144 | 9.06 | 169 | 9.76 | 169 | 9.53 | 172 | 10.22 | 654 | 9.65 |
| 总体/平均 | 1589 | 100.00 | 1731 | 100.00 | 1774 | 100.00 | 1683 | 100.00 | 6777 | 100.00 |

注：a代表2014—2017年4年的样本数之和，下同。由于四舍五入的原因，数据之和有可能不等于100%，下同。

表2  2014—2017年家庭农场的土地经营特征与家庭农场主教育水平

| 教育水平 | 经营规模（亩） | | | | | 地块数（块） | | | | | 土地是否整理（是=1，否=0）（%） | | | | | 平均每块的经营规模（亩/块） | | | | | 平均土地转入年限区间[a] | | | |
|---|---|---|---|---|---|---|---|---|---|---|---|---|---|---|---|---|---|---|---|---|---|---|---|---|
| | 2014 | 2015 | 2016 | 2017 | 总体 | 2014 | 2015 | 2016 | 2017 | 总体 | 2014 | 2015 | 2016 | 2017 | 总体 | 2014 | 2015 | 2016 | 2017 | 总体 | 2015 | 2016 | 2017 | 总体 |
| 不识字或小学 | 290.44 | 261.82 | 336.69 | 371.23 | 312.22 | 21.92 | 28.68 | 17.88 | 19.92 | 22.36 | 34.21 | 22.34 | 34.33 | 30.95 | 29.75 | 48.24 | 49.49 | 74.26 | 55.36 | 56.95 | 1.85 | 1.71 | 1.68 | 1.76 |
| 初中 | 351.24 | 379.87 | 363.36 | 432.27 | 388.55 | 27.69 | 30.78 | 21.14 | 14.38 | 23.43 | 34.47 | 30.22 | 27.87 | 46.74 | 34.07 | 71.61 | 73.10 | 82.69 | 96.30 | 83.83 | 1.79 | 1.64 | 1.68 | 1.71 |
| 高中中专/职高 | 372.91 | 483.36 | 386.56 | 415.15 | 416.86 | 36.69 | 31.06 | 23.25 | 18.60 | 26.95 | 40.48 | 33.92 | 36.43 | 38.69 | 37.10 | 81.40 | 94.75 | 89.23 | 82.45 | 90.16 | 1.95 | 1.78 | 1.88 | 1.87 |
| 大专及以上 | 461.90 | 517.32 | 425.40 | 478.85 | 471.25 | 33.04 | 33.43 | 17.40 | 18.53 | 25.29 | 52.55 | 43.98 | 36.05 | 46.49 | 44.50 | 98.19 | 113.49 | 105.11 | 91.58 | 102.24 | 2.08 | 1.89 | 2.02 | 2.00 |
| 总体/平均 | 365.46 | 424.75 | 377.04 | 428.07 | 402.97 | 30.94 | 31.02 | 21.44 | 16.58 | 24.84 | 38.18 | 32.49 | 32.35 | 43.04 | 36.00 | 76.18 | 83.66 | 86.94 | 88.93 | 86.53 | 1.88 | 1.72 | 1.79 | 1.80 |

注：a代表在土地平均流转年限区间中，1=5年以下，2=5—10年，3=10—30年，4=30年以上。

经营能力。

第二，超过 1/3 的农场对土地进行了整理，并且农场主的教育水平越高，农场对土地进行整理的比率越高。总体上，不识字或小学组农场进行土地整理的比率为 29.75%，分别比初中组农场的 34.07% 低 4.32 个百分点，比高中/中专/职高组农场的 37.10% 低 7.35 个百分点，比大专及以上组农场的 44.50% 低 14.75 个百分点。

第三，农场土地的地块数逐渐减少，平均每块的经营规模逐年增加，即土地细碎化程度减弱；并且，农场主教育水平越高，平均每块的经营规模越大。农场土地平均有 24.84 块地块组成，平均每块的经营规模为 86.53 亩。2014 年农场土地平均有 30.94 块地块，平均每块的经营规模为 76.18 亩，2017 年，农场土地平均地块减少到 16.58 块，平均每块的经营规模相应增加到 88.93 亩。分组来看，不识字或小学组农场平均每块的经营规模为 56.95 亩，而大专及以上组农场平均每块的经营规模达到 102.24 亩，增幅近 1 倍。并且 2014—2017 年每年基本都具有相同特征。

第四，农场土地平均流入年限整体较短，但是农场主教育水平高的农场平均流入土地年限相对较长。整体上，农场土地平均流入年限接近但不足 5 年。分组来看，初中组农场的土地平均转入年限不足 5 年，然而，大专及以上组农场的土地平均流入年限在 5 年以上。土地流入年限的长短反映了土地使用权的稳定性，而土地使用权的稳定性能够影响农户的投资行为（郜亮亮、黄季焜等，2011）。因此，这说明教育水平高的农场主通过延长土地转入年限的方式，保持土地使用权的稳定，进而便于农地投资和进行农业的长期打算。

综上所述，家庭农场为实现最佳经营规模仍在做努力，并且一直致力于改善土地的细碎化状况。但是，农场平均土地流入年限较短的现状约束了农场无法或不能获得长久稳定的土地使用权，进而可能会影响到农场的生产投资等行为（郜亮亮、黄季焜等，2011）；相对来说，农场主教育水平较高的农场在土地规模、土地集中经营、土地平均流入年限等方面略占据优势。

## （二）常年雇用劳动力情况

2014—2017 年家庭农场雇用劳动力情况与家庭农场主教育水平如表 3 所示。

由表 3 可知，第一，整体上，农场拥有常年雇用劳动力的数量逐渐减少，并且农场主教育水平不同，农场拥有常年雇用劳动力的数量也不同。家庭农场拥有常年雇用劳动力的数量基本维持在 2.54 人左右[①]，2017 年农场平均拥有常年雇工的数量 2.46 人，低于 2015 年 0.40 人，2016 年 0.10 人。以不识字或小学和大专及以上两组为例。总体上，农场主教育水平为不识字或小学的农场平均雇用常年劳动力 1.94 人，农场主的教育水平提升到大专及以上时，农场平均常年雇用劳动力增加到 3.92 人。同样，2017 年后者平均雇用常年劳动力 3.89 人，几乎是前者平均雇用常年劳动力 2.01 人的 1 倍。农场主教育水平高的农场常年雇用劳动力的数量偏多的原因可能是土地规模偏大造成的，但从亩均常年雇用劳动力的需求量看，仅大专及以上组 100 亩土地需要常

---

① 这也符合农业农村部认为农场常年雇用劳动力不应该超过家庭自有劳动力 1 倍的定义。在四年的调查样本中，平均农场自有劳动力 3.28 人。

表3　2014—2017年家庭农场雇用劳动力情况与家庭农场主教育水平

| 教育水平 | 常年雇用劳动力数量（人） | | | | | 亩均常年雇用劳动力数量（人/亩） | | | | | 常年雇用劳动力的年龄区间[a] | | | | | 常年雇用劳动力的平均工资（万元/年/人） | | | | |
|---|---|---|---|---|---|---|---|---|---|---|---|---|---|---|---|---|---|---|---|---|
| | 2014 | 2015 | 2016 | 2017 | 总体 | 2014 | 2015 | 2016 | 2017 | 总体 | 2014 | 2015 | 2016 | 2017 | 总体 | 2014 | 2015 | 2016 | 2017 | 总体 |
| 不识字或小学 | 2.04 | 1.93 | 2.05 | 2.01 | 1.94 | 0.01 | 0.01 | 0.01 | 0.01 | 0.01 | 2.84 | 2.98 | 3.12 | 3.13 | 3.01 | 1.11 | 1.44 | 1.40 | 1.37 | 1.33 |
| 初中 | 2.04 | 2.46 | 2.30 | 2.09 | 2.19 | 0.01 | 0.02 | 0.01 | 0.01 | 0.01 | 2.84 | 3.02 | 3.16 | 3.26 | 3.07 | 0.97 | 1.23 | 1.48 | 1.43 | 1.26 |
| 高中/中专/职高 | 2.59 | 3.14 | 2.61 | 2.60 | 2.71 | 0.02 | 0.01 | 0.01 | 0.01 | 0.01 | 2.95 | 3.07 | 3.24 | 3.30 | 3.15 | 1.22 | 1.34 | 1.71 | 1.75 | 1.51 |
| 大专及以上 | 4.25 | 4.27 | 3.95 | 3.89 | 3.92 | 0.02 | 0.03 | 0.02 | 0.02 | 0.02 | 2.99 | 3.17 | 3.28 | 3.47 | 3.23 | 1.40 | 1.80 | 1.94 | 1.94 | 1.78 |
| 整体 | 2.42 | 2.86 | 2.56 | 2.46 | 2.54 | 0.01 | 0.02 | 0.01 | 0.01 | 0.01 | 2.90 | 3.05 | 3.21 | 3.30 | 3.12 | 1.10 | 1.34 | 1.61 | 1.60 | 1.41 |

注：a代表年龄区间中，1=30周岁及以下、2=31—40周岁、3=41—50周岁、4=51—60周岁、5=61周岁及以上。

年雇用劳动力 2 人，其余三组则平均需要常年雇用劳动力 1 人，因此基本排除了此原因。那么，大概原因可能是，教育水平高的农场主由于偏重于农场的管理工作，从而需要较多的常年雇用劳动力进行农场种植等体力劳动，也或许是农场主教育水平高的农场更倾向于种植劳动密集型的高附加值经济作物（钟甫宁等，2016）。

第二，农场常年雇用劳动力的年龄逐年增加，并且农场主教育水平高的农场雇用常年劳动力的年龄偏大。综合四年样本看，农场常年雇用劳动力的平均年龄为 42 周岁左右，随着农业劳动力老龄化不断加剧（李旻、赵连阁，2009），2014—2017 年，农场常年雇用劳动力的年龄从不到 40 周岁逐年增加到接近 45 周岁。总体上，农场主教育水平为不识字或小学农场的常年雇用劳动力的平均年龄为 41 周岁左右，当农场主教育水平提升到高中/中专/职高时，农场常年雇用劳动力的平均年龄为 42 周岁左右，大专及以上组农场常年雇用劳动力的平均年龄为 43 周岁左右。

第三，农场支付常年雇用劳动力的工资逐年提高，并且随着农场主教育水平的提高，农场支付的工资水平提高。总体上，农场平均支付常年雇用劳动力每人每年 1.41 万元，此项支出从 2014 年每人每年 1.10 万元增加到 2017 年每人每年 1.60 万元。如果按农场平均雇用常年劳动力 2.54 人核算，农场 2017 年雇用劳动力的成本相对于 2014 年增加了 1.27 万元，接近于 2015 年农场支付给常年雇用劳动力每人每年的工资 1.34 万元。2017 年不识字或小学组农场平均支付常年雇用劳动力每人每年 1.37 万元，大专及以上组农场平均支付常年雇用劳动力每人每年 1.94

万元，仍然低于 2017 年本地农民工[①]工资 3.81 万元。教育水平高的农场主倾向于雇用年龄偏大的劳动力（仍未超过 50 周岁），并且愿意支付较高的工资（仍未超过本地农民工工资），或许是因为年龄稍大的农业劳动力在劳动力市场中更代表稳定性和持久性，相应地，农场主也愿意支付较高的工资来延长这种持久性，当然也不排除教育水平较高的农场主具有更强的支付能力。

综上所述，由于农场常年雇用劳动力的年龄逐年增加、劳动力的雇用成本逐年上升，机械替代劳动已成普遍趋势。但是，在当前生产条件下，农场仍然能够解决当地一部分农业劳动力的就业问题，并且农场主教育水平越高的农场对于劳动力的吸纳能力更强。

## （三）生产资料情况

2014—2017 年家庭农场的生产资料水平与家庭农场教育水平如表 4 所示。

由表 4 可知，第一，农场拥有农机具的价值逐渐提高，并且农场主教育水平高的农场拥有农机具的价值普遍偏高。总体上，农场拥有农机具的价值平均在 25.56 万元。2014 年农场拥有农机具的价值平均在 19.64 万元，比 2015 年 28.50 万元、2016 年 25.25 万元、2017 年 28.35 万元分别低 8.86 万元、5.61 万元和 8.71 万元。以初中和大专及以上两组的农场进行比较。初中组农场平均拥有农机具的价值在 23.17 万元，比大专及以上组农场平均拥有农机具的价值 30.35 万元低 7.18 万元。2015 年两组农

---

① 本地农民工，指在户籍所在乡镇地域以内从业的农民工。

表4 2014—2017年家庭农场的生产资料水平与家庭农场主教育水平

| 教育水平 | 所有农机具价值（万元） | | | | | 自有仓库面积（平方米） | | | | | 自有晒场面积（平方米） | | | | | 平均自有仓库和晒场面积占比（%）a | | | | |
|---|---|---|---|---|---|---|---|---|---|---|---|---|---|---|---|---|---|---|---|---|
| | 2014年 | 2015年 | 2016年 | 2017年 | 总体 | 2014年 | 2015年 | 2016年 | 2017年 | 总体 | 2014年 | 2015年 | 2016年 | 2017年 | 总体 | 2014年 | 2015年 | 2016年 | 2017年 | 总体 |
| 不识字或小学 | 19.89 | 19.33 | 14.82 | 25.32 | 19.61 | 230.01 | 218.17 | 298.48 | 307.48 | 261.81 | 471.70 | 359.36 | 828.49 | 603.78 | 562.85 | 0.61 | 0.45 | 0.56 | 0.55 | 0.53 |
| 初中 | 17.98 | 24.28 | 23.24 | 27.09 | 23.17 | 185.30 | 209.75 | 241.28 | 255.46 | 223.13 | 426.01 | 615.11 | 560.82 | 649.54 | 564.23 | 0.37 | 0.49 | 0.53 | 0.53 | 0.48 |
| 高中/中专/职高 | 20.98 | 33.45 | 27.06 | 30.74 | 28.34 | 340.84 | 400.47 | 347.17 | 378.56 | 367.47 | 521.53 | 852.35 | 765.49 | 773.84 | 739.67 | 0.52 | 0.53 | 0.61 | 0.69 | 0.59 |
| 大专及以上 | 24.16 | 35.73 | 33.25 | 27.24 | 30.35 | 523.42 | 470.66 | 397.75 | 379.38 | 438.26 | 719.19 | 1038.24 | 850.36 | 884.36 | 881.20 | 0.76 | 0.78 | 0.75 | 0.63 | 0.72 |
| 总体/平均 | 19.64 | 28.50 | 25.25 | 28.35 | 25.56 | 269.47 | 305.99 | 300.54 | 315.01 | 298.46 | 486.50 | 729.38 | 682.20 | 716.39 | 658.70 | 0.47 | 0.53 | 0.59 | 0.60 | 0.55 |

注：a 代表自有仓库和晒场面积之和占土地总面积的比重。

263

场平均拥有农机具的价值差额达到 11. 45 万元左右。这表明，教育水平高的农场主更倾向于使用农机具等现代农业技术进行生产。

第二，农场拥有自有仓库和晒场的面积逐渐增加，农场主教育水平高的农场对于仓库、晒场等配套设施用地的需求更为强烈。总体上，农场拥有自有仓库和晒场的面积分别是 298. 46 平方米（不足 0. 50 亩①）和 658. 70 平方米（接近 1 亩）。2014—2017 年，农场自有仓库面积和自有晒场面积增加 45. 54 平方米（0. 07 亩）和 229. 89 平方米（0. 34 亩），平均每年增幅 5. 63 个百分点和 15. 75 个百分点。分组来看，初中组农场平均拥有自有仓库和晒场面积分别是 223. 13 平方米（0. 33 亩）和 564. 23 平方米（0. 85 亩），比大专及以上组农场拥有自有仓库和晒场面积低 215. 13 平方米（0. 32 亩）和 316. 97 平方米（0. 48 亩）。2014—2017 年每年基本具有相同特征。这表明，教育水平高的农场主由于农机具较多，因而拥有的仓库面积较大，并且也更愿意仓储农产品，待价而沽。

第三，农场自有仓库和晒场面积占土地经营规模的比例逐年提高，并且随着农场主教育水平的提高而提高。整体上，农场自有仓库和晒场面积占土地经营规模的比例为 0. 55%，按土地平均经营规模 402. 97 亩核算，自有仓库和晒场面积之和为 2. 22 亩，基本接近规模化粮食生产中国家规定的配套设施用地规模②。初中组农场平均拥有自有仓库和晒场面积之和（占地

---

① 1 亩约等于 666. 666 平方米。
② 《农业部关于进一步支持设施农业健康发展的通知》规定，南方从事规模化粮食生产种植面积 500 亩、北方 1000 亩以内的，配套设施用地控制在 3 亩以内；超过上述种植面积规模的，配套设施用地可适当扩大，但最多不得超过 10 亩。

787.36 平方米 ≈ 1.18 亩）占土地经营规模的比重是 0.48%，比大专及以上组农场平均拥有自有仓库和晒场面积之和（占地 1319.46 平方米 ≈ 2 亩）占土地经营规模的比重低 0.24%，大概低 0.82 亩。

综上所述，家庭农场作为追求规模化、商品化和利润最大化的生产主体，在当前农业生产性服务市场不健全等现实条件的约束下，农场往往会选择自己购买农机具、自行配套设施用地，从而成为先进农业技术的率先使用者，这种情况在农场主教育水平高的农场中表现得更为普遍。同时，农场可以利用剩余的农业资产生产能力向周边小农户等提供服务，实现了小农户与现代农业的有机衔接，从而使家庭农场呈现出一种独特的"双主体"特征——既是农业生产主体又是服务主体。

## （四）生产经营管理

家庭农场的生产经营管理主要表现在农场在工商部门注册登记情况和拥有比较完整日常收支记录情况。如表 5 所示。

表 5　2014—2017 年家庭农场的生产经营管理水平与家庭农场主教育水平

| 教育水平 | 在工商部门注册登记的占比（%） | | | | | 有比较完整日常收支记录的占比（%） | | | | |
|---|---|---|---|---|---|---|---|---|---|---|
| | 2014 年 | 2015 年 | 2016 年 | 2017 年 | 总体 | 2014 年 | 2015 年 | 2016 年 | 2017 年 | 总体 |
| 不识字或小学 | 49.40 | 43.88 | 68.13 | 67.53 | 56.73 | 66.27 | 58.16 | 67.03 | 51.95 | 61.03 |
| 初中 | 51.76 | 56.78 | 65.24 | 74.18 | 61.98 | 66.67 | 66.46 | 66.83 | 66.79 | 66.69 |
| 高中/中专/职高 | 69.46 | 67.87 | 79.83 | 83.25 | 75.34 | 75.61 | 74.92 | 78.53 | 76.19 | 76.39 |
| 大专及以上 | 70.83 | 68.05 | 78.11 | 78.49 | 74.01 | 76.39 | 81.07 | 82.25 | 83.14 | 80.89 |
| 总体/平均 | 59.35 | 61.24 | 72.32 | 77.60 | 67.76 | 70.55 | 70.54 | 72.89 | 71.18 | 71.31 |

从表 5 中可以发现：

第一，农场在工商部门注册登记的比例逐年上升，并且农场主教育水平越高的农场，此比例越高。总体上，有超过 2/3 的农场在工商部门注册登记。在 2014 年农场在工商部门注册登记的比例仍不足 60%，2015 年超过 60%，2016 年达到 72.32%，2017 年接近 80%。同时，在 2014—2017 年，不同教育水平的农场主经营的农场在工商部门注册登记的比例都在提高，增幅均在 10% 以上。2015 年，农场主教育水平高中/中专/职高的农场在工商部门注册登记的比例为 67.87%，比不识字或小学组和初中组农场占比分别高 23.99 个百分点和 11.09 个百分点，相较于大专及以上组农场，此比例低 0.18 个百分点。这或许表明，教育水平影响了农场主的生产经营理念。

第二，农场拥有比较完整日常收支记录的比例逐渐提高，并且，农场主教育水平越高的农场，此比例越高。总体上，接近 3/4 的农场拥有完整日常收支记录。2014 年农场拥有比较完整的日常收支记录的比例为 70.55%，比 2017 年的 71.18% 低 0.63 个百分点。分教育水平来看，农场主教育水平不识字或小学的农场拥有比较完整日常收支记录的比例为 61.03%，当农场主教育水平达到初中时，农场拥有比较完整日常收支记录的比例增加到 66.69%，教育水平进一步提高到高中/中专/职高时，此比例进一步增加到 76.39%，在大专及以上组农场中，此比例达到 80.89%。而且在 2014—2017 年，不识字或小学组农场拥有比较完整日常收支记录的比例逐渐降低，降低了 14.32 个百分点，反而大专及以上组农场拥有比较完整日常收支记录的比例从 2014 年的 76.39% 增加到 2017 年的 83.14%，增加了 6.75 个百分点。

这说明，教育水平较高的农场主，更倾向于对农场的成本收益状况进行完整的记录。

因此，在2014—2017年，农场的生产经营管理水平稳步提升。并且农场主的教育水平对于农场生产经营管理水平的提高起到重要的支撑作用。

## （五）组织化情况

随着家庭农场土地规模的扩大，农场会产生强烈的合作需求（杜志雄等，2019）。

表6　　2014—2017年家庭农场的组织化程度与家庭农场主教育水平

| 教育水平 | 加入合作社占比（%） | | | | | 与龙头企业有联系的占比（%） | | | | |
|---|---|---|---|---|---|---|---|---|---|---|
| | 2014 年 | 2015 年 | 2016 年 | 2017 年 | 总体 | 2014 年 | 2015 年 | 2016 年 | 2017 年 | 总体 |
| 不识字或小学 | 25.30 | 35.71 | 35.16 | 35.06 | 32.95 | 16.87 | 7.14 | 13.19 | 23.38 | 14.61 |
| 初中 | 28.64 | 28.33 | 32.44 | 37.70 | 31.78 | 12.67 | 14.53 | 17.44 | 23.03 | 16.92 |
| 高中/中专/职高 | 33.77 | 38.24 | 42.51 | 43.59 | 39.78 | 21.50 | 19.59 | 28.53 | 30.59 | 25.21 |
| 大专及以上 | 40.97 | 40.83 | 41.07 | 37.79 | 40.12 | 30.56 | 25.44 | 32.74 | 30.23 | 29.71 |
| 总体/平均 | 31.32 | 33.62 | 37.34 | 39.71 | 35.57 | 17.50 | 17.04 | 23.01 | 26.52 | 21.07 |

由表6可知：

第一，农场加入合作社的比例逐年上升，随着农场主教育水平提高，农场加入合作社的比例提高。在所有样本中，接近四成的农场加入合作社。2017年农场加入合作社的比例为39.71%，分别比2016年的37.34%、2015年的33.62%和2014年的31.32%高2.37个、6.09个和8.39个百分点。从教育水平不同的四组农场来看，后两组农场加入合作社的比例高于前两组农场。比如，大专及以上组农场加入合作社占比在40.12%，比初中组农场的 31.78% 高出 8.34 个百分点。这表明，农场主的教育水平有助于农业的合作经营。

第二，农场与龙头企业有联系的比例逐渐上升，并且农场主教育水平越高，农场与有龙头企业有联系的比例越高。总体上，有超过两成的农场与龙头企业有联系。2017 年有 26.52% 的农场与龙头企业有联系，超过 2014 年 9.02 个百分点。分组来看，大专及以上组农场与龙头企业有联系的比例为 29.71%，高于初中组农场 12.79 个百分点，2014 年两组农场与龙头企业有联系的比例差值达到 17.89%。

总之，相对于普通农户，家庭农场对于农资购买、农业生产经营技术、农产品加工销售等服务的需求更为迫切，合作意愿也更强烈，更愿意加入或创办合作社，并保持与龙头企业的联系；相对于农场主教育水平较低的农场，农场主教育水平较高的农场加入合作社、与龙头企业有联系的比例更高。

## （六）绿色化生产

以生态友好、资源节约为特征的绿色高质量发展是现阶段中国农业发展的主旋律，保持农业可持续性、保持农产品稳定供给（粮食安全）与不断增加农业生产者收入一道成为农业现代化需要实现的目标。

由表 7 和表 8 可知：

第一，亩均化肥用量低于或等于周边农户的农场占比八成以上，亩均农药用量低于或等于周边农户的农场占比九成以上。就亩均化肥而言，至少 35% 的农场在"减量"使用，同时，至少 47% 的农场化肥用量与周边农户持平。2017 年，亩均化肥用量低

**表 7  2014—2017 年家庭农场的"两减"使用情况与家庭农场主教育水平**

| 教育水平 | 亩均化肥用量比周边农户低的占比（%） | | | | | 亩均化肥用量与周边农户相等的占比（%） | | | | | 亩均农药用量比周边农户低的占比（%） | | | | | 亩均农药用量与周边农户相等的占比（%） | | | | |
| --- | --- | --- | --- | --- | --- | --- | --- | --- | --- | --- | --- | --- | --- | --- | --- | --- | --- | --- | --- | --- |
| | 2014年 | 2015年 | 2016年 | 2017年 | 总体 | 2014年 | 2015年 | 2016年 | 2017年 | 总体 | 2014年 | 2015年 | 2016年 | 2017年 | 总体 | 2014年 | 2015年 | 2016年 | 2017年 | 总体 |
| 不识字或小学 | 27.50 | 14.29 | 39.56 | 27.27 | 26.88 | 46.25 | 72.45 | 40.66 | 45.45 | 52.02 | 34.18 | 17.35 | 42.86 | 36.36 | 32.17 | 51.90 | 76.53 | 45.05 | 49.35 | 56.52 |
| 初中 | 31.16 | 23.97 | 38.90 | 33.70 | 31.93 | 45.98 | 65.01 | 45.61 | 48.36 | 51.30 | 42.95 | 29.06 | 41.34 | 36.97 | 37.51 | 47.01 | 63.92 | 50.49 | 53.82 | 53.90 |
| 高中/中专/职高 | 40.04 | 30.72 | 43.80 | 44.74 | 39.85 | 36.94 | 60.34 | 40.35 | 35.36 | 43.59 | 53.38 | 32.29 | 49.86 | 53.45 | 46.93 | 34.24 | 61.13 | 42.51 | 37.17 | 44.28 |
| 大专及以上 | 44.03 | 34.91 | 48.52 | 52.33 | 45.03 | 34.33 | 58.58 | 33.73 | 29.65 | 39.29 | 59.09 | 39.05 | 56.80 | 58.72 | 53.12 | 30.30 | 59.17 | 36.69 | 32.56 | 40.19 |
| 总体/平均 | 35.10 | 26.98 | 41.77 | 39.30 | 35.82 | 41.91 | 63.08 | 42.16 | 41.62 | 47.36 | 47.46 | 30.56 | 46.22 | 45.12 | 42.18 | 41.45 | 63.14 | 45.77 | 45.42 | 49.19 |

**表 8  2014—2017 年家庭农场的"一控""两基本"使用情况与家庭农场主教育水平**

| 教育水平 | 采用灌溉占比（%） | | | | 采用喷灌、滴灌、渗灌技术的占比（%） | | | | 秸秆还田占比（%） | | | | 农膜回收处理占比（%） | | |
| --- | --- | --- | --- | --- | --- | --- | --- | --- | --- | --- | --- | --- | --- | --- | --- |
| | 2015年 | 2016年 | 2017年 | 总体 | 2015年 | 2016年 | 2017年 | 总体 | 2015年 | 2016年 | 2017年 | 总体 | 2016年 | 2017年 | 总体 |
| 不识字或小学 | 73.20 | 72.53 | 68.83 | 71.70 | 30.11 | 34.95 | 42.70 | 35.79 | 47.96 | 60.44 | 50.65 | 53.01 | 84.88 | 77.42 | 81.76 |
| 初中 | 72.28 | 65.12 | 70.40 | 69.27 | 28.77 | 35.03 | 34.58 | 32.73 | 48.79 | 55.57 | 57.66 | 54.00 | 75.46 | 82.48 | 78.76 |
| 高中/中专/职高 | 77.71 | 79.39 | 79.57 | 78.90 | 38.32 | 34.99 | 33.52 | 35.53 | 59.69 | 60.78 | 62.54 | 60.97 | 81.53 | 83.63 | 82.47 |
| 大专及以上 | 81.07 | 81.55 | 82.56 | 81.73 | 39.15 | 42.93 | 42.56 | 41.58 | 56.21 | 68.26 | 65.70 | 63.39 | 81.01 | 89.66 | 85.15 |
| 总体/平均 | 75.19 | 72.65 | 74.90 | 74.22 | 33.72 | 35.91 | 35.64 | 35.11 | 53.47 | 59.06 | 59.93 | 57.47 | 78.96 | 83.46 | 81.02 |

于或等于周边农户的农场占比80.92%，比2014年的77.01%提高了3.91个百分点。并且有39.30%的农场化肥用量低于周边农户，比2014年的35.10%提高了4.20个百分点。相比于化肥使用，至少42%的农场在减量使用农药，50%左右的农场农药用量与周边农户持平。2017年亩均农药用量低于或等于周边农户的农场合计占比90.54%，比2014年的88.91%提高1.63个百分点。总之，农场在化肥和农药使用方面都呈现出"减量"使用特征，农药减量程度更大。

随着农场主教育水平的提高，亩均化肥、亩均农药用量低于或等于周边农户的农场占比提高。综合四年样本来看，农场主教育水平不识字或小学的农场亩均化肥、亩均农药低于或等于周边农户的占比为78.90%和88.69%，大专及以上组农场的占比均超过80%和90%。尤其是大专及以上组农场在化肥和农药减量使用方面，超过不识字或小学组农场18.15个百分点和20.95个百分点。以2015年初中组和大专及以上组为例分析，初中组家庭农场亩均化肥、亩均农药低于或等于周边农户的占比比大专及以上组农场的占比分别低4.51个百分点和5.24个百分点，更进一步，亩均化肥、亩均农药低于周边农户的占比比大专及以上组农场的占比分别低10.94个百分点和10个百分点。即使考虑到亩均化肥低于周边农户的农场占比有所增加的12%的时间趋势，也能够发现，从2014年到2017年亩均化肥用量比周边农户低的大专及以上组农场增加幅度为18.85%，比初中组农场的增加幅度8.15%高10个百分点。这表明，教育水平高的农场主更倾向于科学施肥和用药。

第二，接近2/3的农场属于灌溉农场，接近四成的农场在采用喷灌等节水技术进行灌溉，并且农场主教育水平越高的农场，两者的比例越高。2017年，有74.90%的农场进行了灌溉，比2016年的72.65%提高了2.25个百分点；采用喷灌等节水技术的农场占35.64%，比2015年的33.72%提高了1.92个百分点。总之，农场呈现出了"科学灌溉"的控制农业用水总量的行为特征。分组来看，农场主教育水平为初中的农场进行灌溉的占比是69.27%，采用喷灌等技术的占比为32.73%，当农场主教育水平提高到高中/中专/职高和大专及以上时，农场进行灌溉的占比变化到78.90%和81.73%，采用喷灌等节水技术的占比进一步提高到35.53%和41.58%。这说明，农场主教育水平有助于"科学灌溉"。

第三，接近六成的农场进行秸秆还田，并且进行秸秆还田的农场占比逐年提高；农场主教育水平越高，农场进行秸秆还田的占比越高。2017年进行秸秆还田的农场占59.93%，比2016年农场占比的59.06%提高了0.87个百分点，比2015年农场占比的53.47%提高了6.46个百分点。大专及以上组农场进行秸秆还田占比为63.39%，比不识字或小学组农场进行秸秆还田的占比53.01%高10.38个百分点。2017年两组家庭农场进行秸秆还田的占比差值达到15%左右。在2015—2017年，大专及以上组家庭农场进行秸秆还田的占比增幅（16.88%）高于不识字或小学组农场的占比增幅（5.61%）10%左右。这说明，教育水平高的农场主更注重对农田土壤和农业环境的保护。

第四，超过八成的农场选择农膜回收处理，并且该比例逐年增加；农场主教育水平高的农场选择农膜回收处理的比例较高。2017年有83.46%的农场选择农膜回收处理，比2016年提高了

4.50 个百分点。总体上，大专及以上组家庭农场选择农膜回收处理的占比为 85.15%，比初中组家庭农场进行农膜回收处理的占比 78.76% 高 6.39 个百分点。在 2016—2017 年选择农膜回收处理的农场增幅（10.68%）高于不识字或小学组农场占比增幅（-8.79%）20% 左右。这说明，教育水平高的农场主更愿意合理处理农膜。

综上所述，农场具有比较明显的绿色生产行为特征；而且农场主教育水平较高的农场的绿色生产行为特征更为突出。

# 四 结论及政策含义

本报告利用 2014—2017 年四年的种植类家庭农场监测数据（2014 年分析样本 1589 家、2015 年分析样本 1731 家、2016 年分析样本 1774 家、2017 年分析样本 1683 家，四年综合样本 6777 家），统计描述了家庭农场的生产经营情况，并且进一步分析了农场主教育水平与农场生产经营特征（经营规模、土地平均转入期限、常年雇用劳动力情况、生产资料水平、生产经营管理、组织化、绿色化等特征）之间的相关性，并对两者关系做了粗略解释。

结果表明：①家庭农场的土地经营规模基本适度、土地细碎化程度逐渐减弱、土地平均流入期限较短；农场常年雇用劳动力的年龄逐年增加、劳动力工资成本逐年提高，雇用数量有所减少；农场拥有的生产资料水平较高，是现代农业技术的率先使用者；生产经营管理水平稳步提升；农场积极加入合作社并与龙头企业有联系；农场绿色生产行为特征明显。②农场主的教育水平与农场经营规模、平均每块土地的经营面积、农场常年雇用劳动力的数量、工资支付能力、农场的生产资料水平、农场在工商部门登记注册的比例、拥有完整日常收支记录的比例、组织化和绿色化程度等反映家庭农场生产经营水平和效率等方面的指标呈现正相关关系。

因此，应积极推进农场主教育培训工作，可侧重向现有农场主进行农业生产技术、农业经营管理等培训，提升农场主适应市场变化的能力。同时，应营造良好的政策环境，鼓励和引导人力资本水平高的劳动者成为农场主，例如可利用专项补贴或贷款贴息等政策鼓励大学生、返乡创业的农民工等高素质人才成为农场主，更好地发挥家庭农场引领和辐射周边小农户的作用。

## 参考文献

1. 杜志雄：《家庭农场发展与中国农业生产经营体系建构》，《中国发展观察》2018 年第 1 期。

2. 杜志雄、王新志：《中国农业基本经营制度变革的理论思考》，《理论探讨》2013 年第 4 期。

3. 张红宇：《家庭农场是我国农户经济发展的基本方向》，《农村工作通讯》2018 年第 4 期。

4. 王丽霞：《经营规模与家庭农场投资效率：抑制还是提升?》，《南京农业大学学报》（社会科学版）2018 年第 5 期。

5. 韩朝华：《个体农户和农业规模化经营：家庭农场理论评述》，《经济研究》2017 年第 7 期。

6. 郜亮亮、杜志雄：《教育水准、代际关系与家庭农场演进的多重因素》,《改革》2016 年第 9 期。

7. 联合国粮食及农业组织：《粮食及农业状况：家庭农业中的创新》,
   2014 年。

8. 郜亮亮：《中国农地流转市场的发展及其对农户投资的影响》,《经
   济学》（季刊）2011 年第 4 期。

9. 钟甫宁、陆五一、徐志刚：《农村劳动力外出务工不利于粮食生产
   吗？——对农户要素替代与种植结构调整行为及约束条件的解
   析》,《中国农村经济》2016 年第 7 期。

10. 杜志雄、谭洪业、郜亮亮：《新型农业经营主体与其加入合作社
    行为的实证分析——基于全国 795 家种植业家庭农场面板数据》,
    《北京工业大学学报》（社会科学版）2019 年第 2 期。

# 农民合作社参与精准扶贫的政策措施与实践探索

苑　鹏*

**摘　要：**中国政府在实施脱贫攻坚战略中，高度重视农民合作社的作用，通过财政专项资金、财政补助补贴资金、扶贫贴息贷款，以及吸引各类人才下乡返乡领办合作社、推进贫困地区创建精准扶贫合作社，实现区域全覆盖等多种方式，引导农民合作社成为落实精准扶贫政策的重要实施载体，提升贫困户的生产与劳务的组织化程度。农民合作社通过为贫困户改善生产经营、创造就业机会、提升人力资本，以及增加资产性收入等多种途径，促进贫困户脱贫致富。农民合作社由于存在经营能力弱，运行不规范，普通成员参与度低等困难与问题，总体扶贫带动作用有限，一些地区因政府不适当地干预，出现为扶贫重建、空建合作社问题。今后一个时期，政府应以提升农民合作社发展质量和激活农民合作社参与精准扶贫的内在动力为政策改进重点，引导农

---

＊ 苑鹏，经济学博士，中国社会科学院农村发展研究所研究员、副所长，研究方向为农村合作经济。

民合作社完善运行机制，提升市场竞争力，构建合作社与贫困户互利共赢机制。同时，政府应进一步提升服务水平，强化市场监管力度。

**关键词**：农民合作社　精准扶贫　政策措施　实践探索

# Farmers' Cooperatives Experiences Exploration and Related Policy Measures in the Targeted Poverty Alleviation

Yuan Peng

**Abstract**：The Chinese government highly view the farmers cooperatives' role in implementing the strategy of poverty alleviation through financial special funds, financial aid or subsidies, and attract talented people to the countryside to run cooperatives, and encourage to build cooperatives for poverty alleviation in poor region. Farmers Cooperatives have become an important carrier to carry out the poverty alleviation strategy through improving the poor rural households' production, creating employment opportunities for them, enhancing their human capitals, and increasing their income from assets. However, there are some difficulties and problems for farmers cooperatives to participate in poverty alleviation. The weak economic power and poor democratic governance have made farmers' cooperatives play a limited role in driving poverty alleviation on the whole. In some areas, due to improper local government intervention, some cooperatives which newly built are reconstructed or just a "shell" which no any operating businesses. In the coming period, the government should focus on improving the development quality of farmers' cooperatives and activating the intrinsic motivation of farmers' cooperatives to participate in targeted poverty alleviation, guide farmers' cooperatives to improve their operation mechanism, enhance their market competitiveness, and build a win – win mechanism for cooperatives and poor farmer households. At the same time, the government should further improve its service level and strengthen market supervision.

**Key Words**: Farmer Cooperatives; Poverty Alleviation; Government Policy; Experiences Exploration

2015 年 9 月，联合国第七十届大会通过《2030 年可持续发展议程》（A/RES/70/1），第一项目标就是"在全世界消除一切形式的贫困"，不落下任何一个人。作为成员自助的经济组织，合作社模式天然地成为落实和实现联合国可持续发展目标的一个重要载体。2017 年，联合国国际合作日的主题被确定为"合作社不落下一个人"。[①] 合作社开放的成员制度有助于创造财富和减少贫困。从全球农业合作运动看，农民合作社已经成为助力广大小农户消除饥饿、实现粮食安全、改善营养状况和促进可持续

---

① 英文原文是"no one is lift behind"，也译为"不让一个人掉队"。

农业的重要载体。

中国政府在扶贫开发中始终高度重视农民合作社的作用，尤其是近年实施脱贫攻坚战略中，中央和地方政府将农民合作社作为落实精准扶贫，尤其是产业扶贫政策的重要实施载体。本报告在系统梳理中央及部分地方政府关于农民合作社参与脱贫攻坚战略相关政策的基础上，总结当前农民合作社参与精准扶贫的基本形式和主要做法，分析农民合作社在帮助贫困户脱贫、增收、致富中发挥的主要作用，探讨农民合作社在参与精准扶贫中面临的主要问题与挑战，提出改进农民合作社参与精准扶贫的相关政策建议。

# 一 关于农民合作社参与实施脱贫攻坚战略的政策措施

## （一）中央战略部署

2011 年中共中央、国务院印发《中国农村扶贫纲要（2011—2020）》（以下简称《纲要》），从此中国扶贫开发进入了一个新的发展阶段。《纲要》将"专业扶贫""行业扶贫"与"社会扶贫"作为实施扶贫战略的重要方式。其中，在实施专业扶贫、行业扶贫中，特别强调要发挥农民合作组织的作用，完善农村社会化服务体系，带动和帮助贫困农户发展生产，加大对农村贫困残疾人就业的扶持力度，推广先进实用技术，培植壮大特色支柱产业，大力推进旅游扶贫，发展特色产业和新兴产业，围绕特色优势产业，力争实现一个贫困户一项增收项目，到2020年，初步构建特色支柱产业体系。

2014年1月25日，中共中央办公厅、国务院办公厅印发《关于创新机制扎实推进农村扶贫开发工作的意见》（以下简称《意见》），提出构建政府、市场、社会协同推进的大扶贫开发格局，进一步改革和创新扶贫方式，全面实施精准扶贫模式。该《意见》特别强调要积极培育贫困地区农民合作组织，提高贫困户在产业发展中的组织程度，切实提高贫困户的参与度、受益度。2015年12月，《中共中央国务院关于打赢脱贫攻坚战的决定》（以下简称《决定》）明确要坚持群众主体，激发内生动力的基本原则，同时进一步完善扶贫方式，将农民合作社作为发展特色产业脱贫、资产收益扶贫的重要载体。《决定》要求通过农民合作社，发挥其对贫困人口的组织和带动作用，加快第一、第二、第三产业融合发展，让贫困户更多分享农业全产业链和价值链增值收益。同时，农民合作社可以通过统一经营贫困村和贫困户无偿获得的政府产业扶贫资金或其他涉农项目形成的资产量化股份，为贫困村和贫困户增加资产分红收益，还可以通过土地托管、牲畜托养和吸收农民土地经营权入股等方式，带动贫困户增收。

2016年年初，中共中央办公厅、国务院办公厅印发《关于加大脱贫攻坚力度支持革命老区开发建设的指导意见》，围绕着力培育壮大特色产业，不断增强"造血"功能，要求做大做强农民合作社，并从改进生产、流通领域服务，开发新产业、新业态等提出了具体举措。同年5月，财政部等九部门落实中共中央办公厅、国务院办公厅意见，联合印发《贫困地区发展特色产业促进精准脱贫指导意见》，明确提出鼓励贫困地区开展各级农民合作社示范社创建，并将农民合作社作为政府涉农建设项目、财政补助补贴资金优先支持对象之一，还鼓励院校毕业生、新型职业农民、农村实用人才、返乡创业人员等在贫困地区领办农民合作社。

2018 年 6 月，《中共中央、国务院关于打赢脱贫攻坚战三年行动的指导意见》（以下简称《指导意见》）进一步提出完善新型农业经营主体与贫困户联动发展的利益联结机制，推广股份合作、订单帮扶、生产托管等有效做法，实现贫困户与现代农业发展有机衔接。该《指导意见》同时指出全力推进就业扶贫，提高劳务组织化程度和就业脱贫覆盖面。2018 年年底，《国务院办公厅关于深入开展消费扶贫助力打赢脱贫攻坚战的指导意见》（国办发〔2018〕129 号），多方位部署消费扶贫新方式，推动贫困地区产品和服务融入全国大市场，要求指导贫困地区供销合作组织与农产品加工、流通企业建立长期稳定的产销联系；采取"农户＋合作社＋企业"等模式，在贫困地区建立生产基地，大力发展订单农业，提高农产品供给的规模化组织化水平，增强农产品持续供给能力。

从以上政策梳理中可以发现，中共中央和国务院高度重视发挥农民合作社在脱贫攻坚战略中的作用，从生产、流通和消费等多个领域进行全面部署，为促进农民合作社有效发挥在产业扶贫、就业扶贫、资产收益扶贫，以及消费扶贫等多种脱贫方式中的作用，提供了有利的政策支持环境。

## （二）地方制定具体政策措施

在落实中共中央和国务院脱贫攻坚的战略部署中，一些中西部地区政府出台专门文件，要求以农民合作社为载体，将贫困农户组织起来，开展产业扶贫、就业扶贫及资产收益扶贫等。以甘肃省为例①，2015 年 9 月，甘肃省扶贫攻坚行动协调推进领导小组下发《关于加快贫困地区农民合作社发展的通知》，提出要一年内实现农民合作社在 6220 个贫困村的全覆盖。2017 年下半年起，甘肃省政府为解决扶贫中贫困户分散经营、组织化程度过低，缺少参与市场竞争的有效经济组织载体的问题，将创建农民合作社作为健全产业扶贫生产组织体系的核心工作，大力推进每个贫困村至少发展种、养两家专业合作社，力争区域全覆盖。甘肃省从 2016 年开始，将农民合作社发展资金纳入政府财政预算，并逐年增加。仅 2018 年，甘肃省投入财政扶持资金 2 亿元，用于全省 35 个深度贫困村新建合作社，其中每家新建的合作社补助 10 万元，其他贫困县贫困村新建的合作社每家补助 7 万元。截至 2018 年年底，全省农民合作社突破 10 万家，成员达到 189 万人，带动农户数为 280 多万户，依次比 2017 年年底增加 1.5 万多家、19 万人和 12 万户。带动农户总量超过全省总农户的 60%，其中 7262 个贫困村实现了合作社的全覆盖，入社成员共计 52.49 万户、129.23 万人。全省县级以上农民合作社示范社达到 7600 家，其中国家级示范社 385 家、省级示范社 2005 家。

又如湖北省，2016 年最新修订的《湖北省扶贫条例》增加的新条款提出"鼓励合作社和企业通过土地经营权流转、土地托管和牲畜托养等方式，带动贫困户增加经济收入"。2015 年《湖北省委省政府关于全力推进精准扶贫精准脱贫的决定》中提

---

① 本文未注明出处的地方，均来自笔者的第一手调研资料。

出，大力扶持农业合作组织，提高贫困户生产组织化程度，对吸纳贫困户参股、带动增收效果好的农业合作组织在财政扶贫资金、扶贫贴息贷款及落实国家税收优惠政策等方面给予支持。努力增加贫困户的资产性收益，鼓励贫困户通过股份合作、保底分红等，抱团入股参与合作社生产经营。2017年，湖北省扶贫攻坚领导小组印发的《湖北省深度贫困地区脱贫攻坚实施方案》中提出要加大9个深度贫困县（市）包括合作社在内的各类新型经营主体的培育力度，力争在每个深度贫困村至少扶持发展一个农村专业合作组织。

湖北省国家级贫困县宣恩县按照所隶属的恩施州政府的文件精神，2017年印发《市场主体参与产业扶贫以奖代补实施方案》，提出到2018年，落实所有贫困户分别与一家新型经营主体签订协议帮扶的目标，并保证每个贫困户有一项以短养长、当年增收的产业，对参与扶贫、符合条件的合作社给予5万元的奖励。根据恩施州政府的统一部署，宣恩县制订的《2018年脱贫摘帽决战方案》提出了"五个一"① 要求，在县政府的号召和推动下，截至2018年8月底，全县合作社总量达到828家，比上年新增168家，相当于2017年全年的新增数量；成员规模达到16369人，比上一年新增13.5%。该县每个村平均达到3家合作社。其中70个重点贫困村共创建72家合作社，4732户贫困户中，有4701户加入了合作社，占贫困户的83.5%。全县一半以上的合作社直接参与了扶贫。

---

① 每个村要建立一个种植（养殖）基地、一个龙头企业、一个合作社、一个村集体经营公司、一户一个脱贫增收项目。

# 二 农民合作社在参与精准扶贫中发挥的主要作用

在实施脱贫攻坚战略中，农民合作社通过吸收贫困户入社，改善和转变贫困户的生产经营状况，提升贫困户的人力资本，为贫困户提供新的就业机会以及增加贫困户的资产性收入等多个方面，促进贫困户脱贫致富。

## （一）改善贫困户生产经营状况

### 1. 提供农业社会化服务

大量的农民合作社根据成员的需要，提供产前种子、化肥、农膜、果袋、饲料等农资的联合购买，产中按农时季节的技术培训与指导、开展病虫害统防统治或统一防疫，以及产后农产品的保鲜、仓储、销售服务等。贫困户入社后，不同程度地解决了分散经营存在的劳动力供给不足、缺乏新品种新技术、市场信息闭塞、资金不足、农产品销售难等问题，降低了农业投入品的采购成本和农业服务成本，减少了生产开支，增加了收入。

一些农民合作社还通过收集市场信息，分析市场行情，统一制订生产计划，引导贫困户学习制定合理的生产周期，学会错峰经营，根据产品价格变动趋势，选择适宜的播种期或仔猪仔禽等购买期，以合理规避市场风险。

对于那些地处偏远地区、交通不便的贫困户，他们生产经营的一个共同特点是产品量少，且上市分散，导致经销商往往不愿意前来收购，造成这些农户的产品销售不出去，商品化率低。农民合作社成立后，将分散小农户的产品统一采集，实现规模化的市场供应，从而缓解了贫困户产品销售难问题。此外，很多农民合作社还主动开展市场营销，如直接联系经纪人、客户，按照其订单要求，组织收购成员产品，节省了经纪人的采购时间，降低了经纪人的经销费用，经纪人将部分费用节省让利于合作社和农户成员，由此增加了农户成员的产品收入。

### 2. 缓解贫困户资金不足

农民合作社通过多种形式缓解贫困户的资金不足。生产流动资金匮乏在贫困户中普遍存在，很多有经营实力的农民合作社为贫困户成员开展农资赊销业务。合作社在一个生产周期结束后，统一从贫困户交售农产品的销售款中扣除农资款。与普通农户成员待遇不同，合作社对贫困户的赊款基本不收取资金占有费。

一些农民合作社提供资金服务业务，向贫困户发放小额信贷，期限一般是1年，额度大多在5万元以内。信贷资金的来源主要依靠政府财政专项扶贫贷款项目或农村信用社的扶贫贷款项目，也有少量来自合作社内部成员的资金融通服务。此外，商业银行的扶贫贷款服务很多以农民合作社为中介，依托农民合作社共同开展贫困户的评级授信，并根据贫困户的授信等级，向其发放不同额度的贷款资金。有些还依托合作社向贫困户发放政府贴息贷款，委托合作社统一使用扶贫贷款、保障贫困户的资金收益，并负责统一偿还。

### 3. 以市场为导向发展订单农业

像其他小农户一样，贫困户农业生产面临的最突出问题通常是农产品卖不出去，或卖不出一个好价钱，甚至赔本卖。随着现代农业的发展，越来越多的农民合作社在产前积极与批发商、超市或加工商等签订供货合同，按照订货方的要求，组织成员开展订单生产，实现生产的集约化、规模化和标准化，并按照不低于市场价格统一收购贫困户成员的产品，帮助贫困户解决了农产品难卖问题。

在订单生产中，很多农民合作社针对社内的个别贫困户成员制定专门的特殊优惠政策，如承诺给贫困户比普通成员略高（如2%—3%）的收购价格，或高于生产成本的最低保护价格，以保证贫困户的家庭农业生产至少不亏本。

另外，借助国家鼓励大型零售超市与贫困老区农民合作社开展"农超对接"的优惠政策，一些西部地区农民合作社将本地有特色的小杂粮、果蔬等产品直接与大城市超市对接，设专柜销售，贴上"精准扶贫"的标签，增强了合作社带动贫困户产品销售的能力。

### 4. 延伸农产品生产价值链

在政府产业资金项目、特别是产业扶贫项目资金的有力支持下，大力发展农产品冷链建设和初加工业，延伸农产品价值链，成为农民合作社的发展新趋势，它有力地提高了贫困户初级农产品的商品化率、商品的优质率及农产品附加值，最终提升了贫困户农产品生产经营收入。

如很多农民合作社依托政府产业开发扶贫项目，开展产地冷藏保鲜库建设，农产品产后处理、急冻、烘干、分拣、分类、初加工等不同业务的机械化、自动化设施建设，保障了贫困户在产品下市后，能够及时处理已成熟的产品，减少了农产品的物理损失，保障产品的品质和商品化率，并有助于延长产品的上市供货周期，从而克服了原来依靠自然传统方法储存而导致的农产品短期集中上市的限制，贫困户增收显著。而且通过产品分类、分级销售，不仅最大限度地实现了产品的价值最大化，也改变了农产品统货销售无法体现优质优价的通病，还能够促进贫困户提升技术水平，加速品种更新，以提高产品的优质化率。

### 5. 开发新产业新业态

我国目前农村的贫困户主要集中在丘陵地带和偏远山区，拥有丰富的农业资源，但是没有得到有效的开发利用。贫困户仍旧依赖传统的粮食生产，亩均纯收益低，加之人均土地资源少，造成贫困户的土地收入水平不足以维持家庭再生产。

农民合作社成立后，借助国家产业扶贫资金的力量，同时积极引入外部社会资本，并与科研院所合作，开发种植养殖新产品。贫困户采取土地入股、牲畜入股等方式加入合作社，由合作社统一进行土地的规划、开发，统一经营或统分结合双层经营，发展杂粮、果蔬、中药材、茶叶、特色养殖等特色产业或林下经济、种养立体生产模式，将本地资源比较优势转化为商品竞争优势，在促进当地产业结构调整、形成一村一品的同时，增加了贫困户土地产出率和劳动生产率，带动广大贫困户致富。

随着交通环境和人民生活水平的不断改善，以农户民宿为主导的乡村旅游合作社也得到了长足的发展。这增加了合作社成员的民宿收入，带动了当地土特农产品销售，还促进了以本地农业资源和农耕文明为依托形成的传统手工艺品、民间文化、食文化，以及其他非物质文化遗产等地方传统资源挖掘。很多地方以合作社为载体，开发系列商品，注册地方特色品牌，拓宽了贫困户的收入渠道，增加了贫困户的劳动生产性收入和农产品家庭初加工收入。原来的家庭自用、自给自足的产品，如手工土布、编织、刺绣、雕刻、蜡染、铁器、制陶、传统面点、酒酿、干酱菜、腊肉制品等，转化成了商品化生产，对外出售，一批贫困户由此实现了脱贫致富。

近年来，电商经济快速崛起，农民合作社借助电商平台拓展营销渠道势头越来越好，成为一种新趋势，农民合作社或是借助国内大型著名电商平台的精准扶贫项目，销售标注贫困户的农产品；或是建立合作社的网店、微信店销售农产品；或者培训成员，帮助他们自建微商平台，多种形式促进贫困户农产品及其初加工农副产品的商品化。

## （二）提升贫困户人力资本

### 1. 增强贫困户自立精神

相当多的贫困户是由于有家庭成员遭遇了突发事件，如患上重大疾病、发生家庭变故、遭遇意外事故等，导致家庭失去主要劳动力、债务累累，严重入不敷出，家庭生活也由此跌入谷底。不少贫困户因此一蹶不振，将此归结于命运，生活态度消极，甚至对生活失去信心。农民合作社吸纳这些贫困户入社后，通过发动党员干部成员与贫困户结对子，找有相似经历、已经脱贫的成员现身说法，发挥典型示范作用，带他们走出去参观学习成功人士创业奋斗事迹，帮助他们解决一些具体生活困难等多种形式，唤起这些贫困户鼓起重新生活的勇气，培养他们树立自强不息的奋斗精神，人穷志不穷，从精神上先"脱贫"。

### 2. 转变贫困户传统观念

贫困户大多以老弱群体组成，他们普遍存在文化水平低，厌恶风险，思想保守，固守传统观念，沿用传统生产方式，排斥新品种、新技术等问题。很多农民合作社按照农时季节定期开展技术培训，开办田间学校，建设示范基地、带着贫困户外出观摩学习等，让这些贫困户眼见为实，促进贫困户转变观念，提升生产技术水平。一些合作社还建立起科技示范户帮扶贫困户成员制度，随时解决贫困户的技术问题，手把手地教，促进贫困户转变观念、提高生产技术管理水平。

## （三）为贫困户创造就业

### 1. 提供就业岗位

贫困户致贫的一个重要原因是家庭收入单一，因各种原因无法外出就业，收入主要依靠土地。农民合作社发展起来后，为那些老弱残贫困户提供了在本地务工就业的机会。在政府贫困户就业财政补助和奖励的激励下，不少农民合作社优先雇用贫困户成员从事季节性的农产品采摘、田间管理、产品分拣、产品包装、园区或养殖区看护、打扫卫生等多种零工岗位，劳动强度不高，生产技能含量低，劳动报酬稳定，收入水平相对可观，帮助贫困户一次性实现脱贫问题。

在深度贫困地区，一些完全依靠政府扶贫资金建立的农民合作社，按照地方政府的要求，吸纳本村建档立卡贫困户入社，同时与合作社经营层签署协议，要保证一半以上的就业岗位提供给建档立卡贫困户。基层政府通过建立贫困户就业台账，监督并保证政策落实到位。在政府的支持与约束下，合作社努力吸纳贫困户就业，在当前的劳动力工资市场水平下，那些在合作社实现稳定就业的贫困户，基本实现了就地就业脱贫。

### 2. 实现外部就业

农村城镇化、农业现代化园区建设中公共设施及卫生绿化环境维护压力日益艰巨，临时用工量需求急剧增加。地方政府利用这一机会，鼓励和直接发动建立劳务合作社，从而为本地社区那些有一定劳动力能力，但无法外出务工，或被正规企业排斥在外的老弱劳动群体提供了新的就业机会。

劳务合作社代表成员与用工单位签订合同，负责劳动派遣、劳动管理、劳动监督、劳资关系协调等，保护成员基本劳动权益，按时足额拿到劳务工资，同时监督成员遵守劳动纪律，按照用工方要求完成所分配的劳动任务。合作社在同等条件下，优先安排贫困户就业，增加了贫困户家庭的工资性收入。

## （四）增加贫困户的资产性收入

### 1. 提高土地资源性收益

那些缺乏劳动力的贫困户加入农民合作社后，将自家的承包地经营权入股到合作社，由合作社统一经营，并按照与合作社签订的合约或口头协议，年底获得土地分红。合作社负责统一进行耕地的基础设施建设，开展特色粮食品种或非粮农产品的生产经营，并参照当地土地流转市场价格，保证提供给贫困户的土地分红高于贫困户自我经营的纯收益。一些合作社还承诺贫困户参与合作社的年底二次分红，由此提高了贫困户的土地收益水平。

### 2. 增加财产性分红收益

农民合作社是政府产业扶贫资金的一个重要实施载体。按照政府相关规定，财政扶贫资金量化到每个贫困户，贫困户以入股的方式投入合作社，并获得稳定的分红报酬。从各地情况看，贫困户获得的股金在数千元到数万元不等，大多在 1 万元，分红率规定在 6%。无论合作社经营状况如何，盈利或亏损，都必须保证贫困户的资产收益，贫困户因此增加了财产性收益。

# 三 农民专业合作社在参与精准扶贫中存在的困难与问题

从总体情况看，农民合作社在参与精准扶贫中存在经营能力弱、运行不规范、扶贫带动作用有限、贫困户自我参与度低等困难与问题。一些地区还存在政府不适当地干预，导致为扶贫而新创设的合作社重建、空建问题。

## （一）经营实力弱

按照国家市场监督管理总局的统计，截至 2018 年年底，我国农民专业合作社的总量达到 217.3 万家，其中新登记 23.1 万家，平均每个行政村达到了 3.7 个合作社。农民合作社总体上还没有摆脱农户经营存在的小、弱、散问题。从笔者近年对中西部若干县的调研看，农民合作社注册成员规模只有 5 户的比例偏高，有的县达到了一半以上，实际成员规模也多以 50 户左右居多。按照我国农民户均耕地半公顷的标准推算，农民合作社平均规模不足发达国家一个家庭农场的平均规模，加上大量的农民合作社出资总额在 100 万元以下，按照工业和信息化部、国家统计局等制定的《中小企业划型标准规定》，农民合作社整体处在小微企业行列，普遍存在经营规模小、经营实力弱的问题，带动贫困户致富的整体能力有限。那些有效发挥扶贫作用的，主要集中在经营实力强的示范合作社群体。

## （二）存在重建、空建问题

近年来，一些中西部地区在政府产业扶贫政策的诱导下，新注册了一批精准扶贫农民合作社，由于发起人的投机性或迎合性动机突出，缺乏内生发展动力，相当多的合作社或是空建、处在休眠的非正常经营状态，面临如何被"激活"问题；或是重建、在原合作社的基础上"套牌"成立，"两块牌子、一套人马"，合作社发展规模和数量被人为地"注水"。

## （三）缺乏民主治理和健全的财务制度

农民合作社的发起人通常是合作社的主要出资者，承担了合作社的主要经营风险。作为结果，发起人控制了合作社的决策，民主决策形同虚设现象较为普遍，法律规定的可盈余分配主要按照成员与合作社的交易额返还原则也得不到有效贯彻落实，并且财务制度不健全、财务核算不规范问题突出，影响了合作社发挥其制度优势。

## （四）贫困户群体参与度低

很多农民合作社就是领办人的能人经济，与成员基本是买卖关系，没有形成利益共同体，造成贫困户在内的成员无法有效参与，处于被动地位，在合作社中成员所有者地位难以实现。

政府将产业扶贫资金作为贫困户股金投资合作社后，为保障贫困户获得稳定的分红收益，规定了固定收益率，造成一些农民合作社没有视其为贫困户的股本金，拥有成员股东权益，反而将其作为从政府那里获得的一种低利息"借债"，贫困户家庭经营与合作社合作经营还是"两张皮"，没有有机结合起来。

## （五）一些合作社没有形成精准扶贫的内在动力

政府在鼓励合作社参与精准扶贫中，通过扶贫资金投入，强化合作社对贫困户需承担的责任、义务，如资产性收益水平、解决贫困户就业，有的甚至要求解决贫困户产品销售，实现贫困户一户一个增收项目。这种做法，对于那些被动参与精准扶贫的合作社而言，经营负担明显加重，没有带来正效应。如有的实行绿色化、品牌化经营的合作社，贫困户入社后所提供的产品无法达到合作社的收购要求，合作社只能是出于公益心和满足地方政府要求，特别是后者，按照市场价格，甚至是约定保护价收购贫困户的农产品，无形中增加了合作社的经营成本和风险。这种制度安排不可持续，甚至有可能带来"寻租"的潜在风险。

# 四 对策建议

发挥农民合作社扶弱、扶贫的制度优势是国际惯例，这是由合作社自我属性所决定的，也是我国政府一直倡导的。从未来发展看，政府应继续坚持现行政策方针，不断完善合作社在精准扶贫中的重要载体作用，以提升农民合作社扶贫质量、激活其参与精准扶贫的内在动力为政策重点，引导农民合作社逐步完善运行机制，全面提升为成员服务的能力，促进贫困小农户加速向现代农户的转型。同时提升政府服务水平，强化市场监管力度，完善多部门合作机制，严把农民合作社注册关，从源头避免出现重建、空建合作社问题。

## （一）强化合作理念灌输

在促进提升合作社扶贫质量中，应将合作理念灌输作为一项基本内容，强化合作社为广大小农户服务的组织宗旨，增强合作社带动贫困户共同致富的凝聚力和向心力。政府应建立专项培训基金，将合作理念培训与实用技术技能培训相结合，逐步建立起经常化、长期化的合作培训教育制度，培养贫困户自我独立、自担责任、自强不息的行为价值导向，提升贫困户在内的广大成员的综合素质，传承联合起来、互帮互助的合作文化。

## （二）形成内在的扶贫激励

在继续坚持以项目扶持、补贴、奖励等形式吸引农民合作社参与扶贫攻坚的方针政策的同时，应强化发挥市场机制作用。如针对贫困户的土地、林权、劳动力等不同要素供给优势，吸引农民合作社从实现规模经营、解决生产要素不足、延伸产业链条、减少市场交易成本等自我发展的需求出发，形成吸引贫困户加入合作社的内在动力。同时，更好地遵循市场竞争原则，政府对合作社的贫困户脱贫责任指标应与相应的财政资金奖励或补助挂钩。

## （三） 完善内部制度建设

按照修订后的《农民专业合作社法》，完善农民合作社内部制度建设，尤其是理事会建设。应鼓励贫困户利益代表参与理事会，促进落实民主决策制度，形成利益相关者群体的有效制衡；同时加强财务制度建设，建立健全成员账户，确保政府财政扶贫资金按照规定量化成贫困户股份，记载在贫困户的个人成员账户，增加贫困户的财产性收入。

## （四） 加速联合和合作步伐

政府应大力支持和引导农民合作社加大联合、合并、合作的力度，扩大成员规模，拓展经营范围。鼓励多元化合作方式，强化经营实力，应特别支持合作社参与农产品绿色全产业链建设，努力成为发展当地特色、主导和新兴产业发展的重要龙头或重要服务中介组织，提升参与精准扶贫、服务贫困户的能力。

## （五） 改善政府服务

政府应强化合作社辅导员队伍建设，立足现有农经队伍在职人员，同时面向社会招聘，特别鼓励那些退休返乡的公职人员报名应聘。辅导员队伍按照农业农村部的相关文件规定，持证上岗，奖励做出突出社会贡献的先进个人，营造良好的社会氛围，从增强社会责任、打造良好社会声誉上，吸引更多的农民合作社参与精准扶贫。

## （六）完善注册登记制度

政府应尽快启动《农民专业合作社登记条例》修订工作，按照新颁布的《农民专业合作社法》进行完善，强化注册监督，通过完善与农业农村部门及地方政府的协作机制，建立定期赴村庄调查走访的工作机制，防止出现不合理的合作社创设指标，从注册源头避免出现空建社、重建社。

## （七）强化市场监管

以获得政府财政扶贫资金的农民合作社为监管重点，应用现代财务软件技术，建立政府审计或委托社会第三方审计的常态机制，强化对财政扶贫资金落实与使用情况的监管力度。对那些侵吞或冒领扶贫资金的，一旦核实，依法坚决进行惩处，努力营造一个诚信的市场环境。

社会篇

# 善治乡村的内涵、意义及实现路径

罗万纯　湛礼珠<sup>*</sup>

**摘　要：** 近年来，中国将善治作为乡村治理发展方向。首先，本报告基于中国社会治理转型、历史经验、面临的主要问题及国内外治理和善治理论的发展，对善治乡村内涵进行了讨论。认为中国善治乡村，简单地说，就是在中国共产党的领导下实现良好（有效）治理的乡村。其主要特点在治理方式上体现为治理主体多元化、以人民为中心、尊重农村居民的民主权利、法治和德治相结合等；在治理效果上主要体现为实现农村社会稳定和农村公共服务高效供给。其次，本报告从推进国家社会主义现代化建设、推动解决当前社会主要矛盾、贡献乡村治理的中国智慧等方面对打造善治乡村的意义进行了总结。最后，本报告基于辩证唯物主义的世界观和方法论，从完善乡村治理体系和提升治理能力两个方面提出了善治乡村的实现路径。

**关键词：** 共治　治理体系　治理能力

* 罗万纯，中国社会科学院农村发展研究所副研究员，乡村治理研究室副主任，研究方向为乡村治理、农村公共服务、农产品市场；湛礼珠，中国社会科学院研究生院农村发展系 2017 级硕士研究生。

# Connotation, Significance and Realization Path of Well – governed Countryside in China

## Luo Wanchun   Zhan Lizhu

**Abstract**: In recent years, good governance has been taken as the development direction of rural governance in China. Firstly this report mainly discusses the connotation of well – governed countryside based on the transformation, historical experience, main problems of social governance in China and the development of governance and good governance theory at home and abroad. It notes that well – governed countryside in China is the countryside with effective (good) governance under the leadership of the Communist Party of China. In terms of governance, its main features are diversification of governance subjects, people – centered, respect for the democratic rights of rural residents, and the combination of governing by laws and morals. From the perspective of governance effects, its main features are reflected in the realization of rural social stability and efficient supply of rural public services. Secondly, this paper summarizes the significance of building well – governed countryside from promoting the socialist modernization of the country, promoting the resolution of the main contradictions in the current society, and forming the wisdom of China in rural governance. Thirdly, the path of building well – governed countryside is put forward by perfecting rural governance system and promoting governance ability based on world view and methodology of dialectical materialism.

**Key Words**: Co – governance; Governance System; Governance Capability

近年来，党和政府的文件多次使用"善治"概念。2017 年中央农村工作会议提出将"创新乡村治理体系，走乡村善治之路"作为乡村振兴的重要发展路径之一。《乡村振兴战略规划（2018—2022 年）》提出要"建立健全党委领导、政府负责、社会协同、公众参与、法治保障的现代乡村社会治理体制，推动乡村组织振兴，打造充满活力、和谐有序的善治乡村"。《中国共产党农村基层组织工作条例》强调"党的农村基层组织应当加强对各类组织的统一领导，打造充满活力、和谐有序的善治乡村，形成共建共治共享的乡村治理格局"。从当前发展形势看，顶层设计将打造善治乡村作为当前中国乡村治理的发展方向。那么，怎么来理解善治乡村？有什么重要意义？如何来实现？本报告主要基于当前乡村治理实践、中央相关政策文件精神及相关治理理论，对前述的三个问题进行初步探讨。

# 一　善治乡村的内涵

善治在全球范围内多个领域得到了广泛应用，不同机构、不同学者对其内涵有不同的界定。在中国特有的经济社会发展背景下，善治乡村有其独有的特征。厘清善治乡村内涵对指导和推进乡村治理实践有重要意义。

## （一）善治乡村的提出背景

学术界在较早时间就对善治乡村相关问题进行了一些讨论，但官方近几年才将善治概念引入乡村治理问题。善治乡村在中国的提出背景主要有以下四个方面。

其一，随着中国经济社会的发展，国家治理要解决的重点问题和面临的困境也在不断发生变化。为了提高治理效果，国家治理理念也与时俱进不断转换升级。特别是党的十八届三中全会提出了全面深化改革的总目标是"完善和发展中国特色社会主义制度、推进国家治理体系和治理能力现代化"。① 党的十九大提出要打造共建共治共享的社会治理格局，到 2035 年国家治理体系和治理能力现代化基本实现，到 21 世纪中叶实现国家治理体系和治理能力现代化。乡村治理作为国家治理的重要组成部分，关系到治理全局，必然也要实现治理体系和治理能力的现代化。

---

① 国家治理体系指在党领导下管理国家的制度体系，包括经济、政治、文化、社会、生态文明和党的建设等各领域体制机制、法律法规安排，是一整套紧密相连、相互协调的国家制度。国家治理能力指运用国家制度管理社会各方面事务的能力，包括改革发展稳定、内政外交国防、治党治国治军等各个方面。

善治是目前广为接受的乡村治理的理想目标，其倡导的治理理念、治理方式对进一步完善治理体系和提升治理能力有重要推动作用。

其二，中国历史上就提倡以民为本，爱民如子，主张通过实行善政或仁政不断改善人民福祉，以促进社会稳定、和谐。他们的主张虽然有很大的历史局限性，但也对当代政治家有一定的示范意义。"立党为公，执政为民"是中国共产党的执政理念，善治是党和政府为满足广大人民群众的现实需求提出的新的治理理念，也是对中国优秀历史传统文化的继承和发展。

其三，当前乡村治理还面临诸多问题，亟待转换治理理念和改进治理方式。经过长期坚持不懈的探索和实践，中国已经建立较为完善的村民自治制度及其他相关治理制度，促进了农村经济社会的稳定发展。但是，随着城镇化、工业化、信息化、农业现代化的不断推进，农村社会结构正在发生转变，农村青壮年大量外流，村庄普遍空心化、老龄化、妇女化、儿童化，相关治理制度的运行存在参与主体严重不足的问题；由于农村居民对村庄的依赖减少，一些地区的传统道德、舆论和习俗对村民失去了约束作用，传统治理资源出现了失效现象。一些经济发达地区的村庄，劳动力需求较大，外地人口大量流入，甚至超过了当地人口，他们对当地经济社会发展做出了贡献，但流入人口参与社区治理的相关机制还不健全、不完善。另外，随着农村基础设施和农村社会保障政策的不断完善，一些农村社区逐渐向城市社区转变，农村居民对村庄经济依赖性将不断减弱，农村居民和城市居民一样，需要社区提供的服务逐渐转向物业服务和日常政务服务。为了更好地向农村居民提供日常生活服务，社区物业管理工作亟待加强。经济社会发展进入新时期，中国乡村治理面临的困境和问题也发生了变化，亟待建立更为完善、更能适应当前和未来发展的治理体制和机制。

其四，国内外治理和善治理论的发展为中国乡村治理实践提供了理论参考。当代的"治理"主要始于1989年世界银行在《撒哈拉以南非洲：从危机到可持续增长》报告中提出的"治理危机"一词。其后，不同机构、不同学者根据待解决和讨论的问题对"治理"进行了各种定义。其中，最具权威的是全球治理委员会的定义，即"治理是各种公共的或私人的个人和机构管理其共同事务的诸多方式的总和，它是使相互冲突的或不同的利益得以调和并且采取联合行动的持续的过程"。"治理"最重要的特征是强调国家和社会对公共事务的合作管理。作为比"管理""统治"等更适应时代发展的概念，它在全世界范围内在众多领域被广泛采用。同时，相关治理理论也不断拓展和深化。随着治理实践的不断深入，出现了治理失效的问题。基于改善治理效果的愿景，出现了"善治"概念。同样，不同机构、不同学者对善治的定义也没有形成统一认识。俞可平是较早系统研究"善治"理论的中国学者，他主要基于一些国际机构的实践和一些学者的相关研究将善治定义为"使公共利益最大化的社会管理过程"，并认为善治具有"合法性、透明性、责任性、法治、回应、有效"等基本要素。[①]

## （二）善治乡村内涵的界定

结合善治乡村的提出背景，中国的善治乡村，简单地说，就

---

① 俞可平主编：《治理与善治》，社会科学文献出版社2000年版。

是在中国共产党的领导下实现良好（有效）治理的乡村（包括行政村、自然村、村民小组各个层面）。

从治理方式看，本报告认为中国善治乡村主要具有四个方面的特点。

其一，治理主体多元化。除了各级党委政府、村党支部、村民委员会、村集体经济组织，社会企业及老年协会、妇女联合会、乡贤理事会等社会组织也广泛参与治理，发挥其在乡村基础设施建设，矛盾纠纷调解，乡村文化娱乐活动开展，家庭、家园建设等方面的积极作用。另外，由于历史原因，一些地区的宗族、家族力量比较强大，对当地社会治理影响较大，需要加以引导，发挥其在社会治理中的积极作用。治理主体多元化在赋予更多主体参与治理权利的同时，也强化了其治理责任，有助于增强乡村治理力量。

其二，以人民为中心，以广大人民群众的根本利益为出发点。群众路线是中国共产党根本工作路线，是一切工作得以顺利开展的重要保障。乡村治理活动要从农村居民的实际需求出发，并依靠广大农村居民形成强大的治理力量来有序推进。

其三，尊重农村居民的民主权利。不断完善的村民自治制度为实现农村居民的民主选举、民主决策、民主管理和民主监督权利提供了重要保障。特别是，近年来积极推进的自然村（村民小组）自治探索，结合地缘、血缘、文化等因素，科学调整治理范围，有助于调动农村居民参与自治积极性，提高自治效果。

其四，法治和德治相结合。不断完善相关法律法规，发挥其在规范农村居民的日常行为、解决农村居民矛盾纠纷冲突方面的作用；加大对农村黑恶势力和非法宗教组织打击，建设平安乡村。同时，加强社会公共道德建设，发挥其对农村居民的自我约束作用。通过法治和德治，不断提升乡村治理效果。

从治理效果看，善治乡村主要有两个方面的特点。

其一，实现农村社会稳定。通过平安乡村建设，维持良好的社会秩序，保障农村居民的生命财产安全，使广大人民群众能安居乐业。

其二，实现农村公共服务的高效供给。在农村居民的生命财产安全得到有效保障的基础上，还需要进一步提高农村教育、医疗、养老、文化、基础设施建设、环境治理等公共服务的供给效率和质量，促进城乡公共服务均等化发展，提高农村居民的生活满意度和幸福感。

# 二 打造善治乡村的意义

打造善治乡村是国家治理体系和治理能力现代化的重要抓手，关系到社会主义现代化建设全局；同时，善治乡村以人民为中心的特点，有助于更好地满足农村居民的多样化、多层次公共服务需求，有助于推动解决当前社会主要矛盾。另外，善治乡村可以为全球治理提供中国智慧。

## （一）推进社会主义现代化建设

《中华人民共和国宪法》规定了国家的根本任务是沿着中国特色社会主义道路，集中力量进行社会主义现代化建设。党的十九大报告提出分两步走建设社会主义现代化国家，即到 2035 年基本实现社会主义现代化，到 2050 年建成富强、民主、文明、和谐、美丽的社会主义现代化国家。

我国的社会主义现代化建设包括经济、政治、文化、社会、生态文明各项建设，治理现代化是其中重要组成部分，也是各方面现代化得以实现的重要基础。乡村治理是国家治理的重要组成部分，关系到乡村经济、政治、文化、社会、生态的全面发展。善治乡村是乡村治理的理想目标，根据经济社会发展的实际需要，对完善乡村治理体系和提升乡村治理能力提出了更高要求，有助于推进国家治理体系和治理能力现代化，进而有助于推进社会主义现代化建设。

## （二）推动解决当前社会主要矛盾

党的十九大报告提出，中国社会主要矛盾已经转化为人民日益增长美好生活需要和不平衡不充分发展之间的矛盾。打造善治乡村是解决社会主要矛盾的重要途径之一。

当前，由于一些政策措施不完善、制度不健全及贯彻落实不力等原因，存在农村居民的一些需求不能得到有效满足的现象。首先，虽然农民收入普遍提高，但不同地区和农民内部收入差距仍然较大。增加收入和改善物质生活条件仍然是大部分地区农村居民的迫切愿望。为此，需要进一步发展和繁荣农村经济，提高农民收入，为缩小城乡差距、全面建成小康社会及实现"两个一百年"目标提供有利基础。其次，虽然农村医疗、养老等社会保障政策不断完善，极大地减轻了农村居民生活压力，但同时，农村社会发展还存在诸多问题需要进一步完善相关保障政策。例如，一些地区出现了"老无所养"的现象，老年人自杀的事件时有发生。在老龄化程度不断提高和农村青壮年劳动力大量外流的社会背景下，在村庄层面，特别需要加强农村养老服务体系建设，使广大农村老人"老有所养"。还有一些地区，由于缺乏有效的安保体系，存在偷盗抢劫现象，伤害老人、妇女、儿童的事件也时有发生，严重威胁到农村居民的生命财产安全，需要建立一套有效可行的安保体系，以提高村庄的安全保障水平，稳定农村社会秩序，为农村居民安心生产、生活创造良好环境。完善的基础设施对提高农业生产水平和农村居民生活水平有重要作用，目前村内道路、农村污水、垃圾处理设施建设等有待加强。另外，由于缺乏具有吸引力的文化活动，聚众打麻将赌博成了不少地区农村居民农闲时期的主要活动，也为非法宗教组织提供了可乘之机。为丰富农村居民特别是留守老人、妇女、儿童的精神文化生活，有必要定期组织开展具有当地特色的文化娱乐活动。

打造善治乡村，就是要根据农村居民的实际需求因地制宜地开展乡村治理活动，及时回应农村居民的需求和愿望，对提高农村居民的生活满意度、幸福度，对解决当前社会主要矛盾有重要推动作用。

## （三）形成乡村治理的中国智慧

中华人民共和国成立 70 年以来，在中国共产党的领导下，中国的经济发展水平不断提高，社会治理制度不断完善，中国对国际经济社会发展的影响不断加大。党的十九大报告提出，中国将继续发挥负责任大国的作用，积极参与全球治理体系改革和建设，不断贡献中国智慧和力量。

中国地域辽阔、人口众多，待解决的问题复杂多样，存在多种治理模式。特别是中国有为数众多的村庄，由于历史、资源、发展政策等原因，发展状况、待解决和协调的问题和利益关系差异巨大。善治乡村提倡转变治理理念、改进治理方式，因村施策提高乡村治理效果，促进中国农村经济社会的快速、有序发展。相关的治理经验可以为面临相同发展困境的国家和地区提供参考，为促进全球共建共治共享提供中国智慧。

## 三　善治乡村的实现路径

为顺利、有序地推进善治乡村建设，需要制定可行的实现路径，而实现路径的设计要基于正确的世界观和方法论。辩证唯物主义是中国共产党人的世界观和方法论①，党和国家的几代领导人都强调要掌握和应用辩证唯物主义来解决不同历史时期面临的经济社会发展问题。根据辩证唯物主义，打造善治乡村要坚持问题导向，直面乡村治理存在的主要问题、突出问题，采取有针对性的政策措施。打造善治乡村要坚持协调发展，注意解决问题的系统性、整体性、协同性，尤其要协调好不同主体的利益诉求。打造善治乡村要坚持实践和理论相结合，要鼓励开展乡村治理探索和实践活动，在此基础上进行经验总结、理论创新和提升，以

---

①　习近平总书记在《求是》（2019 年第 1 期）撰文《辩证唯物主义是中国共产党人的世界观和方法论》，指出当前学习和运用辩证唯物主义世界观和方法论，要注重解决四个方面的问题。一是学习掌握世界统一于物质、物质决定意识的原理，坚持从客观实际出发制定政策、推动工作；二是学习掌握事物矛盾运动的基本原理，不断强化问题意识，积极面对和化解前进中遇到的矛盾；三是学习掌握唯物辩证法的根本方法，不断增强辩证思维能力，提高驾驭复杂局面、处理复杂问题的本领；四是学习掌握认识和实践辩证关系的原理，坚持实践第一的观点，不断推进实践基础上的理论创新。

更好地指导乡村治理工作。

近年来，针对乡村治理面临的治理半径过大、村级权力失范、村民参与积极性不高、公共服务供给能力不足等问题，国内一些地区从缩小治理范围、完善治理手段、丰富治理内容等方面进行了有益探索，主要包括：缩小治理范围的探索，例如广东清远的自治下沉、湖北秭归的"幸福村落"；完善治理机制的探索，例如广东南海的"政经分离"、浙江宁海的"小微权力"清单、浙江诸暨的"枫桥经验"、浙江象山的"村民说事"、四川成都的"四位一体"；丰富治理内容的探索，例如江苏启东的村级公共服务中心建设。这些探索取得了良好效果，积累了丰富经验。另外，美国、日本、德国和印度的政治制度和地方治理制度虽然和中国有较大差异，但这些国家通过开展项目来促进乡村发展和建设以及在乡村治理中注重产业发展、注重私营部门和公众参与以及强调互联网信息技术应用的经验，也为我们提供了有益的参考和借鉴。

国家治理体系和治理能力现代化包括治理体系和治理能力两个方面的现代化，其中，系统完备、科学规范、运行有效的治理体系是提升治理能力的重要基础。本部分从完善乡村治理体系、提升乡村治理能力两方面提出善治乡村的实现路径。需要指出的是，中国的乡村治理已有很好的发展基础，本报告提出的实现路径更多的是对原来发展基础的强化和完善建议。

## （一）完善乡村治理体系

首先，要建立和完善由基层党组织、村民自治组织、集体经济组织、合作社、老人协会、村妇联、乡贤理事会等组成的乡村治理组织体系。其中，基层党组织是领导核心，村民自治组织是主体力量，其他社会组织是重要补充。在基层党组织建设方面，除了扩大基层党组织覆盖范围外，更为重要的是定期加强党员学习，提升党员的责任感和使命感，确实发挥党员在乡村治理各项工作中的先锋模范作用，以推动各项工作的顺利开展。在村民自治组织建设方面，要继续鼓励各地根据实际情况探索在适宜范围内建立村民自治组织，并逐渐完善相关支持保障政策，提升村民参与治理的积极性和主动性。在集体经济组织建设方面，要不断完善治理结构，通过股份制改革、政经分离改革等提升集体经济发展水平和减少贪污腐败现象，发展壮大集体经济，以增加村民收入水平和提高村庄公共服务能力。在合作社建设方面，重点是要充分挖掘和开发当地优势资源，引导和扶持相关产业发展，并增强农民在产业链中的利益分配能力，促进农民增收。在其他社会组织建设方面，老人、妇女是当前农村主要留守群体，要变被动为主动，充分发挥他们在乡村治理中的积极作用。例如，可以引导建立和完善老人协会，组织有能力、有责任的老年人在协调村庄矛盾纠纷、保护老年人权益、丰富老年人生活等方面发挥积极作用，有效减少老无所养现象及老人自杀事件的发生。还可以借鉴一些地区的探索，引导留守妇女加入村干部队伍，通过组织培训和学习，提升其协调组织能力，发挥妇女在乡村治理特别是在家风民风、美丽家园建设等方面的积极作用。另外，为更好地满足农村居民日益增长的物业管理需求，可以引入物业企业，通过和村委联合"共管"等方式对农村社区物业进行管理。

其次，完善乡村治理保障机制。根据探索经验，要提高治理效果，打造善治乡村要建立由人才保障机制、财政投入保障机制、监督考核评价机制等组成的长效治理机制。在人才保障机制方面，由于乡村治理关系到乡村政治、经济、社会、文化、生态发展，从而需要大量具有综合能力的人才。为此，除了通过招聘大学生村干部、选派第一书记充实村党支部、村委会等基层组织队伍，还可以通过向社会公开招聘方式吸引和引导社会上热爱三农、具有"三农"工作经验的党员充实基层组织队伍，提升基层组织战斗力。在财政投入保障机制方面，引导地方政府增加预算水平，切实保障基层组织运行经费及基层组织干部合理的误工补贴和报酬，提高基层干部的社会保障程度，以调动其工作积极性。对于因财政困难无法提供基本保障的地区，上级政府应增加转移支付。在监督考核评价机制方面，除了上级政府定期对政务落实情况进行监督考核，还要建立村民参与监督考核机制，把村民满意不满意作为重要考核指标，与村干部报酬挂钩，从而提升村干部服务村民的积极性和主动性。

## （二）提升乡村治理能力

在具有科学合理的治理体系的基础上，还需要提升治理能力。根据乡村治理实践经验和科学技术发展现状，提升治理能力主要从提高乡村治理的德治、法治水平及智能化水平着手。

其一，提高法治、德治水平。党的十八届四中全会提出，法律是治国之重器，良法是善治之前提。首先，应通过高质量立法和修法完善相关涉农法律，为法治乡村提供前提和基础。其次，要通过多渠道宣传和教育不断提升农村居民的法律素养，使法律成为农村居民的日常行为准则，并引导农村居民利用法律而不是武力去解决经过调解仍然不能解决的矛盾纠纷。在宣传和教育上，可以考虑把对农村学生进行普法教育作为重要方式，提升学生的法律素养，然后再通过学生对家庭进行普法。最后，要不断完善农村公共法律服务体系建设，向有需要的农村居民提供法律援助，降低农村居民通过法律保护自身合法权益的各项成本。在发挥德治作用方面，首先，要长期持续地通过广播、电视、墙报、手机等渠道宣传社会主义核心价值观，使之深入人心；其次，充分吸收中国传统社会的治理经验，建立和完善村规民约，发挥内部制度在乡村治理中的作用，促进乡村治理的可持续发展。在村规民约的制定上，为了提高其有效性，一定要避免形式主义，要突出因地制宜，通过村民充分讨论并认可后再具体实施。另外，农村地区消极、浮躁的社会心态日趋增多，应加强农村社会心理服务体系建设，向农村居民普及心理知识，并向必要群体特别是留守老人、妇女和儿童提供心理咨询和引导。

其二，提高乡村治理智能化水平。现代技术的发展对全球经济社会发展产生了深刻影响，要与时俱进，加强信息技术、大数据、人工智能在乡村治理中的应用，以提高乡村治理的智能化和现代化水平。尤其是，要逐渐普遍建立乡村治理的综合服务平台，至少提供三个方面的服务。一是提供电子政务，提高村民办事的便捷性，改变过去需要跑很多次、跑很多部门才能把事办成的状况，方便群众的日常生产生活。二是通过平台及时公开村务和发布政府相关政策、文件，保证群众的知情权和监督权。三是方便群众利用平台就村庄各项事业发展提出意见、建议，并及时进行回应和反馈。除此之外，还可以通过平台提供农产品供求、就业及其他商业信息，为农村居民进行生产经营决策提供重要参考，帮助农村居民实现增收。

# 智慧乡村建设的内涵、
# 基础与推进思路

苏红键*

**摘　要：**当前，我国智慧乡村建设进入了全面推进的新时期，新一代信息技术与农业农村发展各个领域快速融合。各地智慧乡村建设的探索、农业农村信息化的全面推进以及各类智慧应用功能的乡村实践，为智慧乡村建设打下了良好基础。但是，我国智慧乡村建设存在缺乏整体规划、城乡数字鸿沟、地区不平衡、人才和资金等要素不足等问题。未来推进智慧乡村建设，要按照乡村振兴战略的总要求，坚持"共享、统筹、分类、融合、创新"五大建设理念，构建"1＋5（N）"智慧乡村建设体系，即"智慧基础支撑＋5大领域N项智慧应用"，建立政策支持体系，促进乡村产业智慧化、乡村环保智慧化、乡风建设智慧化、乡村治理智慧化、乡村服务智慧化。

**关键词：**智慧乡村　农业农村信息化　推进思路

---

　*　苏红键，经济学博士，中国社会科学院农村发展研究所副研究员，农村信息化与城镇化研究室副主任，研究方向为城镇化、城乡关系和农业农村信息化。

# Connotation, Foundation and Strategies on Construction of Smart Village

Su Hongjian

**Abstract**: At present, the construction of smart village in China has entered a new era of comprehensive promotion, and the new information technology are integrating with agricultural and rural development rapidly. The comprehensive advancement of agricultural and rural informatization, the exploration of the construction of smart village in various places and the practice of smart application in various places have formed a good foundation for the construction of smart village. There are still some problems, such as lack of overall planning, urban – rural digital divide, regional imbalance, lack of talents and funds, and so on. In order to promote the construction of smart village in the future, we should adhere to the ideas of "sharing, coordinating, diversifying, integrating and innovating", build a "1 + 5 (N)" smart village system, that is, "smart foundation system and 5 areas of N smart applications", establish a policy system, for promoting the smart development of rural industry, rural environmental protection, rural civilization construction, rural governance and rural service.

　　**Key Words**：Smart Village；Agricultural and Rural Informatization；Strategies

　　党的十九大报告提出建设网络强国、数字中国、智慧社会的战略部署，并提出实施乡村振兴战略，在此指导下，2018 年陆续发布的《中共中央、国务院关于实施乡村振兴战略的意见》《乡村振兴战略规划（2018—2022 年)》和 2019 年中央一号文件均提出了"实施数字乡村战略"。在经过 20 多年农业农村信息化、近 10 年智慧城市建设的带动并打下良好基础的背景下，我国智慧乡村建设进入全面推进的新时期。本报告对我国智慧乡村建设进行了溯源，明确了内涵，分析了当前的建设基础和存在的问题，提出了"共享、统筹、分类、融合、创新"五大建设理念和"1 + 5（N)"智慧乡村建设体系以及相应的对策建议。

# 一　智慧乡村建设溯源与内涵

　　从以往的学术研究文献和政府文件来看，与智慧乡村建设相关的内容主要包括农业农村信息化、数字乡村以及相对应的智慧城市等。这些领域的推进，是新时期智慧乡村建设理论和实践探索的基础。

　　我国农业农村信息化的研究和探索始于 20 世纪 90 年代后期，2006 年之后逐步快速推进。1994 年年底，"国家经济信息化联席会议"第三次会议上提出实施金农工程，建立"农业综合管理和服务信息系统",这是中国农业农村信息化的早期实践。随着金农工程自上而下推进,2000 年前后,越来越多的学者开始研究中国农业信息化、农村信息化等问题。"十五"计划首次提出"加速发展信息产业,大力推进信息化",当时是以信息产业为主体放在"经济结构"篇。2006 年,《2006—2020 年国家信息化发展战略》提出"缩小数字鸿沟计划""推进农业信息化和现代农业建设"之后,相关研究大量增加。紧接着,农业部发布了《全国农业和农村信息化建设总体框架(2007—2015)》。2011 年,农业部编制发布了第一个全国农业农村信息化发展五年规划,即《全国农业农村信息化发展"十二五"规划》,2016 年,印发了《"十三五"全国农业农村信息化发展规划》。20 多年的理论、政策和实践探索,推动了信息技术与农业农村全面融合,农业农村信息化取得明显进展,有力引领和驱动了农业农村现代化。

"数字乡村"是 2018 年中央一号文件《中共中央国务院关于实施乡村振兴战略的意见》和《乡村振兴战略规划(2018—2022 年)》的提法,在"农村基础设施建设"部分,提出"实施数字乡村战略,做好整体规划设计,加快农村地区宽带网络和第四代移动通信网络覆盖步伐……弥合城乡数字鸿沟""加快物联网、地理信息、智能设备等现代信息技术与农村生产生活的全面深度融合,深化农业农村大数据创新应用,推广远程教育、远程医疗、金融服务进村等信息服务,建立空间化、智能化的新型农村统计信息系统"。近期,关于"数字乡村"的探讨和实践开始逐步展开。在此之前,云南省在 2007 年提出了《云南省人民政府办公厅关于实施"数字乡村"工程建设的意见》(云政办发

〔2007〕134 号），是可查到的较早的、也是唯一的省级"数字乡村"战略。

中国智慧城市（Smart City）的探索可以追溯到 2008 年 11 月 IBM 提出"智慧地球"概念、2009 年 8 月发布《智慧地球赢在中国》计划书。之后，恰逢"十二五"规划期，中国智慧城市研究和实践在全国各地全面推进。2012 年 11 月，住房城乡建设部启动国家智慧城市试点工作，印发《国家智慧城市试点暂行管理办法》和《国家智慧城市（区、镇）试点指标体系（试行）》，陆续确定 3 批智慧城市试点（含专项试点），包括 277 个城市（区、县、镇）、13 个扩大范围试点、41 个专项试点。根据《2016—2017 中国物联网发展年度报告》，截至 2017 年 4 月，中国有超过 500 个城市在其《政府工作报告》或"十三五"规划中明确提出或正在建设智慧城市。在智慧城市理论和实践推进过程中，有学者开始探讨智慧乡村建设问题（顾彬，2012；王甜，2014），各地也在智慧城市建设的同时自主探索推进智慧乡村建设，特别是在智慧农业、智慧乡村旅游等领域应用较广。

溯源发现，农业农村信息化全面推进为智慧乡村建设打下了扎实的基础，智慧城市建设为智慧乡村建设提供了经验借鉴。党的十九大以来的"乡村振兴战略"及其中的"数字乡村战略"升华了智慧乡村建设的现实意义。

关于智慧乡村的内涵，以往分别有对数字乡村和智慧乡村的界定。有学者认为，数字乡村是通过现代信息技术在农村各领域各环节广泛而深度的应用，建成全面融入数字中国、智慧社会的新时代社会主义现代化新农村（王耀宗、牛明雷，2018）。有学者认为，"智慧乡村"有着"智慧城市"的共性一面，是对农村基础情况进行数据化处理，贯通乡村治理、农业生产、民生事业等方方面面，构建起具有农业农村特色的数据采集、运算、应用、服务体系（陈文杰，2018）。有学者认为，智慧乡村就是将信息化渗透到乡村的方方面面，不能简单复制智慧城市，而是要从实情出发创造性地复制，包括"基础建设层 + 智慧应用层"。[①]

根据智慧乡村建设溯源和其他学者的研究界定，智慧乡村建设既是新时期农业农村信息化的重要抓手，也是农业农村信息化的推进目标。智慧乡村建设是在"建设网络强国、数字中国、智慧社会的战略部署"和乡村振兴战略背景下，农业农村信息化的进一步深入推进、智慧城市建设向乡村的延伸和创新，也是新一代信息技术在农业农村发展各个领域的全面应用和深度融合。

## 二　智慧乡村建设的基础

各地智慧乡村建设的探索、农业农村信息化的全面推进以及各类智慧应用功能的乡村实践，为智慧乡村建设提供了基本思路、打下了良好基础、积累了丰富经验。

### （一）各地自主探索实践为智慧乡村建设提供了基本思路

自 2000 年前后中国信息化快速推进以来，各地开始自主探

---

① 顾永涛在 2018 中国创业创新博览会"溯源中国与乡村振兴高峰论坛"上的发言《智慧乡村不能简单复制智慧城市》，http://www.xinhuanet.com/info/2018 - 07/19/c_ 137333967. htm。

索智慧乡村建设，为现阶段智慧乡村建设提供了基本思路。总体来看，各地自主探索智慧乡村建设大体可以分为三个阶段，分别以 2010 年各地推进智慧城市建设和农业农村信息化"十二五"规划以及 2017 年提出乡村振兴战略为节点，即智慧乡村建设萌芽阶段（2000—2009 年）、智慧乡村建设探索阶段（2010—2016 年）、智慧乡村建设全面推进阶段（2017 年以来）。

### 1. 智慧乡村建设萌芽阶段（2000—2009 年）

这一阶段涉及的、参与的地方还比较少，处于萌芽阶段，以"数字福建"和云南省"数字乡村"工程为代表。2000 年，习近平同志在闽工作时，做出了建设"数字福建"的重要决策[①]，2001 年年初成立"数字福建"建设领导小组，2002 年年初印发《数字福建"十五"建设规划》，这是中国各地数字化、智慧化的较早探索，其中包含了数字农业、农村电子商务、电子政务等农业农村发展的各个方面。云南省印发《关于实施"数字乡村"工程建设的意见》（云政办发〔2007〕134 号），是最早正式提出"数字乡村"的省份。该工程的主要内容包括完善农村信息基础设施、建立和完善农业农村综合信息数据库、建设农业农村综合信息网络平台、推进农业生产经营管理信息化、推进农村社会管理服务信息化、推进农业和农村信息服务进村入户，建立起覆盖全省，连接省、州（市）、县、乡、村的"数字乡村"信息网络服务体系，以此努力缩小城乡"数字鸿沟"。

---

① 中共福建省委福建省人民政府：《"数字福建"建设的重要启示——习近平同志在福建推动信息化建设纪实》，《人民日报》2018 年月 20 日。

### 2. 智慧乡村建设探索阶段（2010—2016 年）

在 2009 年 IBM 在中国推广智慧城市概念之后，各地"十二五"规划开始推进智慧城市实践，并向智慧乡村拓展，比较有代表性的实践包括广州市智慧乡村综合信息平台、上海智慧村庄试点工作等。自 2010 年起，广州市在智慧城市建设中提出了建设智慧乡村的要求，开发并不断完善广州智慧乡村综合信息平台。[①] 2014 年年底，上海市为推进智慧城市建设，启动了"智慧村庄"试点工作，选择了五个村庄作为第一批"智慧村庄"的试点村，作为智慧城市建设的重点项目。另外，北京市平谷区西柏店村 2014 年年初开始实施"美丽智慧乡村"集成创新试点项目[②]，在智慧建设方面，旨在实现信息技术与农业生产经营、农村社会管理、农民生活服务的有机融合（刘军萍等，2016）。还有一些探索性项目，比如山东移动"智慧乡村"项目、湖北省鄂州市胡桥村"智慧乡村"项目、安徽"智慧云村"物联网项目等。

### 3. 智慧乡村建设全面推进阶段（2017 年以来）

党的十九大围绕建设网络强国、数字中国、智慧社会，全面实施国家大数据战略，同时也提出了乡村振兴战略，智慧乡村建

---

[①] 以农博士综合服务平台（APP）、无线 LED 屏综合信息服务发布系统、智慧村务管理平台、农产品供求平台和智能化水产养殖示范系统为主。

[②] 建设内容分两期，一期建设内容包括美丽智慧西柏店综合服务平台（村级网站、手机 APP 网站、多系统管理平台）；设施大棚物联网智能监控系统；农产品溯源管理系统及数据采集终端 APP；村内视频监控系统；覆盖村域的无线网络接入环境、村委会局域网等六项工程；二期建设内容包括综合服务平台的升级优化；数据采集方式的优化；微信推广与销售系统；农民使用技能定期培训。

设进入全面推进的新时期。这一时期在上一阶段的基础上，加大了投入强度和推广力度，日益受到广泛关注。自 2000 年启动并持续开展的"数字福建"为"数字中国"提供了样板，也为数字乡村、智慧乡村建设贡献了丰富经验和战略思想。山东全面推进"互联网＋乡村"工程，政府实施互联网村村通工程，农村电子商务服务点覆盖所有行政村。重庆有线和腾讯公司合作，计划到 2020 年打造智慧社区和智慧乡村 2000 个以上，建设智慧家庭 550 万户。①

## （二） 农业农村信息化为智慧乡村建设打下良好基础

近年来，在《2006—2020 年国家信息化发展战略》以及农业农村信息化"十二五"和"十三五"规划的引领下，中国农业农村信息化全面推进，在生产信息化、经营信息化、管理信息化、服务信息化、基础支撑能力等方面均取得了较大进展。

在生产信息化方面，智慧农业快速发展，物联网、大数据、空间信息、移动互联网等信息技术在大田种植、设施农业、畜禽养殖、水产养殖等方面均得到不同程度的应用。在经营信息化方面，农业农村电子商务快速发展，农产品进城与工业品下乡双向流通不断加强，电子商务进农村综合示范深入推进，累计支持 1016 个示范县，建设县域公共服务和物流配送中心 1000 多个，村级电商站点 7 万多个，预计 2018 年全国农产品网络零售额将突破 3000 亿元。② 在管理信息化方面，金农工程建设任务圆满完

---

① 王淳：《携手腾讯　重庆将打造 2000 个智慧社区智慧乡村》，《重庆晨报》2018 年 6 月 1 日。

② 数据来源为商务部《［2018 年商务工作年终综述之五］现代市场体系建设工作取得新成效》，数据截至 2018 年年底。

成并通过验收，农村集体"三资"管理信息系统与数据库建设稳步推进，农业部行政审批事项基本实现网上办理，农业各行业管理、信息采集、分析、发布、服务制度机制不断完善，农业大数据发展应用开始起步。在服务信息化方面，"三农"信息服务的组织体系和工作体系不断完善，农业农村部网站及各级网站群、12316"三农"综合信息服务中央平台及部省协同服务网络基本完善，信息进村入户试点工作快速推进，建成运营22.4万个益农信息社。① 在信息基础支撑方面，全国农村宽带用户总数达1.17亿户②，农村网民规模③达2.11亿，占整体网民的26.3%，占农村常住人口④的37.4%，比2008年（8640万人）增长了144%；农村地区互联网普及率为36.5%，比2008年（12.3%）提高了24.2个百分点，提高将近200%。

## （三）各类智慧功能应用为智慧乡村建设积累了丰富经验

在信息技术与农业农村发展的渗透融合过程中，各类智慧应用功能日益普遍，为智慧乡村建设积累了丰富的经验。

一方面，在农业农村信息化规划的引导下，根据《农业部关于印发〈全国农业农村信息化示范基地认定办法（试行）〉的通知》（农市发〔2013〕1号），原农业部积极推进"全国农业

---

① 数据截至2018年11月，数据来源为《信息化成农业农村现代化先导力量——2018年农业农村市场信息工作摘要》，http：//www.sohu.com/a/288627813_796374。

② 数据来源为工业和信息化部的《2018年通信业统计公报》，数据截至2018年年底。

③ 根据中国互联网络信息中心发布的第42次《中国互联网发展状况统计报告》计算，数据截至2018年6月；2008年数据来自中国互联网络信息中心。

④ 总人口、农村常住居民、城镇常住居民的数据为2018年年末数据，数据来源为《2018年国民经济和社会发展统计公报》。

农村信息化示范基地"评估和认定工作,按照整体推进型、生产应用型、经营应用型、政务应用型、服务创新型、技术创新型等进行评价和认定。2013年、2015年和2017年分别认定了3批,分别为40家、66家、104家示范基地,对各类智慧应用功能在农村的应用起到了积极引导作用,极大地促进了智慧农业、农村电子商务、电子政务和服务信息化等智慧应用功能在乡村的发展,为智慧乡村系统设计、整合积累了丰富的经验。

另一方面,在信息化与经济社会发展各个领域的融合过程中,除了原农业部引导推进的领域之外,智慧旅游、智慧教育、智慧医疗、智慧养老、智慧交通等也都在各地实践中不断向乡村拓展。在智慧乡村旅游方面,随着乡村旅游和休闲农业的发展,全域旅游的概念逐渐普及,智慧旅游向乡村拓展,智慧管理、智慧服务、智慧营销、智慧运营以及智慧体验等逐步融入乡村旅游全过程。比如,浙江省各地已经建成运行了多个乡村智慧旅游基础服务系统,利用互联网技术促进旅游资源整合、旅游活动发布、旅游产品推荐、游客互动体验等,促进了乡村旅游和全域旅游大发展。① 在乡村智慧教育方面,信息技术在乡村教育的应用可以追溯到20世纪90年代的教育信息化,之后,中国农村教育信息化经历了"校校通、农远工程、三通两平台、教学点数字教育资源全覆盖、薄改、改薄"② 等系列工程,为智慧乡村教育打下了扎实的基础。近年来,"互联网+教育"不断创新并在乡村应用,比如中国平安通过"村教"扶贫线上智慧教学平台

---

① 周静:《动动手指 畅游田园 乡村旅游开启"智慧模式"》,浙江在线,http://zjnews.zjol.com.cn/zjnews/zjxw/201712/t20171221_6094798.shtml。

② 黄蔚:《信息技术点亮农村教育这片蓝天——"教育与农村发展论坛"观察》,中国教育新闻网,http://www.jyb.cn/zgjyb/201709/t20170909_763198.html。

（"三村晖" APP）积极建设乡村支教资源库，湖南等省份积极实施"中小学网络联校建设工程"，将发达地区优质学校与乡镇中心校等联网建设。在智慧医疗方面，"互联网＋医疗"有力促进了城市优质医疗资源向农村延伸。比如，江西省抚州市自2017年8月开始实施智慧百乡千村健康医养扶贫工程，积极建设村乡县市四级医疗机构之间的三网合一、数据共享、远程就医、分级诊疗的智慧化医疗服务体系，实现了健康档案、日常监测、健康关爱、专业体检、慢病筛查、评估干预、远程就医的全链条服务。① 在智慧养老方面，近年来，一些地区积极探索推进信息技术融入农村养老基础设施建设和养老服务过程，智慧养老逐渐向农村拓展、实现全域覆盖。比如，截至2017年年底，陕西省已建成农村互助幸福院8124个、覆盖陕西省48.65%的行政村，在此过程中，积极推进与陕西移动公司合作，推动居家社区智慧养老服务信息平台建设，采取"互联网＋智慧养老"、智能化呼叫、APP等信息化手段，为独居、贫困、残疾等老年人提供各类服务。② 除了这些智慧公共服务之外，随着新一代信息技术在乡村的渗透、与乡村发展的融合，智慧交通、智慧环保、智慧精准扶贫等也都积累了丰富的实践经验。

---

① 李志勇：《智慧医疗消除农村"健康盲点"》，经济参考网，http：//www.jjckb.cn/2019 - 01/25/c_ 137773137.htm。到2018年3月，抚州已经有613个村医务室、78个乡镇卫生院、17个社区服务中心和12个县医院分别建立智慧医疗服务平台和第四代智慧健康小屋，搭建起汇聚个人健康信息、覆盖全体居民的电子健康档案云平台。

② 朱童戈：《陕西将实现互联网＋智慧养老 两年建3000个幸福院》，西部网，https：// baijiahao.baidu.com/s？id = 1616655565080434413&wfr = spider&for = pc。

# 三 智慧乡村建设面临的问题

信息技术和乡村发展的融合为智慧乡村建设奠定了良好的基础，未来推进智慧乡村建设，主要还面临以下四个方面的问题。

第一，智慧乡村建设缺乏整体规划设计。乡村振兴战略中已经提到了"实施数字乡村战略，做好整体规划设计"的要求。目前，虽然农业农村信息化有总体规划，但智慧乡村建设还处于自下而上的各地自主探索阶段，比如上面提及的各地数字乡村建设的探索、各地各类智慧功能在乡村的应用探索等。"全国农业农村信息化示范基地"以地方政府、企事业单位为主体，并不是以某地乡村为主体。同时，各类智慧应用功能还处于各自分别应用状态，还有待进行系统性地统筹。可见，推进智慧乡村建设，亟待形成整体的、统一的、具有分类指导作用的智慧乡村规划设计。

第二，智慧城乡建设差距较大。虽然农业农村信息化不断推进，但与城市信息化、智慧城市建设相比，差距还很大，城乡数字鸿沟长期存在。截至2018年6月，中国城镇地区互联网普及率为72.7%，农村地区互联网普及率为36.5%；城镇网民规模占整体网民的73.7%，农村网民占比26.3%。[1] 随着城镇化的推进，城镇网民规模比重也表现出逐步提高的趋势。同时，城乡差异导致城乡网络应用的差异，城镇网民在网络购物、旅行预订、

---

① 中国互联网信息中心发布的第42次《中国互联网发展状况统计报告》。

网上支付及互联网理财等应用的使用率高于农村网民，在即时通信、网络音乐、网络视频等应用表现出的差异较小。

第三，智慧乡村建设存在地区不平衡。各地乡村信息化基础差距较大，根据国家信息中心报告的数据，东部地区发展优势明显，2017 年，我国东部、中部、西部和东北四大区域数字中国发展指数分别为 74.2、70.7、68.6 和 69.8。[①] 具体应用来看，各地特色农业、智慧农业、休闲农业、农村电子商务发展基础不同，不同类型的村庄智慧乡村建设的需求不同、各类智慧应用现状也不同。而且，《国家乡村振兴战略规划（2018—2022 年）》将乡村分为集聚提升类村庄、城郊融合类村庄、特色保护类村庄和搬迁撤并类村庄，不同类型的村庄智慧乡村建设基础均不相同。

第四，智慧乡村建设的要素支撑有待加强。随着人口乡城迁移，人才、资金等要素不足是乡村振兴的主要制约因素，在智慧乡村建设中更加明显。一方面，智慧乡村建设的人才不足。村镇领导对智慧乡村的认识有待加强，专业技术人才不足，作为参与者和应用主体的村民的信息化素养有待进一步提升。另一方面，农村信息化资金需求较大。一些区县级的农村高清视频监控项目总投资动辄上千万元，比如，河南省平顶山市湛河区农村高清视频监控项目总投资共计 1600 余万元、北京马驹桥镇无线视频监控及指挥调度 4G 专网系统两期合计投资 4000 万元等。国家电子商务进农村综合示范县计划中，中央对每个县直接投入 1850万—2000 万元不等的财政资金进行扶持，用于发展农村电商。

---

① 国家信息中心：《数字中国建设通讯》（2018 年第 2 期）中的《数字中国大数据报告专栏》。

# 四　智慧乡村建设的总体思路

根据农业农村信息化的推进经验和各地智慧乡村建设的探索实践，结合智慧城市建设体系，按照乡村振兴战略"产业兴旺、生态宜居、乡风文明、治理有效、生活富裕"的总要求，坚持"共享、统筹、分类、融合、创新"的五大建设理念，构建"1+5（N）"的智慧乡村建设体系，即"智慧基础支撑+5大领域N项智慧应用"，建立政策支持体系，全面推进新时期智慧乡村建设。

## （一）智慧乡村建设基本理念

一要坚持共享推进，提高农民获得感。农民是智慧乡村的主要参与者和实践者。智慧乡村建设要充分考虑农民需求，提高农民的参与度和积极性，才能确实实现其应用价值和现实意义。乡村智慧基础设施建设和智慧应用体系建设，应着力于改善农村生活条件、促进农村经济发展、提高农民收入水平，提高农民获得感和幸福感。

二要坚持统筹推进，构建智慧乡村体系。当前，智慧乡村建设以各地自主探索为主，还缺乏整体规划。新时期全面推进智慧乡村建设，需要在现有农业农村信息化规划和智慧城市建设顶层设计的基础上，加强整体规划设计，以设计试点和自主探索相结合、自上而下和自下而上相结合的方式，引导各级政府、各类企业、乡村、公众积极参与，统筹推进智慧乡村建设。

三要坚持分类推进，因地制宜建设智慧乡村。各地差异化的条件决定了多样化的推进模式。各地智慧乡村建设经验，正是各地根据发展基础和发展需求，进行的建设和应用试验。新时期全面推进智慧乡村建设，需要在整体设计基础上，尊重各地差异、根据各地基础和需求对乡村进行分类，因地制宜推进智慧基础设施建设和智慧乡村应用功能的设计和创新。

四要坚持融合推进，促进智慧城乡建设。在智慧乡村建设的智慧基础设施和智慧应用方面，城乡融合发展既是手段也是目标。乡村智慧基础设施建设的过程，就是城乡信息基础设施一体化的过程。智慧城市建设过程中的很多智慧应用功能都可以向乡村拓展和创新，比如智慧教育、智慧医疗、智慧交通等。推进智慧城乡建设，有利于促进城乡融合发展。

五要坚持创新推进，促进制度创新和应用创新。智慧乡村建设，要加强引导多方合作、参与，积极创新建立有利于促进智慧乡村建设的体制机制；在智慧城市应用体系拓展基础上，积极探索、创新、开发符合农民需求和乡村发展需求的智慧应用功能；顺应新一代信息技术的快速发展，积极创新探索新技术在乡村的应用。

## （二）"1+5（N）"智慧乡村建设体系

根据五大建设理念，围绕乡村振兴要求和农业农村现代化目标，积极完善乡村智慧基础设施，推进乡村产业、乡村环保、乡风建设、乡村治理、乡村服务五大领域的智慧化，因地制宜建立、拓展、创新"1+5（N）"的智慧乡村建设体系（见图1）。

**图 1　"1 +5(N)"智慧乡村建设体系**

"1" 即完善乡村智慧基础支撑。按照农业农村信息化规划和乡村振兴规划的要求，积极完善乡村智慧基础支撑。一是加快农业农村信息化基础设施建设。加强农业农村信息化装备建设，推动智慧城市农业领域的试点示范和农业产业链信息化基础设施建设，推动"宽带中国"战略在农村深入实施，落实光纤覆盖和光纤升级改造，实现信息网络泛在化。二是推进信息进村入户。继续推进益农信息社建设，建设信息进村入户全国平台，统筹整合农业公益服务和农村社会化服务资源，培育提高农民智能终端应用水平。三是培育壮大农业信息化产业。引导大型传感器制造商、物联网服务运营商、信息服务商等进入农业农村信息化领域，培育和壮大农业信息化产业；积极提升农业信息化科技创新能力。

"5(N)" 即从五个方面推进智慧应用，促进乡村产业智慧化、乡村环保智慧化、乡风建设智慧化、乡村治理智慧化、乡村服务智慧化。

乡村产业智慧化，主要包括智慧农业、农村电子商务、智慧物流、智慧乡村旅游等。按照农业农村信息化和乡村振兴等规划文件的要求，大力发展数字农业，实施智慧农业工程和"互联网+"现代农业行动，提高农业信息化水平。积极发展农村电子商务，结合电子商务进农村综合示范工作，建立完善"市级＋镇级＋村级"的城乡电子商务体系和城乡物流网络，完善农村电商服务体系，统筹推进农产品上行和消费品下行。对乡村旅游和休闲农业具有较好基础或潜力的地区，将信息技术融入乡村旅游的管理、组织、宣传、营销、体验互动等各个环节，以智慧乡村旅游带动城乡旅游一体化，促进全域旅游。

乡村环保智慧化，主要是将智慧环保技术应用到乡村环保领域，建设美丽智慧乡村。目前，智慧环保主要应用于监测数据采集分析、环境治理与污染源监测、危险废弃物移动管理、环境应急管理、环境治理模拟与评估系统等领域（党安荣等，2018）。在向乡村拓展中，智慧环保技术重点在农村大气和水环境监测、污水处理、垃圾处理、村镇智慧环保公园等方面应用，各地根据环保需求，因地制宜探索创新智慧环保应用。

乡风建设智慧化，主要包括智慧文化建设、智慧文明传承、智慧村民培育等功能。将互联网技术融入基层公共文化服务领域，实施智慧文化工程，提高各级文化站/文化室、阅览室、农家书屋、农村文化大院等乡村文化设施和活动场所的数字化和网络化水平，提高利用效率，促进乡村文化建设。加强互联网技术在乡村传统文明保护中的作用，结合智慧乡村旅游将"互联网＋"融入古镇、古村落、古民居等历史风貌保护和民间文化、民俗文化传承中，比如"互联网＋古村落＋旅游＋创客"模式。① 结合乡村智慧教育，促进农民培训、百姓课堂的智慧化，加强传统文化教育、村规民约、职业技能等领域的培训，培育有文化、懂技术、会经营的新型农民。

乡村治理智慧化，主要包括电子政务、智慧农村社区/村庄治理、智慧资源管理、智慧精准扶贫等。在农村管理信息化基础上，继续深入推进农业政务信息化深化工程，促进政务信息化向智慧政务升级，借助互联网技术推动形成互动参与的农村基层自治模式。推进智慧社区管理在农村社区/村庄的应用，以"雪亮工程"建设乡村智能防控体系，推进农村网格化管理，促进人口管理、综治工作、市场监管、综合执法、污染防控等基层服务和管理的精细化、精准化。智慧资源管理方面，采用卫星遥感、空间地理信息等技术，实现农村地区各类资产资源和权属"一张图"管理（王耀宗、牛明雷，2018），建立农村集体资产网络管理平台和交易平台。构建统一的扶贫开发大数据平台，建立扶贫动态跟踪监测机制，推进扶贫相关数据资源共享，实现扶贫对象精准识别、精准帮扶和精准脱贫。

乡村服务智慧化，主要包括智慧教育、智慧医疗、智慧养老、智慧交通、智慧就业服务等智慧城市的民生领域的主要应用向乡村的延伸和覆盖。智慧教育具有较好的基础，未来需要积极改善乡村的智慧学习环境和新型教学模式，结合现代教育制度的逐步完善，推进乡村教育智慧化和城乡教育一体化。在智慧医疗方面，加强基层医疗机构信息化建设，促进智慧医院、远程医疗

---

① 比如，在全国乡村旅游创客基地之一的浙江浦江新光村，借助当地最具特色的"非遗"、书画、手工艺品、国学馆、花艺店、咖啡馆及个性化农产品等文化旅游产品，打造了"旅游＋创客＋古村落＋互联网"的乡村旅游新业态。

深入发展，推进城乡医疗信息资源共享，实现乡村患者与优质医疗服务机构的医务人员、医疗机构、医疗设备间的互动，推进医疗服务、公共卫生、医疗保障、用药监管等智慧医疗体系向农村延伸。针对城镇化和老龄化背景下的农村养老难题，将城市智慧养老向乡村延伸，提高村镇养老服务中心的信息化水平，借助智能穿戴设备、智能家居和智慧医疗的监测、预警和服务功能让农村老人能够居家享受家政服务、生活照料、餐饮服务、精神慰藉、康复护理等服务，构建城乡一体的养老体系。在各地推进城乡交通基础设施和"城区—镇—村"公交网络建设的同时，一并推进城乡一体的智慧交通，实现全域交通引导、指挥控制、调度管理和应急处理的智慧化。在新型职业农民培育、农民技能培训、就业信息服务等方面，积极融入信息技术。

# 五　智慧乡村建设的政策建议

为支持智慧乡村全面建设，应从整体设计、申建试点、自主创新、要素支撑等方面制定相应的对策措施。

一要加快推进整体设计。在现有农业农村信息化和智慧城市建设基础上，尽快制订智慧乡村（或者数字乡村、智慧村庄）整体规划设计，以系统性思维实现各项智慧应用功能的整合，以"1+5（N）"智慧乡村建设体系为基本框架，推进各省、市因地制宜制订各自的智慧乡村建设规划和实施方案。

二要积极推进试点申建。在前期农业农村信息化试点、智慧城市建设试点、农村电子商务试点等基础上，推进智慧乡村

（或者数字乡村、智慧村庄）建设试点工程。按照智慧乡村建设基础、乡村发展特征等进行分类，选择代表性的地区进行试点，形成、总结并向全国推广成功模式和经验，带动各地智慧乡村建设。

三要鼓励各类自主创新。智慧乡村建设重点在于智慧应用功能向（在）乡村的延伸、应用和创新，为此，在总体设计和试点的同时，要建立相应的评价机制、激励机制、推广机制，鼓励各地政府、各类企业、科研机构等自主探索新一代信息技术与农业农村发展各方面的融合，创新智慧应用功能，推动智慧城乡建设。

四要加强人才队伍建设。首先，加强村镇领导、部门工作人员、新型职业农民等信息化应用能力培训，提高技术和信息素养；其次，加强各类村民信息化应用能力培训，包括手机、电脑等智慧终端设备的使用和 APP 的应用等；最后，在具体乡村智慧应用推广过程中，比如智慧旅游、智慧农业、农村电子商务、各类公共服务等，对参与其中的农民进行专业培训。

五要积极引导资本入乡。坚持政府引导、市场主导的基本原则，以吸引本地人才返乡创业就业、吸引各类企业参与乡村发展、联合各类企业合作推进各类智慧应用等方式，积极引导各类互联网类、应用技术类、规划类企业为智慧乡村建设出谋划策，为智慧乡村建设和乡村振兴提供强大的智力、资金和技术支持。

## 参考文献

1. 陈文杰：《建设"智慧乡村"的构想与建议》，《决策咨询》2018年第 3 期。

2. 党安荣、甄茂成、王丹、梁军：《中国新型智慧城市发展进程与趋势》，《科技导报》2018 年第 18 期。

3. 顾彬：《浅谈城乡统筹发展视角下的"智慧乡村"建设》，《农村经济与科技》2012 年第 6 期。

4. 刘军萍、白晨、王晓丽：《"美丽智慧乡村"集成创新试点建设实践探索与思考——以北京市平谷区大兴庄镇西柏店村为例》，《农业工程技术》2016 年第 15 期。

5. 王甜：《智慧乡村的规划构想》，《小城镇建设》2014 年第 10 期。

6. 王耀宗、牛明雷：《以"数字乡村"战略统筹推进新时代农业农村信息化的思考与建议》，《农业部管理干部学院学报》2018 年第 9 期。

# 新医改以来农村医疗卫生体制
# 改革的现状、问题与前瞻

赵 黎[*]

**摘　要：** 新医改启动以来，农村医疗卫生体制改革取得了巨大成就，农村居民健康和医疗卫生水平得到大幅提高，公共卫生服务、基层医疗服务、基本药物制度和医疗保险制度等方面都不同程度地取得了阶段性突破。本报告讨论新医改背景下农村医疗卫生体制的改革与发展，回顾新医改十年取得的进展与成效，分析新医改面临的主要问题。在农村基本公共卫生服务项目方面，存在服务项目实施规范较为烦琐、任务核定与绩效考核的可操作性较差等问题；在农村医疗服务体系方面，存在农村基层医疗服务能力偏低、乡村医生紧缺和待遇有待提高等问题；在基本药物制度方面，存在居民就医费用和基层医疗卫生机构诊疗成本"双增加"、不同层级医疗卫生机构利益冲突等问题；在农村医疗保险制度方面，存在医保差异化支付未能充分体现医保的杠杆

---

　*　赵黎，社会科学博士，中国社会科学院农村发展研究所助理研究员，研究方向为合作经济组织与社会经济、乡村治理、农村公共服务、社会组织与制度。

作用、统筹层次提高未能有效提升居民获得感等问题。本报告在总结经验、揭示问题的基础上，展望农村医疗卫生体制改革与发展的方向，提出探索稳定基层医疗队伍的有效途径、加强基层医疗卫生机构信息化建设、及时完善和修订医疗卫生基本制度与指导性规范等政策建议。

**关键词：**新医改 农村基层医疗卫生 公共卫生服务 基本药物 农村医保

# The Development of Rural Healthcare since China's New Health System Reform: Current Situations, Challenges and Prospects

Zhao Li

**Abstract:** Since the beginning of China's new health system reform, great achievements have been made. In the past decade, the healthcare conditions of rural residents have been greatly improved. Rural medical and healthcare undertakings have made breakthroughs and progress, and achievements have been made to varying degrees in public health services, grass – roots medical services, essential drug provision and medical insurance provision. China has been actively exploring a new path of new health system reform. This report discusses the reform and development of rural healthcare system, reviews the progress and achievements, and summarizes some major problems. In terms of basic public health services in rural areas, problems exist including complicated implementation of service items and poor feasibility of task verification and performance evaluation. Problems in rural medical service system include a relatively low capacity of rural primary medical services, a shortage of rural doctors, and a need to improve their salaries and pension funds. In the aspect of essential drug system, problems exist including an increase in both medical expenses for residents and cost of diagnosis and treatment for grassroots hospitals and primary medical institutions, as well as aggravation of conflicts of interests among medical institutions at different levels. In the aspect of rural medical insurance system, the differential payment of medical insurance fails to fully play a leverage role of medical insurance, and residents' sense of security has not been effectively enhanced. Based on the analysis, the study puts forward a number of policy recommendations, including exploring effective ways to stabilize medical teams at the grassroots level, strengthening the informatization construction of grassroots medical institutions, as well as improving the basic healthcare service system and revising guiding norms in a timely way.

**Key Words**: Health System Reform; Grassroots Healthcare Service in Rural Area; Basic Public Health Service; Essential Drug

System；Basic Medical Insurance

2009 年 3 月 17 日，《中共中央国务院关于深化医药卫生体制改革的意见》（以下简称《意见》）的颁布，拉开了中国新一轮医疗体制改革（以下简称新医改）的序幕。《意见》提出了"保基本、强基层、建机制"的顶层设计，推进农村基层医疗卫生体系建设。在推进新医改工作过程中，特别是党的十八大以来，以习近平同志为核心的党中央不断完善顶层设计，加大政府投入，坚持以人民为中心的发展思想，把建设健康中国上升为国家战略，积极推动基本医疗卫生制度建设。经过十年的探索与实践，新医改取得了显著成就，人民健康和医疗卫生水平得到明显提高。与此同时，在城乡发展不均衡的背景下，如何充分利用现有的农村基层医疗卫生资源，为农村居民提供优质、便捷、高效、安全的基本医疗和公共卫生服务，提高利用和获得医疗卫生服务的公平性与可及性，是新医改工作的重点和难点。自新医改启动以来，农村医疗卫生体制改革在公共卫生服务、基层医疗服务、基本药物制度和医疗保险制度方面，都不同程度地取得了阶段性突破，同时仍然面临诸多发展中的问题。本报告主要围绕农村基层公共卫生服务体系、医疗服务体系、药品供应保障体系和医疗保障体系，总结与回顾新医改十年来农村医疗卫生体制的改革与发展，分析农村医疗卫生体制改革面临的问题，并在此基础上，对进一步推进农村医疗卫生体制改革与发展进行展望，提出相关政策建议。

# 一　农村医疗卫生体制改革发展现状与成效

新医改背景下农村医疗卫生服务体系的发展，涉及健全以县级医院为龙头、乡镇卫生院和村卫生室为基础的农村三级医疗卫生服务网络，实施国家基本药物制度和基本医疗保障制度，促进城乡基本公共卫生服务逐步均等化。

## （一）农村基本公共卫生服务项目

自 2009 年新医改启动以来，为提升公共卫生服务均等化程度，国家基本公共卫生服务项目在农村基层医疗卫生机构普遍展开。从 2009 年到 2018 年，人均基本公共卫生服务经费补助标准从 15 元逐步提升到 55 元，项目内容从 9 大类扩展至 14 大类，主要针对当前慢性病患者人数快速增加、社会老龄化程度不断加深、新旧传染病防控形势依然严峻等公共卫生问题。① 此外，原国家卫计委还要求各地区在项目实施过程中结合全科医生制度建设、分级诊疗制度建设和家庭医生签约服务等工作，积极采取签约服务的方式为居民提供基本公共卫生服务。

在农村基本公共卫生服务项目运作中，中央政府要求各地合理确定乡村两级任务分工，原则上将 40% 左右的工作任务（不

---

① 这 14 大类服务项目具体包括：居民健康档案管理、健康教育、预防接种、0—6 岁儿童健康管理、孕产妇健康管理、老年人健康管理、慢性病患者健康管理（高血压、糖尿病）、严重精神障碍患者管理、肺结核患者健康管理、中医药健康管理、传染病及突发公共卫生事件报告和处理、卫生计生监督协管、免费提供避孕药具、健康素养促进。其中，后两项为 2017 年新纳入的服务内容。

含新纳入的两项）交由村卫生室承担。此外，根据国家卫生健康委员会、财政部、国家中医药管理局三部门联合发布的《关于做好2018年国家基本公共卫生服务项目工作的通知》（国卫基层发〔2018〕18号），对于乡村医生提供的基本公共卫生服务，主要通过政府购买服务的方式，根据核定任务量和考核结果，将相应基本公共卫生服务经费拨付给乡村医生，新增的5元人均基本公共卫生服务经费重点向乡村医生倾斜，用于加强村级基本公共卫生服务工作。

## （二）农村医疗服务体系

新医改提出大力发展农村医疗卫生服务工作，要求用三年时间建成比较完善的基层医疗服务体系，加快农村三级医疗卫生服务网络建设。① 积极推进农村基层医疗卫生机构能力建设、加强农村卫生人才培养和队伍建设、逐步建立分级诊疗和双向转诊制度，都是"强基层"的关键内容。

自从新医改启动以来，为推进农村基层医疗卫生机构能力建设，我国政府对医疗卫生基础设施建设进行了大量投资，农村医疗卫生条件逐步得到改善。据统计，每千农业人口乡镇卫生院床位数稳步提高，2017年达到1.35张（见表1）。为推进区域医疗资源共享，强调整合二级以上医院现有的检查检验、消毒供应中心等资源，向基层医疗卫生机构和慢性病医疗机构开放。为完

---

① 根据《意见》要求，在健全农村医疗卫生服务网络工作中，县级医院作为县域内的医疗卫生中心，应主要负责基本医疗服务及危重急症病人的抢救，并承担对乡镇卫生院、村卫生室的业务技术指导和卫生人员的进修培训；乡镇卫生院负责提供公共卫生服务和常见病、多发病的诊疗等综合服务，并承担对村卫生室的业务管理和技术指导；村卫生室承行行政村的公共卫生服务及一般疾病的诊治等工作。有条件的农村实行乡村一体化管理。

善农村医疗服务体系，不同地区积极推进县域医联体或医共体建设，探索设置独立的区域医学检验机构、病理诊断机构、医学影像检查机构、消毒供应机构和血液净化机构，帮助基层医疗卫生机构提高服务能力和管理能力，推进区域内资源共享、同级医疗机构之间以及医疗机构与独立检查检验机构之间检查结果的互认。

表1　　　　　　　新医改以来农村基层医疗卫生机构医疗服务情况

| 年份 | 乡镇卫生院 | | | | | 村卫生室 | | |
|---|---|---|---|---|---|---|---|---|
| | 诊疗人次（亿次） | 入院人数（万人） | 诊疗人次占基层医疗卫生机构诊疗人次比例（%） | 入院人数占基层医疗卫生机构入院人数比例（%） | 每千农业人口床位数（张） | 诊疗人次（亿次） | 诊疗人次占基层医疗卫生机构诊疗人次比例（%） | 乡卫生院设点数占比（%） |
| 2009 | 8.77 | 3808 | 25.84 | 92.63 | 1.05 | 15.52 | 45.74 | 7.18 |
| 2010 | 8.74 | 3630 | 24.21 | 91.90 | 1.12 | 16.57 | 45.88 | 7.66 |
| 2011 | 8.66 | 3449 | 22.77 | 91.36 | 1.16 | 17.92 | 47.09 | 8.47 |
| 2012 | 9.68 | 3908 | 23.55 | 91.87 | 1.24 | 19.27 | 46.90 | 8.92 |
| 2013 | 10.07 | 3937 | 23.29 | 91.56 | 1.30 | 20.12 | 46.53 | 9.23 |
| 2014 | 10.29 | 3733 | 23.57 | 91.18 | 1.34 | 19.86 | 45.52 | 9.20 |
| 2015 | 10.55 | 3676 | 24.29 | 91.06 | 1.24 | 18.94 | 43.62 | 9.40 |
| 2016 | 10.82 | 3800 | 24.79 | 91.24 | 1.27 | 18.53 | 42.43 | 9.46 |
| 2017 | 11.11 | 4047 | 25.08 | 90.94 | 1.35 | 17.89 | 40.40 | 10.06 |

资料来源：根据《中国统计年鉴》《中国卫生统计年鉴》各年数据计算所得。

近年来，中央政府大力倡导通过多种方式、多种渠道培养乡村医学人才和全科医生，推动全科医生的规范化培养。根据《分级诊疗试点工作考核评价标准》，到2017年，每个乡镇卫生院拥有1名以上全科医生。统计数据显示，2009年到2017年，农村每千人口卫生技术人员、执业（助理）医师、注册护士数分别由 2.94 人、1.31 人和 0.81 人提高到 4.28 人、1.68 人和 1.62 人。在推进县域医联体或医共体建设过程中，基层医疗卫生机构医务人员的诊断能力、服务能力和管理能力不同程度地得到提高。此外，不同地区对基层医疗卫生人才提供相应补助。例如，作为健康扶贫的一项内容，湖南省对具有初级及以上职称的在编在岗医疗卫生技术人员，在片区农村院工作期间给予每人每月不低于 300 元的人才津贴。

为应对基层医疗机构日渐边缘化的趋势，以"强基层"为目标，我国政府积极推进分级诊疗制度建设。近年来，中央政府先后出台《国务院办公厅关于推进分级诊疗制度建设的指导意见》（国办发〔2015〕70 号）和《关于进一步做好分级诊疗制度建设有关重点工作的通知》（国卫医〔2018〕28 号），提出到 2020 年基本建立符合国情的分级诊疗制度。2015 年，全国已有超过一半的县开展了基层首诊试点，乡镇卫生院诊疗人次占基层医疗卫生机构诊疗人次的比重也开始由降转升，到 2017 年超过了 25%（见表 1）。

## （三）基本药物制度

2009 年的《意见》正式提出医药分开的改革原则。同年，卫生部等九个部门印发《关于建立国家基本药物制度的实施意见》，由此启动国家基本药物制度建设工作。国家基本药物制度涉及对基本药物多个环节制定相关政策，其政策框架主要包括基本药物目录遴选调整管理、生产供应、价格制定和实行零差率销售、促进基本药物优先合理使用、完善报销环节、加强药品质量安全监管、健全工作绩效评估等方面内容。统计数据显示，基本药物制度的实施能够促进医院收入结构持续优化。2010—2015年，全国公立医院药品占比从46%降到约40%。到2017年，全国范围内的公立医院都取消了15%的药品加成政策。

2010年，国务院办公厅下发《关于建立健全基层医疗卫生机构补偿机制的意见》，提出在政府举办的已实施基本药物制度的基层医疗卫生机构实施一般诊疗费，将挂号费、诊查费、注射费以及药事服务成本合并为一般诊疗费，实行"一费制"。2013年年初，国务院发布《关于巩固完善基本药物制度和基层运行新机制的意见》，要求全面实施一般诊疗费，并进一步明确了一般诊疗费项目的收费标准，原则上控制在人均10元左右。

## （四）农村医疗保险制度

在新医改启动之前，作为农村医疗保障制度的重要形式，新型农村合作医疗制度基本实现了农村地区的全面覆盖。新医改明确提出逐步实现城乡医疗保障一体化的发展方向。在这样的发展格局下，医保制度发挥着引导医疗、合理配置和科学使用医药资源的基础性作用，其在新医改中的地位越来越重要。近年来，在加快推进医保制度建设过程中，基本医疗保险参保率稳定在95%以上，2018年，城乡居民医保财政补助标准达到人均490元，人均个人缴费相应提高（见表2）。基本医疗保险稳定、可持续的筹资和报销比例调整机制正在逐步建立，基本医保全国联网和异地就医结算也在加快推进。到2017年，全国大部分地区基本实现符合转诊规定的异地就医住院费用直接结算。

**表 2**　　　　农村居民基本医疗保险筹资水平（2003—2018 年）①

单位：元/人

| 年份 | 各级财政补助标准 | | | | | 个人缴费标准 |
|---|---|---|---|---|---|---|
| | 中央财政补助标准 | | 地方财政补助标准 | | 总计 | |
| | 西部 | 中部 | 西部 | 中部 | | |
| 2003 | 10 | | 10 | | 20 | 10 |
| 2004 | 10 | | 10 | | 20 | 10 |
| 2005 | 10 | | 10 | | 20 | 10 |
| 2006 | 20 | | 20 | | 40 | 10 |
| 2007 | 20 | | 20 | | 40 | 10 |
| 2008 | 40 | | 40 | | 80 | 20 |
| 2009 | 40 | | 40 | | 80 | 20 |
| 2010 | 60 | | 60 | | 120 | 30 |
| 2011 | 124 | 108 | 76 | 92 | 200 | 50 |
| 2012 | 156 | 132 | 84 | 108 | 240 | 60 |
| 2013 | 188 | 156 | 92 | 124 | 280 | 70 |
| 2014 | 220 | 180 | 100 | 140 | 320 | 90 |
| 2015 | 268 | 216 | 112 | 164 | 380 | 120 |
| 2016 | 300 | 240 | 120 | 180 | 420 | 150 |
| 2017 | 324 | 258 | 126 | 192 | 450 | 180 |
| 2018 | 356 | 282 | 134 | 208 | 490 | 220 |

资料来源：相关年份《关于做好新型农村合作医疗工作的通知》和《关于做好 2018 年城乡居民基本医疗保险工作的通知》。

　　顺应统筹城乡发展的思路，我国加快推动构建整合型医疗卫生保障制度，逐步实现城乡医疗保险一体化（赵黎，2017）。按照《国务院关于整合城乡居民基本医疗保险制度的意见》（国发〔2016〕3 号）的要求，各地大力推行城乡居民医保在"覆盖范

———————

　　① 根据历年政策文件，中央财政对东部地区补助标准为"按一定比例补助"。

围、筹资政策、保障待遇、医保目录、定点管理、基金管理"等方面实行"六统一"政策，并在制度整合过程中探索不同的实践形式。同时，在基本医保普惠的基础上，近年来，国家对建立城乡居民大病保险制度给予了高度重视。2016 年 6 月 21 日，原国家卫计委、国务院扶贫办等十五个部门联合印发《关于实施健康扶贫工程的指导意见》，提出重点提高农村医疗保障水平，建立基本医疗保险、大病保险、疾病应急救助、医疗救助等制度的衔接机制，以形成对农村贫困人口的保障合力。完善大病保险政策包括对建档立卡贫困人口、五保供养对象和低保对象等在内的城乡贫困人口实行倾斜性支付政策，不同地区建档立卡贫困人口 100% 参加城乡居民基本医疗保险和大病保险。2018 年，城乡居民大病保险全面推开，重特大疾病医疗救助也全面开展。中央财政城乡医疗救助补助资金达到 235 亿元，比 2016 年增加 75 亿元，用于资助城乡困难居民参加基本医疗保险和支持全面开展重特大疾病医疗救助等工作。

# 二　农村医疗卫生体制改革中的主要问题

## （一）农村基本公共卫生服务项目

笔者近两年的实地调研表明，基本公共卫生服务在绩效的规范化管理和考核的目标责任制治理方面面临以下两个突出问题。

### 1. 服务项目实施规范较为烦琐

面向全体居民、向重点人群倾斜的公共卫生服务项目，既可以提高居民的健康素质和健康管理意识，又可以减少医保基金的支付压力。然而，在项目实施过程中，项目的设计不断追求精细化和复杂化，在一定程度上导致基层医疗卫生机构承担的公共卫生和基本医疗任务日趋繁重，健康档案注重数量忽视质量，基层医务工作者处于被动应付的状态。

为规范服务项目的实施，服务规范分别对服务对象、内容、流程、要求、考核指标及服务记录表等一一做出了精细、复杂的规定。在建立居民健康档案时，基层医务工作者需要分别针对普通人群、重点人群和患病人群，填写居民个人基本信息表、健康体检表、各项检查记录、服务记录、随访记录等表格。实地调研发现，基层医务工作者既要忙于提供服务，又要忙于完成各类报表，为应对烦琐的项目规范投入了大量人力。受客观条件制约，有些服务项目的数据填报容易失真。例如，针对中医药健康管理服务项目，要求做好老年人中医药健康管理服务的记录工作，基层医务工作者要根据老年人近一年的体验和感觉所回答的 33 个问题，对其进行体质辨识，而这对基层的一些医务工作者来说难度较大，进而增加了填报数据的难度。因忙于做报表、理档案，服务规范程序的烦琐和过度牵制影响了工作效率，规制烦琐、制度设计庞杂导致了服务项目保障功能弱化，"预防为主"的公共卫生服务的实施效果也因此受到了一定程度的影响（赵黎，2018）。此外，基层医疗卫生机构对公共卫生服务项目的大量资源性投入，导致其在资源有限的情况下，其他医疗功能遭到一定程度的排挤。

### 2. 任务核定与绩效考核的可操作性较差

在任务核定和绩效评价上，由乡镇卫生院对村卫生室进行业务管理。根据服务项目的内容、任务和工作重点，确定各项服务补助或购买服务的支付标准，不得简单按照人口数拨付基本公共卫生服务经费。另外，考核结果与医务人员个人收入挂钩。然而，这种任务核定与绩效考核机制与平时的诊疗工作给基层医务工作者带来的压力一道，给他们带来了隐性工作成本，导致其职业效能降低。居民感受度是项目考核的重要内容。基层医务工作者担心病人投诉，稳定重点人群和患病人群成为基层医务工作者的一项重要工作。由于农村基层医疗卫生机构之间相互竞争，导致本该拨付的资金因各种理由不能及时、足额拨付到位（田孟，2019）。部分村卫生室根据考核综合分数所得到的绩效，会或多或少低于应当按照核发人口数拨付服务经费所拨付的金额。当工作任务和经费拨付比例不协调时，乡村医生的工作积极性会受到影响。乡村医生既要完成诊疗和随访，还要应付考核，难以抽出时间参加职业培训、继续教育、外出进修等活动，这也影响了基层医疗服务的质量，而且可能进一步削弱基层医疗服务能力。另外，由于实际服务工作内容复杂、考核所涉各要素投入有限，考核难以对乡村医生的工作质量进行客观评价，服务质量、效果和满意度等绩效考核管理目标难以实现，而且还带来了形式化的后果。

## （二）农村医疗服务体系

实施新医改以来，尽管我国政府对农村医疗卫生基础设施建设进行了大量投资，基层医疗卫生机构服务水平不断提高，但是仍然存在医疗服务能力相对较低、乡村医生紧缺、待遇有待提高等问题。

### 1. 农村基层医疗服务能力相对较低

从城乡对比来看，2017 年，农村每千人口卫生技术人员、职业（助理）医师、注册护士分别比城市少 6.59 人、2.29 人和 3.39 人，城市每千人口医疗卫生机构床位比农村高出 4.56 个，显示出城乡之间医疗卫生资源存在较大差距。[①] 城乡医疗卫生资源从物力、人力、财力等方面都存在资源配置水平差距明显的问题，供给总量不足与结构失衡现象并存，农村居民需求意愿与表达渠道也弱于城市居民（王波、杨林，2017），这与实现城乡基本公共服务均等化的要求相去甚远。

### 2. 乡村医生紧缺，待遇有待提高

新医改以来，中央政府多次出台建立健全乡村医生养老和退出的政策，以此提高乡村医生养老待遇。[②] 尽管如此，笔者在不同地区的调研表明，不少六七十岁的乡村医生面临在农村社区行医问诊的无奈与困局。年老医生积累了丰富的临床经验，但面对繁重的工作强度，他们可能会由于体力不支或者疾病而不能再从事医疗服务。然而，村医的养老问题长期得不到解决，有效的激励机制尚未建立起来。由于缺乏有效的基层医务工作者招录机制，导致村医服务供给不足，也加剧了农村基本公共卫生服务项目管理的形式化（赵黎，2018）。例如，云南省广南县者太乡下辖 4 个村委会、87 个自然村、93 个村民小组，只有 16 名乡村医

---

① 根据《中国统计年鉴（2018）》数据计算。

② 例如，2013 年 2 月发布《国务院办公厅关于巩固完善基本药物制度和基层运行新机制的意见》（国办发〔2013〕14 号），2015 年 3 月发布《国务院办公厅关于进一步加强乡村医生队伍建设的实施意见》（国办发〔2015〕13 号）。

生，由于人口居住分散，村与村之间相隔太远，乡村医生极度匮乏，且以老乡村医生居多。浙江省宁海县 60 岁以上的乡村医生超过全县村医总数的一半，深甽镇大洋村是县域边远山村，当地村医已逾七旬，仍为周边 2000 名村民提供基础护理服务；西店镇村卫生室大部分是老村医，年轻人不愿意到村里工作，乡村卫生室服务一体化管理的村卫生室建好后，找不到乡村医生，本来医生紧缺的乡镇卫生院也很难派出医生到村里去。一些村医没有编制，加之技术不能得到及时更新，这些问题都影响了村医队伍的稳定。

## （三）基本药物制度

基本药物制度在基层医疗卫生机构实施过程中存在的问题，集中体现在居民就医费用与基层医疗卫生机构诊疗成本"双增加"以及不同层级的医疗卫生机构利益冲突加剧等方面。

### 1. 居民就医费用与基层医疗卫生机构诊疗成本"双增加"

为保障基层医疗卫生机构在实施"零差率"政策时能够有序、高效运转，我国政府从 2016 年开始调整医疗服务价格，但这一调整并未达到预期目标。一方面，实施基本药物"零差率"销售政策的目的之一，是切断药物生产商、经销商和医生处方行为之间的利益链，但由于药物价格主要由药品生产企业和流通企业决定，而允许医疗卫生机构在药品采购价基础上加价 15% 销售的政策，以及医疗机构在器械、检查设备方面收取 5% 的管理费的管制政策，使医疗机构和药品生产商与经销商之间的利益关系紧密相连（朱恒鹏，2011）。这种因管制而产生的利益链导致医疗行为的扭曲。当药物与医院效益存在关联时，部分医生倾向于多开药物，导致政策的实施不仅未能降低患者支付的药品费用，而且会导致就医费用增加和药品滥用等问题。

另一方面，笔者调研发现，由于药物储存损耗、人员劳务等会产生成本，药物"零差率"政策对基层医疗卫生机构意味着负利润，而非零利润。医疗价格由政府定价的做法与市场脱节，而且政府定价不能及时更新，不可能准确反映现在的成本。实行基本药物"零差率"政策前，农村基层医疗卫生机构收支基本可以平衡，政策实施后却不同程度地面临经营困难，造成"病人越多，亏损越多"的困局。未能反映市场"无形之手"的政府指导价导致医疗服务价格"低于成本"，进一步增加了医疗卫生机构的负担成本，一些基层医疗卫生机构以出售中成药来获取收入，这也在一定程度上助推了医院的"以药养医"行为。

## 2. 不同层级的医疗卫生机构之间的利益冲突加剧

根据国家发展改革委等四部委 2016 年发布的《推进医疗服务价格改革的意见》（发改价格〔2016〕1431 号），对于医疗卫生机构取消药品加成而减少的合理收入，根据"总量控制，结构调整"的原则，通过同步调整医疗服务价格来弥补一部分，并采取有升有降的结构性调整策略，即降低大型医用设备检查治疗和检验、药品、耗材等费用，重点提高诊疗、手术、康复、护理、中医等体现医务人员技术劳务价值的医疗服务价格，逐步理顺医疗服务比价关系。笔者调研发现，由于医疗服务价格调整有利于高层级的医疗卫生机构而不利于基层医疗卫生机构，调整的医疗服务价格与基层医疗卫生机构所提供的医疗服务不匹配，导致不同层级的医疗卫生机构之间的矛盾加剧，影响了基层医务工作者的积极性。部分县级医院提供本该由乡镇中心卫生院提供的医疗服务，而乡镇卫生院在运作过程中越来越多地执行村卫生室的职能，村卫生室则在激烈的竞争中面临淘汰的局面（田孟，2019）。同时，基本药物制度要求确保基本药物保质保量、及时配送，做到不缺货、不断档，但由于药品生产商和供应商要计算其生产和配送成本，相当比例的常用药无法正常提供。笔者调研发现，农村居民在基层医疗卫生机构就医时需要的一些常用药不是基本药物，但能采购的基本药物又有限，而补充常用急救药物需要向上级医院备案采购非基药，造成了居民用药的不便，低价药品在一定程度上失去了其发挥作用的空间，也进一步削弱了基层医疗卫生机构的服务能力。基础医疗机构面临"缺钱""缺药""缺人"的困境（李春南，2017），这加深了基层医疗卫生机构与上级医疗卫生机构之间的利益冲突。

## （四）农村医疗保险制度

当前医疗制度面临的一个亟待解决的问题是医疗费用快速增长、住院率不断上升，医保基金运行风险不断加大。为保障医保基金安全运行，根据分级诊疗的原则，实施不同层级医疗机构医保差异化支付政策。另外，为提高基本医疗保障水平，规范基本医疗保障基金管理，医保筹资在提高各级财政补助标准的同时，适当提高个人筹资标准和统筹层次。笔者近年来的调研发现，这两项制度安排对保障医保基金安全运行和规范管理、提高基本医疗保障水平发挥了积极作用，但在政策实施过程中也出现了一些需要解决的问题。

**1. 医保差异化支付未能充分体现医保的杠杆作用**

从乡镇卫生院（社区服务中心）到一级医院、二级医院、三级医院，医保差异化支付政策向基层倾斜，住院报销比例依次逐渐降低，但这仍然无法从根本上解决问题。笔者调研发现，如果乡镇卫生院与上级医院的报销门槛相差较小，患者更愿意到上级医院就医。医保差异化支付在不同程度上降低了患者医保支付的比例，但其杠杆作用未能得到充分发挥（马小利、戴明锋，2017）。此外，在调研访谈中，不同地区的基层医务工作者都表示，部分农村居民就医习惯和对基层医疗机构诊疗能力的不信任并不会因为医保差额支付而有所改变，即在现有的差异化支付政策下，患者认为得到一个能将病情诊断清楚的好医生更为重要。

**2. 统筹层次提高未能有效提升居民的保障获得感**

自 2017 年实行城乡医保统筹、将统筹层次上调之后，之前参加新农合的农村居民在门诊与住院的支付比例、慢性病门诊、特殊病门诊等方面的待遇标准均有所提高，但笔者在不同地区的调查发现，当地居民的医疗福祉水平似乎没有较大提高。这主要表现在：首先，一些地区原先医疗免费政策的取消，例如，部分县市在实行城乡医保统筹之前，民政代缴参合对象、丧失劳动能力的参合残疾人和 60 周岁以上参合老年人在本乡（镇）卫生院享受免费住院，高血压、糖尿病、严重精神障碍疾病患者可以免费体检，妇女享受免费分娩，而统筹层次上调之后"三免费"政策也因此取消。

其次，每年个人门诊医疗费累计报销门槛的限制。实行医保统筹后，一些地方规定的每年门诊报销的封顶线低于统筹前的封顶线，医保政策减少了患者住院自费支付额度，但并未减轻个人门诊就医支付负担。患者在乡镇卫生院就诊一两次，用完封顶线内的报销额度后，通常会选择较高层级的医疗机构就诊。如果患者去县级医院就诊，可能导致年报销额度尚不够看一次门诊的情况。这导致一方面，当地乡镇卫生院的门诊量下降，患者为减少自己的支出，就医由门诊转为住院治疗情况增多。另一方面，由于住院治疗一次总费用有上限规定，一些手术费用较高，一些患者没治好病仍需出院，医疗机构为避免过度医疗，不会重复收治，导致医患关系趋于紧张。此外，规范医保基金管理的考核标准过于格式化，如严格管制的"挂床住院"对于以慢病稳定期住院患者为主的乡镇卫生院和其他基层医疗卫生机构而言，为避免行政处罚，需要按照考核标准中对住院的规定与要求收治患者，这也在一定程度上影响了医患关系。

## 三 农村医疗卫生体制改革未来发展的前瞻与政策建议

### （一）农村医疗卫生体制改革发展前瞻

2018 年 3 月，根据十三届全国人大一次会议通过的国务院机构改革方案，国家卫生健康委员会正式组建成立，这充分体现出推进健康中国建设、促进全民健康这一发展核心目标的正式确立。同年 8 月，国家卫生健康委员会和国家中医药管理局颁布

《关于坚持以人民健康为中心推动医疗服务高质量发展的意见》（国卫医发〔2018〕29号），强调提升县域医疗服务能力，特别是提高基层医疗卫生机构医疗服务能力和质量，提出将优质护理、药学服务等延伸至基层医疗卫生机构，加强护士等其他基层卫生人员培训，开展乡镇卫生院和社区卫生服务中心服务能力评价，加强乡镇卫生院特色科室建设，推动基层医疗卫生机构不断提升服务水平。此外，为完善统一的城乡居民基本医疗保险制度和大病医保制度，统筹推进医疗、医保、医药"三医联动"改革，根据新的国务院机构改革方案，国家医疗保障局也组建成立，将基本医疗保险、医疗救助、生育保险和长期护理保险以及药品和医疗服务价格管理等均纳入国家医疗保障局管理范围。这一项机构改革有助于在更高层面对医疗、医保、医药改革进行协调与同步推进，减少多头管理、提高医保管理效率，标志着国家治理体系与治理能力现代化在医疗领域中的实践迈出了全新的步伐，也是中国新医改进入新时代的一个里程碑。

在国家加速推进新医改工作过程中，各级地方政府也在不断创新工作机制，整合部门职能，协调各方利益，积极参与并推进着新医改在农村地区的实践进程。基层行动者在顶层设计的指引下，正在作为一种革新性力量在医改过程中发挥着自下而上的推动作用，以促进医改的实质性变革。未来构建就医新秩序的正当性需要通过合理的利益格局加以保障，而这种利益格局的构建需要基于不同社会层级、部门与利益相关者之间的共识性认识（赵黎，2018）。在新医改走向第二个十年的过程中，通过对国家政策制定的优化与地方实践空间的扩展，可以预见，中国医疗卫生改革将更有能力培育出新的符合地方实践的健康习惯行为与就医秩序，进一步促进农村基层医疗卫生服务领域的发展与改革再出发。

## （二）农村医疗卫生体制改革的政策建议

### 1. 探索稳定基层医疗队伍的有效途径

一是制定切实可行的支持性政策，完善符合当地实际情况的人才招录机制，鼓励和吸引医疗卫生人才到农村基层工作。二是重视基层卫生技术人员的培养，更新基层医务工作者的知识结构，探索培训方式的多样化。三是提高农村卫生技术人员待遇，探索通过建立县乡一体化医疗联合体，采取薪酬分配倾斜等措施充实乡镇卫生院和村卫生室的医务力量，并鼓励城市全科医生向农村转移。此外，为了提高农村基层家庭医生签约服务质量和工作效率，任务核定与绩效考核机制的建立应以激励为导向，尽量减少影响工作效率和绩效考核的负面因素和指标。为了调动村医的积极性，村卫生室根据考核综合分数所得绩效，原则上不低于按照核发人口数拨付服务经费所拨付的金额。

### 2. 加强基层医疗卫生机构信息化建设

一是完善各类信息系统，打造有助于远程会诊、移动医疗和双向转诊等人口健康和卫生信息化平台建设，加强各级医疗资源配置信息的互联互通与基层和上级医疗卫生机构之间的信息共享，争取到 2020 年实现人口信息、电子健康档案和电子病历三大数据库基本覆盖全国人口并进行信息动态更新，全面建成互联互通的国家、省、市、县四级人口健康信息平台。二是通过增加投入等途径，建立涵盖基本药物保障、药品供应、医疗服务等功能的基层医疗卫生信息系统，提高基本药物制度运行效率，使基本药物制度与医疗卫生体系的其他部分实现有机衔接。三是加强城乡医保信息管理平台的现代化建设，有效整合城乡居民参保信息，进一步实现医保机构之间联网，简化报销过程的同时减少报销手续，为医疗保障管理与监管提供信息化支撑，建立健全信息反馈机制，主动公开各类医保信息，并接受社会监督。

### 3. 及时完善和修订医疗卫生基本制度与指导性规范

一是从农村基层的实际情况出发，探索既能满足基本公共卫生服务规范化要求，又能适应当地居民服务需求的项目实施规范体系。项目实施规范体系的完善，应从利益相关方的需求出发，而不是仅从公共卫生管理机构的要求出发，可以综合衡量各利益相关方的要求或需求，重新界定服务规范的内容，区分不同层级的服务规范。根据服务规范的不同性质，可以将其区分为强制性服务规范和非强制性服务规范，使其在保障服务项目高效实施的同时，达到减轻基层医务工作者压力的目的。二是及时完善和修订基本药物制度，及时更新基本药物目录，在增加基本药物品种的同时，更加注重做好上下级医疗机构用药衔接，赋予基层医疗卫生机构使用非基本药物的灵活性，以使基本药物能够满足农村居民的切实需求，并避免"一刀切"强行考核基本药物的覆盖率或使用率。三是在基本药物目录、基本医保目录"双目录"错位发展过程中，注重基本药物与医保支付报销政策之间的有效衔接，医保部门按程序将符合条件的基本药物优先纳入医保目录范围或调整甲乙分类，逐步提高居民实际保障水平，切实减轻患者用药负担。四是因地制宜地贯彻医疗服务价格调整原则，及时评估医疗服务价格调整对医疗费用结构的影响，重新定位医疗服务价格结构的调整，区分不同层级的医疗卫生机构的医疗服务价格的结构，使医疗服务价格结构调整的积极效果惠及基层医疗卫生机构和医务工作者。

## 参考文献

1. 李春南：《政府统筹还是医院自主？——一个贫困乡镇医改中基药制度的运行困境》，《社会发展研究》2017 年第 2 期。

2. 马小利、戴明锋：《新医改背景下我国分级诊疗实践及问题分析》，《中国医院管理》2017 年第 10 期。

3. 田孟：《理顺农村三级医疗卫生机构的政策建议》，《中国农村卫生》2019 年第 9 期。

4. 王波、杨林：《共享发展理念下医疗卫生资源有效供给：基于城乡比较》，《东岳论丛》2017 年第 9 期。

5. 赵黎：《农村合作医疗制度变迁及改革的方向》，载《中国农村发展报告（2017）——以全面深化改革激发农村发展新动能》，中国社会科学出版社 2017 年版。

6. 赵黎：《发展还是内卷？农村基层医疗卫生体制改革与变迁》，《中国农村观察》2018 年第 6 期。

7. 朱恒鹏：《管制的内生性及其后果：以医药价格管制为例》，《世界经济》2011 年第 7 期。

# 生态环境篇

# 环境视角下健康乡村建设面临的困境及对策建议

于法稳[*]

**摘　要：** 健康乡村建设是美丽乡村、生态宜居乡村建设的升级版，也是"十四五"时期乃至后全面小康社会时期，我国"三农"工作的主旋律。本报告阐述了健康乡村的概念及特征，提出了健康乡村的标准，并从国家宏观政策、现实状况两个层面，分析了健康乡村建设的背景，阐述了健康乡村建设的时代价值，构建了健康乡村建设的理论框架。明确指出，实现乡村健康，确保乡村居民身体健康的必要条件，就是实现农村生态环境系统、农业生产环境系统及农村人居环境系统健康。据此，从农村生态环境系统、农业生产环境系统及农村人居环境系统三个层面，分析了健康乡村建设中存在的困境；同时，指明未来健康乡村建设将呈现出三个方面的趋势，即健康乡村建设将成为全社会的共识、其内涵将会从狭义扩展到广义、支持政策将会更加完

* 于法稳，管理学博士，中国社会科学院农村发展研究所研究员，博士生导师，农村环境与生态经济研究室主任，研究方向为生态经济理论与方法、资源管理、农村生态治理、农业可持续发展。

善。从强化农村生态环境保护、加强农业生产环境改善及推进农村人居环境治理等方面，提出了健康乡村建设的对策建议。

**关键词：**健康乡村　农村生态环境　农业生产环境　农村人居环境

# Dilemma and Countermeasure Suggestions of Healthy Countryside Construction from the Perspective of Environment

## Yu Fawen

**Abstract：**Healthy countryside construction is an upgraded version of beautiful countryside and ecological livable countryside construction, and it is also the central theme of China's "agriculture, rural areas and farmers" work during the 14th five – year plan and even the course of after the overall well – off society. This report describes the concept, the features, puts forward the standard of healthy countryside, and analyzes the background of healthy countryside construction from the two aspects of national macro policy and current situation, expounds the era value of healthy countryside construction, and constructs the theoretical framework of healthy countryside construction. It is pointed out that the necessary condition to achieve rural and rural residents' physical health is to ensure rural ecological environment system, agricultural production environment system and rural living environment system healthy. On this basis, the report analyzes the predicament of healthy rural construction from three aspects: rural ecological environment system, agricultural production environment system and rural living environment system. At the same time, it is pointed out the healthy countryside construction in the future will present three trends; namely, healthy countryside construction will become the consensus of the whole society, its connotation will be expanded from the narrow sense to the broad sense, supporting policies will be more advanced. From the aspects of strengthening the rural ecological environment protection, improving agricultural production environment and promoting the rural living environment governance, this paper puts forward the countermeasures and suggestions for the healthy countryside construction.

**Key Words**: Healthy Countryside; Rural Eco – environment; Agricultural Production Environment; Rural Living Environment

2018 年中央一号文件提出，推进健康乡村建设。主要着眼点放在了农村公共卫生服务，有关慢性病的综合防控以及职业病、精神病等的防治。由此可以看出，健康乡村建设是一个非常狭义的概念，即围绕着农村居民身体健康。事实上，健康乡村应该是一个广义的概念，不但涵盖农村居民身体健康，更涵盖了农村生态环境系统、农业生产环境系统以及农村人居环境系统的健康，三大系统的健康是确保农村居民身体健康的必要条件，也是"五大健康"之一。

在乡村振兴战略背景下，通过生态宜居乡村建设，可以实现农村美。实施农业农村优先发展，应将健康乡村作为美丽乡村、生态宜居乡村建设的升级版着力打造，到2020年全面建成小康社会后，健康乡村建设将成为农村发展的主旋律。

# 一 健康乡村的概念、特征及标准

实施乡村振兴战略，推动生态宜居乡村建设，是改善农村人居环境的有效路径。但从更高层次来讲，农村居民身体健康才是乡村振兴战略的最终目标。因此，从理论上探讨健康乡村的内涵特征以及标准，并从生态环境视角剖析其中的关键问题，将有助于推动健康乡村建设。

## （一）健康乡村的概念及其特征

党的十九大报告指出，实施健康中国战略，完善国民健康政策。2019年中央农村工作会议指出，实现农业农村优先发展，应注重健康乡村建设，保障农村居民身体健康，这是乡村振兴战略实施的最终目标。健康乡村是健康中国战略的重要组成部分，与健康城市、健康社区、健康企业、健康学校等"健康细胞"共同构成健康中国的基础。

**1. 健康的概念**

健康是人的基本权利。健康是人生的第一财富。根据百度百科给出的解释，健康是指一个人在身体、精神和社会等方面都处于良好的状态。健康包括两个方面的内容：一是主要脏器无疾病，身体形态发育良好，体形均匀，人体各系统具有良好的生理功能，有较强的身体活动能力和劳动能力；二是对疾病的抵抗能力较强，能够适应环境变化、各种生理刺激以及致病因素对身体的作用。"无病即健康"是传统健康观的核心。

对健康概念的理解，也体现出与时俱进的特征。现代健康观则具有整体健康之义。根据"世界卫生组织"的解释：健康不仅指一个人身体有没有出现疾病或虚弱现象，而是指一个人生理上、心理上和社会上的完好状态。由此表明，现代健康观下，健康的内容更加丰富、更加多元、更加广泛，包括躯体健康、心理健康、心灵健康、社会健康、智力健康、道德健康、环境健康等。

现代健康的内容可以划分为三类：第一类是生理方面，第二类是心理方面，第三类是社会适应性。其中社会适应性归根结底取决于生理和心理的素质状况。作为身心统一体的人，身体和心理是紧密依存的两个方面。心理健康是身体健康的精神支柱，身体健康又是心理健康的物质基础。良好的情绪状态可以使生理功能处于最佳状态；反之则会降低或破坏某种功能而引起疾病。身体状况的改变可能带来相应的心理问题，如生理上的缺陷、疾病，特别是痼疾，往往会使人产生烦恼、焦躁、忧虑、抑郁等不良情绪，导致各种不正常的心理状态。

一般而言，平衡饮食、适量运动、戒烟限酒、心理健康是维护健康的四大基石，这也是传统健康观的典型观点，也是从个体行为视角提出来的。但在现代健康观下，个体自身行为对健康产生一定的影响，但个体处于生态—经济—社会复合系统之中，清新的空气、洁净的饮水、干净的居住环境以及安全优质的农产品对人体健康也至关重要，甚至起到决定性作用。上述生态产品供应不充分，农村居民身体健康势必受到极大影响。

**2. 健康乡村的概念**

健康乡村的概念最早出现在 20 世纪 80 年代。当时，在世界卫生组织的倡议和引导下，健康城市重新进入规划师的视野，并得到欧美国家的积极响应。健康乡村的概念与健康城市同时被提出，并在地中海东部国家率先实践与评估，随后扩展至西太平洋地区和拉丁美洲国家。2000 年之后，又有亚洲、南美洲的国家加入其中。中国也有学者从乡村的公共卫生、基本医疗服务、医疗保障和公共支持等视角，对健康乡村的理论和实践进行探索。一个明显的特点，就是健康乡村的概念早已突破医学范畴，其外延扩展至城乡规划学、社会、经济、地理和生态等多个学科。

然而，到目前为止，健康乡村仍没有一个统一的概念界定。因为对健康乡村概念的理解，每个人的价值观不同、基于的视角不同而难以确切定义；同时，不同区域乡村居民的需求不同，对健康乡村进行确切定义也是不可能的。但学术界对健康乡村应该包含的活动或内容、采取的方式方法或途径进行了归纳，一致认为，应从环境状态、采取的方式、包含的内容、实施结果的评价和世界卫生组织的作用等方面对健康乡村进行阐述。由此看出，国外学者对健康乡村内容的概括与总结基本涵盖了各个学科，也涵盖了城乡规划中的基础设施、公共服务、生态环境等内容。这些方面，又具体包括污水处理、给排水，固体废弃物和化学废弃物的处理，房屋质量，个人、家庭、社区的卫生，健康护理以及成立社区健康委员会实施的健康乡村项目。

2018年中央一号文件提出，完善基本公共卫生服务项目补助政策，加强基层医疗卫生服务体系建设，支持乡镇卫生院和村卫生室改善条件。加强乡村中医药服务。开展和规范家庭医生签约服务，加强妇幼、老人、残疾人等重点人群健康服务。倡导优生优育。深入开展乡村爱国卫生运动。由此可以看出，这里的健康乡村建设也是一个非常狭义的概念，即农村居民的身体健康。

《关于开展健康城市健康村镇建设的指导意见》指出，健康村镇是在卫生村镇建设的基础上，通过完善村镇基础设施条件，改善人居环境卫生面貌，健全健康服务体系，提升群众文明卫生素质，实现村镇群众生产、生活环境与人的健康协调发展。这个概念中，将生产、生活环境与人的健康协调发展作为健康村镇建设的目标之一。

国内也有学者基于健康视角探讨乡村振兴战略中的相关问题，但并没有给出明确的健康乡村概念。现代医学研究表明，影响健康的因素除了生物因素、个人的遗传因素之外，还有人的行为方式、生活习惯，以及医疗卫生服务等，但近些年来，环境因素对健康的影响日益凸显。基于现代健康观以及上述研究结论，笔者认为，健康乡村概念应该涵盖健康环境、健康社会、健康服务、健康人群、健康文化等方面，实际上涵盖了所有的涉及人的健康的决定因素。

健康乡村建设的本质就是增加老百姓的幸福感。因此，健康乡村建设应当围绕着如何提高群众的幸福感而展开，内涵十分丰富（见图1）。健康乡村是"五大健康"的综合体现，健康乡村建设的措施概括起来主要包括环境、文化、医疗三大类。若从更广义的视角理解的话，健康乡村不仅包含农村居民的身体健康，而且包括各类环境系统的健康，人与自然之间关系的健康、邻里之间关系的健康、生活方式的健康，更包括乡村区域的社会机制、体制的健康。本报告基于环境视角，分析健康乡村建设中的相关问题，并据此提出相应的对策建议。

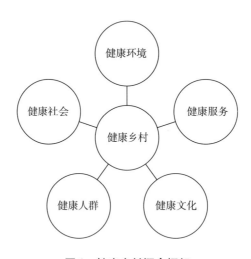

**图1　健康乡村概念框架**

## （二）健康乡村的理论模型及标准

正如上面所阐述的内容，构建环境视角下的健康乡村的理论模型，并据此提出健康乡村的标准，以更好地指导健康乡村建设的实践。

### 1. 健康乡村的理论模型

众所周知，自然生态系统为人类生存提供了各种各样的生态系统服务，如食物、清洁空气、饮用水、能源等。在快速工业化、城镇化进程中，人类赖以生存的生态系统受到严重破坏，进而对人类健康造成了极大的威胁。因此，生态系统的服务功能和健康已经成为人类关心的主要问题。健康的生态系统不仅在生态学意义上是健康的，而且有利于社会经济的发展，并能维持健康的人类群体。因此，基于环境视角的健康乡村的理论模型如图 2 所示。

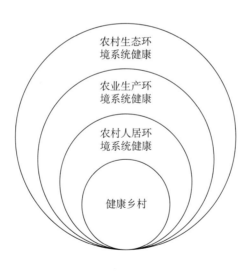

**图 2　健康乡村的理论模型**

健康的农村生态环境、农业生产环境、农村人居环境既是实现健康乡村的必要条件，也是重点内容，更是有效的保障。这三大系统发挥着不同的作用，提供着不同的生态服务功能（见表1），自然也成为化解新时代社会主要矛盾的有效路径。

表1　　　　　　　　　　健康乡村的保障条件及功能

| 目标 | 保障条件 | 生态服务功能 |
|---|---|---|
| 健康乡村 | 农村生态环境系统健康 | 优美的环境、清新的空气、洁净的饮水 |
| | 农业生产环境系统健康 | 安全、优质、健康的农产品 |
| | 农村人居环境系统健康 | 洁净、卫生、舒适的生活环境 |

资料来源：由笔者整理所得。

### 2. 健康乡村的标准

基于上述分析，从农村生态环境系统、农业生产环境系统、农村人居环境系统三个方面，提出了健康乡村建设的标准（见表2）。

表2　　　　　　　　　　健康乡村建设的标准

| 系统类型 | 具体指标 | 健康标准 |
|---|---|---|
| 农村生态环境系统 | 1. 草地生态系统 | 优质草地占比增加；无超载放牧草地 |
| | 2. 水域生态系统 | 黑臭水体得到消除；饮水水源得到有效保护 |
| | 3. 森林生态系统 | 森林质量得到改善；生态服务价值得到提升 |
| | 4. 耕地生态系统 | 耕地质量得到提升；耕地污染得到治理 |

续表

| 系统类型 | 具体指标 | 健康标准 |
|---|---|---|
| 农业生产环境系统 | 1. 化肥施用 | 总量、强度实现双下降；有机肥使用得到推广 |
| | 2. 农药施用 | 总量下降；生物农药得到推广；科学使用普及 |
| | 3. 废弃薄膜回收利用 | 实现资源化利用；建立有效的长效机制；可降解薄膜逐渐推广 |
| | 4. 农药包装物回收利用 | 实现资源化利用；建立有效的长效机制 |
| | 5. 畜禽养殖废弃物利用 | 实现资源化利用；建立种植业养殖业循环模式 |
| | 6. 农作物秸秆利用 | 实现资源化利用；无焚烧秸秆现象 |
| 农村人居环境系统 | 1. 生活污水处理 | 全部因地制宜得到处理并实现了中水利用 |
| | 2. 生活垃圾处理 | 分类持续推进；全部处理并实现了资源化利用 |
| | 3. 卫生厕所推广 | 全面普及；适宜地方实行生活污水与厕所一体化 |
| | 4. 村容村貌 | 村庄绿化得到加强；卫生状况得到有效改善 |

## （三）健康乡村建设的背景及时代价值

从 2005 年《中共中央关于第十一个五年规划纲要》提出的社会主义新农村建设，到 2013 年中央一号文件提出的美丽乡村建设，以及党的十九大报告提出的乡村振兴战略背景下的生态宜居乡村建设，都有特定的政策及现实背景。同样，健康乡村建设也具有其政策与现实背景。

### 1. 健康乡村建设的政策背景

党的十八大以来，以习近平同志为核心的党中央，把人民身体健康作为全面建成小康社会的重要内涵之一，高度重视人民健康。城乡环境面貌明显改善，全民健身运动蓬勃开展，医疗卫生服务体系日益健全，人民健康水平和身体素质持续提高。同时，也应该清晰地看到，改革开放以来，在快速工业化、城镇化进程中，也出现了严重的生态破坏与环境污染，国民日常生存所必需的空气、水、食品都受到不同程度的污染，进而威胁到国民的身体健康，导致各种疾病频发，从而增加了国民的医疗支出，降低了国民的福祉已成为社会经济发展中的一个"悖论"。再加上人口老龄化、疾病普遍化、生态环境及生活方式变化等，给维护和促进国民健康带来一系列新的挑战。

2016年8月，习近平总书记在全国卫生与健康大会上明确提出，"把健康融入所有政策，人民共建共享"，强调"没有全面健康，就没有全面小康。要把人民健康放在优先发展的战略地位"。同年10月25日，中共中央、国务院印发了《"健康中国2030"规划纲要》（以下简称《纲要》），对建设健康中国进行了顶层设计和战略部署。其主题是"共建共享、全民健康"，核心是以人民健康为中心，特别强调了生活行为方式、生产生活环境以及医疗卫生服务等因素的影响。《纲要》同时提出，推进健康中国建设，是全面建成小康社会、基本实现社会主义现代化的重要基础，是全面提升中华民族健康素质、实现人民健康与经济社会协调发展的国家战略，是积极参与全球健康治理、履行2030年可持续发展议程国际承诺的重大举措，更是实现中华民族健康延续下去的重大战略问题。党的十九大报告更是将实施健康中国战略纳入国家发展的基本方略，把人民健康置于"民族昌盛和国家富强的重要标志"地位，并要求"为人民服务提供全方位全周期健康服务"，至此，"健康中国"建设进入全面实施阶段。

党的十九大报告指出：实施健康中国战略，完善国民健康政策。根据《纲要》及党的十九大报告的有关精神，在实施乡村振兴战略中，应更加关注乡村健康，这不仅是全面建成小康社会的重要内容，更是推动农村生态文明建设重要抓手。因此，推动健康乡村建设具有重要的现实意义。

**2. 健康乡村建设的现实背景**

改革开放 40 多年来，农业农村发展取得了令世人瞩目的成就，与此同时，也付出了沉重的资源与环境代价，因农产品质量问题所导致的农村居民身体健康水平下降也非常突出。

首先，居民身体健康状况不容乐观。快速工业化、城镇化、农业现代化进程中，水、空气、土壤污染触目惊心，食品安全得不到保障，极大地影响了广大农村居民的身体健康。基层调研发现，广大农村严重病症的患者极为普遍，特别是近几年来，各种癌症患者与日俱增，"癌症村" 在全国多个省份均有分布。

研究资料表明，近年来环境污染导致的不孕不育高发、频发。20 年前，中国育龄人口中不孕不育的平均发病率仅为 3%，而 2011 年年底，该数据飙升至 12%，有的地区发生率高达 15%。据国内最新数据，中国育龄夫妇不孕不育患者超过 5000 万。基层调研还发现，一方面是越来越多的农村已婚女性怀孕率较低，另一方面则是怀孕之后胎儿不健康的现象也较为普遍。

其次，农村居民食品安全堪忧。近年来，与食品安全紧密关联的 "三聚氰胺、毒大米、地沟油、塑化剂、毒生姜、瘦肉精、催熟剂、膨大素" 等这些中国特有的名词传遍中华大地。与此同时，过期食品、假冒伪劣食品也遍布广大农村市场。

2017 年中国健康医疗大数据显示，我国面临的三大健康问题分别为人口老龄化、癌症年轻化和亚健康，人民群众的健康状况不容乐观。伴随着我国国民生活水平的不断提高和人口老龄化的到来，作为健康中国重要组成部分的健康乡村将成为未来相当一段时期内全社会共同关注的主题。

### 3. 健康乡村建设的时代价值

党的十九大报告指出，中国特色社会主义进入新时代，我国社会主要矛盾已经转化为人民日益增长的美好生活需要和不平衡不充分的发展之间的矛盾。特别是对优美生态环境以及安全优质农产品的需求最为突出，这恰恰是居民身体健康的重要保障。因此，健康乡村建设体现出较强的时代价值。一是体现了以人民为中心的发展取向和治国理念，二是有助力培育经济发展新动能，三是有助于全面建成小康社会。

# 二　健康乡村建设面临的困境剖析

2019 年中央农村工作会议指出，解决好"三农"问题、坚持农业农村优先发展始终是重中之重。农村人居环境整治作为全面建成小康社会硬任务之一，必将会实现跨越式发展。为此，应弄清实现农村生态环境系统、农业生产环境系统以及农村人居环境系统健康存在的困境，以便更好地精准推进健康乡村建设。

## （一）农村生态环境保护任务艰巨

从生态学意义上来讲，农村生态环境系统包括了耕地生态系统、水域生态系统、森林生态系统以及草原生态系统，本部分就围绕着这四个子系统存在的问题进行分析。

## 1. 耕地生态系统存在的问题

耕地资源是粮食生产的最基本的生态要素，其数量及质量直接影响以粮食为主的农产品的产量及质量，决定着农产品，特别是粮食安全能否全面实现。一是耕地资源日益减少趋势难以扭转，耕地保护政策难以落实。突出表现在：优质耕地资源占用呈现刚性递增态势、劣质耕地列入永久基本农田划定范围、国家耕地保护政策难以有效落实等方面。二是优质耕地资源本身短缺，同时又面临着日益严重的土壤污染。当前，我国耕地质量总体水平中等偏下，而且区域差异显著。在优质耕地占用刚性增加的背景下，耕地质量构成中优质耕地资源的比例会进一步下降。耕地土壤面临的污染日益严重，土壤重金属污染已进入一个"集中多发期"。根据原国土资源部公布的数据，全国每年因被重金属污染的粮食高达 1200 万吨。

## 2. 水域生态系统存在的问题

众所周知，粮食生产是以耕地资源与水资源作为最基本的生态要素。但我国耕地资源与水资源存在总量短缺及其空间不匹配状况，这将直接影响着中国食物安全。水域生态系统数量不足的同时，污染的立体化态势较为明显。西北地区资源性缺水严重，云南、贵州、四川、广西等典型的喀斯特地貌区域，工程性缺水相当普遍，而东部地区的水质性缺水问题日益严重。根据《2017 中国生态环境状况公报》，2017 年，全国地表水 1940 个水质断面（点位）中，Ⅰ—Ⅲ类水质断面（点位）1317 个，占

67.89%；Ⅳ、Ⅴ类 462 个，占 23.81%；劣 Ⅴ 类 161 个，占 8.30%。长江、黄河、珠江、松花江、淮河、海河、辽河七大流域和浙闽片河流、西北诸河、西南诸河的 1617 个水质断面监测结果为：Ⅰ类水质断面占 2.20%；Ⅱ类水质断面占 36.70%；Ⅲ类水质断面占 32.90%；Ⅳ类水质断面占 14.60%；Ⅴ类水质断面占 5.20%；劣Ⅴ类水质断面占 8.40%。2017 年，以地下水含水系统为单元，以潜水为主的浅层地下水和承压水为主的中深层地下水为对象，原国土资源部门对全国 31 个省（区、市）223 个地市级行政区的 5100 个监测点（其中国家级监测点 1000 个）开展了地下水水质监测。评价结果显示：水质为优良级、良好级、较好级、较差级和极差级的监测点分别占 8.80%、23.10%、1.50%、51.80% 和 14.80%。

### 3. 森林生态系统存在的问题

近些年来，国家通过实施林业生态工程，有效地提高了森林资源质量，有力地推动了生态文明建设。尽管我国森林生态系统服务价值逐渐得到提升，但与世界平均水平相比依然存在一定的差距，与人民群众日益增长的美好生态需求，也存在一定的差距。根据《第八次全国森林资源清查结果》，中国森林覆盖率为 21.63%，远远低于全球 31% 的平均水平，人均森林面积也仅为世界平均水平的 1/4，森林资源总量相对不足、质量不高、分布不均的状况仍没有从根本上得到改变。此外，进一步扩大森林面积的空间越来越小，难度越来越大，造林成本越来越高；一些地方还存在严重的违规占用林地现象。之所以出现这种情况，原因是多方面的，如现行林业发展战略下的部分林业政策违背了绿色经济理念、城镇化进程中林地流失较为严重、林地保护管理制度设计存在缺陷、林地保护管理制度难以执行。

### 4. 草原生态系统存在的问题

草原生态系统是生态系统的主要类型之一。草原生态系统安全是国家生态安全的重要组成部分，草地对草原畜牧业发展、保障牧民生计和食物安全起重要作用。近些年来，草原生态建设取得了显著成效，但依然存在一些问题，突出表现在：草原生态系统脆弱状况依然没有改变、草原生态系统保护没有得到应有的重视、草原保护的监管不到位、牧区畜牧业发展基础仍然薄弱、草原征占用普遍存在。

## （二）农业生产环境提升形势严峻

农村改革 40 多年来，我国农业生产取得了举世瞩目的成就，与此同时，也带来严重的资源环境问题，成为实现农业可持续发展的"瓶颈"问题。当前我国农业生产环境系统形势依然严峻，难以满足新时期人们日益增长的美好生活需要，尤其是对安全优质、健康营养的农产品的需要。

### 1. 农业面源污染依然严重

新时代，我国农业资源环境遭受着外源性污染和内源性污染的双重压力，农业已超过工业成为我国最大的面源污染产业，特别是由于化肥、农药长期不合理且过量使用，畜禽养殖废弃物、农用薄膜残膜等的不合理处置，造成了农业面源污染日益严重，从而影响了农产品的质量安全。当前化肥施用强度较大，短期内难以实现有效降低，而且有效使用率难以大幅度提升，源于化肥施用的面源污染依然还会持续一定时期，国家推行果蔬茶有机肥替代化肥行动、测土配方施肥行动等一系列政策措施，难以有效实施。

**2. 农业废弃物资源化利用机制缺失**

在推动农业废弃物资源化进程中，国家相关政策措施执行力度不强。2016 年，《关于推进农业废弃物资源化利用试点的方案》印发之后，全国各地开展了试点工作。但基层调研发现，农业废弃物资源化利用多是政府在推动，农民在被动参与，农资生产者则游离其外。近年来，由于缺乏有效的回收机制及再利用的市场，农药包装物、农用薄膜带来的污染日益明显，成为农业绿色发展的一大隐患。此外，由于缺乏促使农作物秸秆资源化利用的生态补偿机制，以及实现资源化利用的有效出口，特别是缺乏区域适宜性较强的技术，依靠极端的口号与措施，只能在短期内有所成效，是一种治标不治本的无奈之举。

**3. 畜禽养殖废弃物资源化利用有待加强**

当前，国家关注的是规模化畜禽养殖的废弃物资源化利用问题，依法对达到国家规模化标准的畜禽养殖场建设开展环境影响评价和污染物排放进行监管；对非规模化畜禽养殖废弃物资源化利用的环境监管还是空白，或者说对非规模化畜禽养殖场的环境监管束手无策。从理论上讲，畜禽养殖废弃物可以通过工业化的污水处理技术来实现，但缺乏可操作性，致使我国畜禽养殖企业只能放弃。此外，畜禽废弃物处理与资源化，追求通过废弃物处理实现资源化利用，而不是以废弃物达标排放为目标。第一种有效的方式就是发展生态农业，其核心是畜禽养殖废弃物产生量与种植土地规模相匹配，即依据种植农作物土地面积确定畜禽饲养量。第二种就是能源化利用方式，其核心是将畜禽养殖粪便通过一定的技术方法转化为可利用的能源。第三种就是肥料化利用，其核心是通过畜禽养殖粪污好氧发酵生产有机肥。

## （三） 农村人居环境治理任重道远

2019 年中央农村工作会议指出，当前进入全面建成小康社会的关键时期，也是打赢脱贫攻坚战和实施乡村振兴战略的历史交会期。要抓好农村人居环境整治三年行动，从农村实际出发，重点做好垃圾污水处理、厕所革命、村容村貌提升。近几年，农村人居环境整治取得了一定进展，但与全面建成小康社会还有一定的差距，与新时代满足人民日益增长的美好生活需要之间也存在一定的差距。

### 1. 农村生活垃圾处理方式及机制仍需完善

与过去相比，农村生活垃圾成分越来越复杂，包括厨房垃圾、妇女儿童用品、塑料制品等，垃圾产生量也越来越大。有关统计资料表明，2016 年，全国 52.62 万个行政村中，只有65%的行政村对生活垃圾进行了处理。当前，农村生活垃圾处理中，依然存在一些问题，突出表现在：对农村生活垃圾处理的重视程度刚刚提高，但处理的覆盖率低，而且缺乏有效的管理监督机制；农村垃圾收运和处理设施落后，技术含量低；农村生活垃圾设施建设和运营资金保障不足，社会资本参与程度低；农村生活垃圾处理的法律法规不完善，缺乏系统完善的法律框架，不利于农村垃圾污染治理工作的开展。

**2. 农村生活污水处理的机制亟待建立**

由于农村居民分散居住，普遍缺乏污水收集管网与处理设施，生活污水收集难、处理难。政府对农村生活污水处理等环保基础设施投入严重不足。2016 年，农村污水处理设施投入占农村建设投入的比例仅为 1.19%，占农村市政公共设施投资的比例为 4.66%。调研发现，国家一些研发机构推广应用的农村生活污水处理技术，区域适应性较差，特别是缺乏高寒地区农村生活污水处理的有效技术。在农村生活污水处理方面，缺乏处理设施的运营管护机制、农村生活污水处理的评估和监督机制以及有效的农民参与机制。

**3. 农村推动厕所革命中存在的问题**

"中国要美，农村必须美。"党中央将"厕所革命"作为乡村振兴战略和农村生态文明建设的重要内容，并从战略上进行了部署，凸显了这一工程的重大意义。在推进厕所革命中，大多采取化粪池方式，将厕所废弃物一并收集其中。在运营过程中，存在着如下明显的问题：一是这种改厕模式注重的是厕所内部的"改"，而没有关注厕所之外的"治"；二是这种改厕模式立足于"点"，解决的是单一问题；三是这种改厕模式治标不治本，还需要二次处理，从而带来一些问题。

## 三　推动健康乡村建设的对策建议

从"十四五"期间，乃至更长时期来看，健康乡村建设将成为"三农"工作的主旋律，一是健康乡村建设将会成为全社会的共识，二是健康乡村建设的广义内涵将会进一步丰富，三是健康乡村建设的政策将会更加完善。据此判断，结合农村生态环境系统、农业生产环境系统以及农村人居环境系统中存在的问题，应着力如何提升上述系统的健康水平，助力健康乡村建设，更好地推动健康中国战略的实施。

### （一）强化农村生态环境保护，助力健康乡村建设

健康的水、土、林、草四个子系统可以为人们提供优美的环境、清洁的空气、洁净的饮水、安全优质的农产品，为乡村居民身体健康保驾护航。为此，应采取有效措施，强化四个子系统的保护，提升其健康水平，助力健康乡村建设。

**1. 切实保护耕地生态系统的质量，为农业生产提供基本保障**

根据新时代国家粮食安全观的要求，必须筑牢国家粮食安全的基石，严守耕地红线和基本农田红线。为此，应采取切实有效的对策措施。一是加强顶层设计，尽快开展中央耕地督察工作，遏制优质耕地刚性递减的态势；二是实施藏粮于地、藏粮于技战略，严守耕地红线；三是采取有效技术及制度措施，减少和治理

耕地土壤污染以及恢复耕地活力；四是进一步强化土壤污染防治的顶层设计，强化《土壤污染防治法》的执行力度，将土壤污染防治纳入法制轨道；五是建立完善有效的土壤污染状况监测网络及信息化管理平台，强化对土壤环境基础数据库的管理，在规定范围内发布土壤污染状况信息，给居民一定的知情权；六是加大科技研发力度，提升对土壤污染防治的技术支撑能力；七是加大对土壤污染治理的资金支持，为此，应加大财政支持力度，设立土壤污染防治专项资金，并鼓励社会资本参与土壤污染防治；八是处理好土壤污染防治中的几个关系，即国家生态目标与农户经济目标之间的关系、长期效益与短期效益之间的关系、政府主导与市场参与之间的关系、防治标准与政府监管之间的关系、生态补偿与农民收益的关系。

**2. 加强水域生态系统的质量提升，为生产生活提供清洁的水源**

新时期我国水域生态系统治理将更加注重工程、技术、经济、社会、法律、生态等手段的紧密结合，全面改善水环境质量，保障水环境安全，促进区域环境保护与经济社会的协调发展。为此，一是加强水生态建设，保障水资源的高效利用；二是强化水污染治理，将污水治理制度化；三是实施分区分级管理，瞄准治理目标；四是重点加强饮用水水源保护；五是开展产业污染深度治理；六是实现技术与模式的创新，为城乡生活污水处理提供保障；七是完善水污染治理领域的市场准入制度。

**3. 强化森林生态系统的保护，提升绿水青山的质量**

一是严守林地保护红线。在快速城镇化背景下 46 亿亩必须建立而且需要坚持下去，以此作为保护林地和生态安全的杠杆；二是完善林地产权制度，激励农户的林地保护行为，也能够为征占制度的完善奠定基础；三是深化林地征占制度改革，包括实行占用征收林地预审制度、森林面积占补平衡制度、林地征占收费改革等；四是加强监管严惩违法破坏和占用林地的行为；五是加大投入保护并增加林地面积，包括建立林地保护基金、整治宜林闲置地等；六是对林业政策体系进行方向性的重构，并采取补贴和扶持措施。

**4. 加强草原生态系统的建设，提升草原生态文明建设水平**

一是扎实推进草原保护制度建设，建立健全"权属明晰、保护有力、评价科学、利用合理、监管到位"的草原保护制度体系，促进草原休养生息、永续发展；二是继续完善草原家庭承包责任制，通过落实草地三权分置、促进草地使用权流转，培植草原新型经营体；三是进一步完善草原生态补偿机制，将目前5年一个周期的草原生态保护奖补机制作为长期的、稳定的机制；四是协调保护草原生态与促进牧民增收之间的关系，建议国家配套鼓励草原畜牧业转型发展的扶持政策，稳定促进农牧民收入的增长；五是选择适宜草原特点的治理措施；六是严格执法，杜绝矿业开发对草原的影响；七是加强草原生态监测能力建设，建立更科学合理的草地健康评价体系，扎实推进草原生态文明建设。

## （二）加强农业生产环境改善，助力健康乡村建设

农业生产环境系统的改善，重点就是农业面源污染的防治，以提升农业生产环境质量，确保农产品质量安全，为人们的身体

健康提供保障。

**1. 加强农业面源污染防治，提升农业生产环境治理**

一是以绿色发展理念为指导，提升全社会对农业面源污染防治重要性、紧迫性、艰巨性的认识；二是强化农业面源污染防治行动计划的实施监督，并注重实施效果的监测与评价。包括强化实施原农业部推行的各种行动计划、注重农业面源污染防治效果的监测与评价；三是实施多维创新，保障农业生产系统的健康。包括重构产业发展模式，减少面源污染；创新监管机制，规范农资生产主体、农业生产主体的行为；创新回收机制，实现农业废弃物资源化利用；强化抗生素生产及使用的监管以及替代品的研发。

**2. 实施农资生产者责任延伸制度，推动农业废弃物资源化利用**

一是明确农资生产者的责任范围，包括在绿色发展理念指导下，从源头上实施有效措施，实现产品的绿色化；在产品使用后，通过生产者责任延伸，实现农资废弃物的规范回收利用；加强农资产品的信息公开，以实现农资废弃物的分类回收；二是强化政府对农资生产者责任延伸制度落实情况的监管，包括加大对农资生产者责任延伸的试点；注重对农资废弃物回收、资源化利用情况的监测统计，提升政府监管能力；强化对农资生产者责任延伸试点效果的评估；三是构建基于生产者责任延伸的农资废弃物资源化利用的市场体系，包括探索不同区域农资生产者责任延伸的实现形式、构建农业废弃物资源化利用市场体系等。

384

**3. 加强农作物秸秆资源化利用，减少环境污染**

要提升农作物秸秆的资源化利用率，减少因焚烧而导致的资源浪费以及生态环境问题，最根本的途径就是为农作物秸秆资源化利用找到有效的出路，采取"疏"而不是"堵"的措施，并配以有效的技术、政策作保障。一是强化对农作物秸秆的资源性及焚烧的危害性的宣传引导；二是深入基层就农作物秸秆资源化利用及焚烧问题进行调研；三是探索不同区域农作物秸秆利用的重点领域与途径；四是加强不同区域农作物秸秆资源化利用的技术研究及成果转化；五是建立农作物秸秆资源化利用的生态补偿机制与相关政策。

## （三）推进农村人居环境治理，助力健康乡村建设

前面的分析表明，农村人居环境涵盖了生活污水、生活垃圾、厕所革命、村容村貌四个重要部分。根据前三个部分存在的问题，提出如下几个方面的对策建议。

**1. 加强农村生活垃圾处理体系建设，提高资源化利用水平**

一是完善相关法律法规和激励政策，推进农村生活垃圾处理规范化；二是加大资金保障力度，探索政府保底的多元投入机制；三是推进农村生活垃圾处理体系建设，建立多元化、资源化性的处置方式；四是借鉴浙江省"千村示范、万村整治"的成功经验，因地制宜推进农村生活垃圾源头分类和回收利用；五是加大农村垃圾终端处理技术研发，提倡高科技、无污染的焚烧方式；六是加强农村垃圾处理改善情况的统计评价和监督检查。

### 2. 完善农村生活污水处理设施，提升治理水平

一是制定科学合理的以生活污水为主要内容的农村人居环境整治规划，根据《农村人居环境整治三年行动方案》的要求，制定出详细的路线图、时间表，并科学核算资金需求规模。二是实现技术与模式的创新，为农村生活污水处理提供保障。包括已有技术的推广应用、加快新技术研发、加强相关技术整合，选择相应的模式等。三是加大资金投入保障力度，逐步完善农村生活污水处理设施。包括设立专项资金、鼓励社会资金参与农村污水治理、增加地方政府财政投入等措施。四是建立推动农村生活污水处理的有效机制，包括生活污水设施的运营机制、评估与监督机制、农村居民参与机制。

### 3. 创新"厕所革命"模式，提升生活环境质量

一是因地制宜，推动农村厕所革命。根据东部地区、中部地区、西部地区的经济发展水平，以及不同区域存在的地理位置、人口数量，选择不同的改厕模式，提升农村人居生活环境质量。二是树立一体化处理理念，实现两个统一。依据绿色发展理念，加强改厕与农村生活污水治理的有效衔接。实现农村生活污水与"厕所革命"一体化处理。在处理农村生活污水时，将农村改厕与生活污水统一集中处理，而不能将改厕与农村生活污水处理分离开来。同时，要将厕所的"改"与改之后的"治"相统一。三是因地制宜选择一体化处理模式。根据山区、丘陵、平原地区的不同地貌特征，以及城镇郊区、边远地区不同的条件选择单户、联户、集中的处理模式。同时，必须考虑到区域经济发展水

平，尊重农民意愿，精准施策推动生活污水与改厕一体化进程，助力村容村貌的改善。四是严禁简单照搬城镇模式推进农村生活污水处理的行为。推进农村"厕所革命"，注重的是把好事做好、做实！为此，建议各级相关部门紧密结合不同区域农村的实际情况，选择适宜的处理模式。

## 参考文献

1. 于法稳、杨果：《基于健康视角实施乡村振兴战略相关问题研究》，《重庆社会科学》2018 年第 4 期。

2. 于法稳：《新时代农业绿色发展动因、核心及对策研究》，《中国农村经济》2018 年第 5 期。

3. 于法稳、杨果：《农作物秸秆资源化利用的现状、困境及对策》，《社会科学家》2018 年第 2 期。

4. 孙若梅：《畜禽养殖废弃物资源化的困境与对策》，《社会科学家》2018 年第 2 期。

5. 操建华：《农村生活垃圾治理的现状、问题与对策》，载魏后凯、闫坤主编《中国农村发展报告 2018》，中国社会科学出版社 2018 年版。

6. 严瑞河：《健康乡村治理村民满意度评价体系构建初探——基于内蒙古某村的调研》，《中国农业大学学报》2017 年第 6 期。

7. 唐燕、梁思思、郭磊贤：《通向"健康城市"的邻里规划》，《国际城市规划》2014 年第 6 期。

8. 林一心、王勤荣、盛建：《健康新农村框架构建》，《中国农村卫生事业管理》2007 年第 1 期。

# 农村绿色生活方式的现状与实现路径

操建华[*]

**摘　要：**绿色生活方式是健康、低碳、节俭、环保的生活模式。在农村倡导绿色生活方式，是实现社会主义生态文明的具体要求和实现全面小康社会的重要选择。农民生活由贫困走向温饱，逐渐迈向小康并走向富裕，生活方式也正发生着从传统乡村型向现代城市型转变，绿色生活理念也逐步融入农民的生活方式。当前，推进农村地区绿色生活方式还面临着基础的地域差异、农民环保意识弱、环保设施滞后于消费需求、文化产品供给不足、制度和管理机制不健全等问题。应该加强农村绿色生活方式的顶层设计、加大宣传力度，并以人居环境整治为抓手、激发村内自主践行意愿和能力，在重点地区、领域、人群和场所中推广和示范绿色生活方式。

**关键词：**农村　绿色生活方式　消费方式　路径

---

　*　操建华，管理学博士，中国社会科学院农村发展研究所副研究员，研究方向为生态经济、资源与环境经济。

# The Stutas and Realization Path of
# Rural Green Lifestyle

Cao Jianhua

**Abstract**: Green lifestyle is a healthy, low – carbon, frugal and environmental friendly lifestyle. Advocating green lifestyle in rural areas is the requirements to realize socialist ecological civilization. It is also an important choice to build a well – off society in an all – round way. The life of peasants is moving from poverty to subsistence level, and gradually to a relatively well – off life and finally some in affluence. The lifestyle is also changing from tradition to modern. The concept of green life has also entered into peasants' daily lives. At present, green lifestyle in rural areas is still faced with problems such as regional differences, weak awareness of environmental protection, the contradiction between increasing consumption and underdeveloped environmental protection facilities, insufficient supply of green cultural products, and inadequate systems and management measures. We should strengthen the top – level design, stimulate the villagers will to practice green lifestyle and promote the green way of life in key areas,

fields，groups and locations by taking the improvement of living envi-
ronment as a priority.

**Key Words**：Countryside；Green Lifestyle；Mode of Consump-
tion；Path

党的十九大报告强调"建设生态文明是中华民族永续发展
的千年大计"，必须"形成绿色发展方式和生活方式"。乡村振
兴战略要满足农村居民对美好生活的追求，既要实现产业振兴，
也要实现生态振兴，是一场乡村绿色革命。生活方式绿色化是
"生态宜居"的应有之义，绿色生活方式，是个人生活消费中把
绿色、发展与生活方式三者融合的一种生活模式与状态，也是生
态文明建设的重要内容与推手。

# 一 农村绿色生活方式的时代价值与内涵

在农村倡导绿色生活方式，不仅是实现社会主义生态文明的
具体要求，也是实现全面小康社会的重要选择。在农村形成绿色
生活方式，有利于解决农村生态环境问题和促进建设农村生态文
明。不仅可以减少日常生活污染，还可以倒逼农村生产方式的转
变，同时有利于调动农民参与农村生态环境保护的积极性。"绿
色生活"方式旨在增强全民环保意识、节约意识和生态意识，
将为生态文明建设奠定坚实的社会和群众基础。

## （一）农村推进绿色生活方式的时代价值

党的十八大做出"大力推进生态文明建设"的战略决策，

提出要形成节约资源和保护环境的生活方式。2015 年，原环境保护部印发《关于加快推动生活方式绿色化的实施意见》，要求弘扬生态文明价值理念，建立系统完整的制度体系，倡导绿色生活方式，为生态文明建设奠定坚实的社会和群众基础。2017 年 5 月 26 日中央政治局以 "推动形成绿色发展方式和生活方式" 为主题开展集体学习，习近平强调推动形成绿色发展方式和生活方式是贯彻新发展理念的必然要求。党的十九大报告中继续强调 "建设生态文明是中华民族永续发展的千年大计"，必须 "形成绿色发展方式和生活方式"。2018 年，中共中央、国务院《关于加快推进生态文明建设的意见》中提出要 "培育绿色生活方式，倡导勤俭节约的消费观。广泛开展绿色生活行动，推动全民在衣、食、住、行、游等方面加快向勤俭节约、绿色低碳、文明健康的方式转变"。新的《环境保护法》也规定，"公民应当增强环境保护意识，采取低碳、节俭的生活方式，自觉履行环境保护义务"。

在农村倡导绿色生活方式，不仅是实现社会主义生态文明的具体要求，也是实现全面小康社会的重要选择。生态文明建设需要充分发挥人民群众的积极性、主动性和创造性。倡导农民形成绿色的生活方式，有利于农村生态环境问题的解决和促进农村生态文明的建设。推动农民生活方式绿色化，会带来社会治理和人们思想观念、生活方式的深刻变革，培养和提高农民环保意识。农民既是农村生态环境污染的受害者，也是农村生态环境问题的制造者。推动农民生活方式的绿色化，有利于调动农民参与农村生态环境保护的积极性和主动性，为建设生态文明和美丽中国奠定坚实的社会群众基础。推动农民生活方式绿色化，还有利于改善农村环境问题。不仅可以减少日常生活污染，还可以倒逼农村生产方式的转变，促使农民采用绿色环保的生产方式和农用物资，减少生产过程对生态环境的污染，进而从总体上改善农村生态环境污染问题，由此起到的增进经济和环境效益的作用，堪比政府治理投入。

## （二）绿色生活方式的内涵

关于生活方式的定义，目前学术界较为一致的看法是，生活方式回答的是人们"怎样生活"的问题，是指人们在日常生活中比较稳定的消费行为、习惯和模式等。从构成要件看，生活方式包括活动条件、活动主体和活动形式三个要素。活动条件包括自然环境和社会环境。这里的主体是指那些长期生活于乡村的居民。主体的世界观和价值观对农村居民的生活方式有着根本影响，社会风尚和传统习俗也对生活方式有强大的引导作用。生活活动的形式是生活活动条件和生活活动主体因素的交互作用的外显状态。

生活方式本身存在广义和狭义的区分。广义的生活方式涵盖"人们的劳动生活、物质生活、政治生活、精神生活、家庭生活和闲暇生活"，而狭义的生活方式则仅仅关注人们在日常生活领域中的活动，如闲暇、消费、家庭生活和社会交往活动等。因此，绿色生活方式也有狭义和广义之分。从广义上看，绿色生活方式包括人们在绿色发展理念指导下的物质消费、家庭生活、个人社交、精神生活、劳动生活及政治生活方式。从狭义上看，绿色生活方式仅指公民个人生活中，以绿色理念指导下家庭和个人生活和消费的方式，包括其行为的低碳性、节俭性、环保性和健康性等。这里主要关注狭义层面，通过对农村居民衣、食、住、行等生活消费的分析探讨生活方式绿色化现状和实现路径。

也就是说，绿色生活方式就是在绿色发展理念指导下，个人日常家庭生活和各种物质文化产品消费的活动及行为，不仅能满足人体身心健康的基本需求，还能兼顾生态环境保护，从而实现个人、社会与经济的持续健康发展。倡导绿色生活方式就是要"引导公民树立绿色、循环、节约的理念，使绿色生活、消费，出行、居住成为人们的自觉行动，真正实现使全民按照绿色、节约、健康、环保的方式生活"。

# 二　中国农村居民生活方式从传统向现代和绿色的演变

改革开放40多年来，随着就业渠道的多样化、收入的快速增长及来源的多元化，农村居民消费能力不断提高，消费结构不断升级，生活由贫困走向温饱，逐渐迈向小康并走向富裕，发生了重大变迁。同时，农村居民的生活方式也正发生着从传统乡村型向现代城市型转变，越来越多的农村家庭开始享受现代城市同等的生活，与时代接轨的绿色生活方式也开始走入农村家庭。

## （一）农村居民生活方式变化的动因：就业、收入与来源的变化

中共十一届三中全会以来，农村居民主要生产方式从单一的农业生产转向工商业和多种经营，就业模式和收入来源发生了根

本性变化，极大地改善了农民生活方式的基础。

**1. 农村居民就业方式的多样化**

改革开放初期农村家庭联产承包责任制的确立、非农产业和乡镇企业的崛起，在提高农业生产率的同时，促进了农村劳动力的转移，开启了农民"离土不离乡"的就业新模式。1992 年中国确立社会主义市场经济体制后，农村劳动力流动政策完全开放，大批劳动力跨地区流动到工商业。21 世纪以来全国各地农村综合改革和社会主义新农村建设时期，城镇化的发展转移了大量农村富余劳动力，第三产业则为农民提供了更多岗位，农村剩余劳动力由"候鸟式"就业向"转移型"就业转变。城乡统筹一体化的发展，使农民的就业渠道更加完善。在这一进程中，农业从业人员所占比重从 1985 年的 88.9% 降低到 2016 年的 53% 。总体看，40 多年来，农村劳动力在第一产业的比重越来越少，非农产业比重越来越大。近年来的农民工回流也没有改变这一趋势。

**2. 农村居民收入的增长和来源的多样化**

与就业方式多样化相伴随的，是农村居民收入的快速增长和来源的多元化。从纯收入绝对值来看，1978 年农村居民人均纯收入是 133.6 元，1995 年快速增长到 1577.7 元。21 世纪农村居民收入进入增长的"快车道"，2017 年已达 13432.4 万元。从收入来源看，家庭经营性收入在 1985 年前后是农民收入的稳定支撑，占比达到 74% ，2000 年，占比降低到 63.3% 。就业格局的变化使工资性收入成为 21 世纪农村居民收入增长的重要来源。

2017 年工资性收入占比达到 40.9%，经营性收入占比降到 37.4%。值得关注的是，转移性和财产性收入占比已经达到 15% 以上[①]，这种来源在改革初期几乎可以忽略。

就业和收入的变化，带来物质和社会文化环境的巨大改变，冲击着农民的传统生活方式。

## （二）中国农村居民生活方式变化

改革开放 40 多年来，就业的多样化和收入的快速增长，促进了农民消费能力不断提高、消费结构不断升级和生活方式的巨大转变。从消费支出看，生活方式从以吃为主的基本生存性需求转向多样化、高档化、便捷化和现代化，家庭设备更新速度明显加快。曾经的各种高档家庭耐用消费品和奢侈品不断走入寻常百姓家，成为生活必需品，已成为农村居民生活水平显著提高的重要标志。

### 1. "以吃为主" 的基本生存性消费需求向多样化享乐型转变

1978—2017 年，农民人均支出从 116.06 元上升到 10954.5 元。其中食品烟酒支出占比从 67.71% 减少到 31.18%，衣着支出占比从 12.70% 减少到 5.58%，居住支出占比从 10.30% 上升到 21.48%，生活用品及服务占比从 0 上升到 18.56%，交通通信占比从 9.29% 上升到 13.78%，教育文化娱乐支出占比从 0 上升到 10.69%，医疗保健类占比从 0 上升到 9.66%（见表 1）。

---

① 相关数据来统计年鉴或根据统计年鉴数据计算得出。

可见，生活消费结构序列由满足基本生存需要的"一吃二穿三住"，向多样化需求转变，消费结构也明显表现出生存资料比重减少、发展和享受资料比重提高的趋势。

表1　　　　　　　　　农民人均年支出及其消费结构　　单位：元;%

| 支出类别 年份 | 1978 | 1985 | 1990 | 1995 | 2000 | 2005 | 2013 | 2017 |
|---|---|---|---|---|---|---|---|---|
| 平均每人年支出 | 116.06 | 317.42 | 584.63 | 1310.36 | 1670.10 | 2555.40 | 7485.10 | 10954.50 |
| 食品烟酒 | 67.71 | 57.79 | 58.80 | 58.62 | 49.13 | 45.48 | 34.13 | 31.18 |
| 衣着 | 12.70 | 9.72 | 7.77 | 6.85 | 5.75 | 5.81 | 6.06 | 5.58 |
| 居住 | 10.30 | 18.24 | 17.34 | 13.91 | 15.47 | 14.49 | 21.11 | 21.48 |
| 生活用品及服务 | 0 | 5.12 | 5.29 | 5.23 | 4.52 | 4.36 | 17.82 | 18.56 |
| 交通通信 | 9.29 | 1.73 | 1.44 | 2.58 | 5.58 | 9.59 | 11.69 | 13.78 |
| 教育文化娱乐 | 0 | 3.92 | 5.37 | 7.81 | 11.18 | 11.56 | 10.08 | 10.69 |
| 医疗保健 | 0 | 2.41 | 3.25 | 3.24 | 5.24 | 6.58 | 8.93 | 9.66 |
| 其他用品及服务 | 0 | 1.07 | 0.74 | 1.76 | 3.14 | 2.13 | 1.93 | 1.83 |

资料来源：《中国统计年鉴》（2001、2006、2018）。

## 2. "以主食为主"的食品消费结构持续优化

从食品消费结构看，1978年农村居民的食物以粮食和蔬菜及食用菌为主，人均消费量分别是247.83公斤和141.50公斤，除肉类和食用油消费分别有5.76公斤和1.97公斤外，其他食物的消费人均不到1公斤。此后粮食和蔬菜及食用菌的消费量呈下降趋势，2017年分别为人均年消费154.60公斤和90.20公斤，同时肉类、禽类、蛋类、水产品的消费出现大幅度上涨，人均消费量分别从5.76公斤、0.25公斤、0.80公斤和0.84公斤上升到23.60公斤、7.90公斤、8.90公斤和7.40公斤，奶类从0上升到2000年的1.06公斤直至2017年的6.90公斤（见表2）。

可见，农村居民的食物消费趋向多样化，营养价值明显提升。

表2 农民主要食物消费量 单位：公斤

| 年份<br>主要食物 | 1978 | 1985 | 1990 | 1995 | 2000 | 2005 | 2013 | 2017 |
|---|---|---|---|---|---|---|---|---|
| 粮食 | 247.83 | 257.45 | 262.08 | 258.92 | 250.23 | 208.85 | 178.50 | 154.60 |
| 食用油 | 1.97 | 4.04 | 5.17 | 5.80 | 7.06 | 6.01 | 10.30 | 10.10 |
| 蔬菜及食用菌 | 141.50 | 131.13 | 134.00 | 104.62 | 106.74 | 102.28 | 90.60 | 90.20 |
| 肉类 | 5.76 | 10.97 | 11.34 | 11.29 | 15.49 | 18.75 | 22.40 | 23.60 |
| 禽类 | 0.25 | 1.03 | 1.26 | 1.83 | 2.81 | 3.67 | 6.20 | 7.90 |
| 水产品 | 0.84 | 1.64 | 2.13 | 3.06 | 3.92 | 4.94 | 6.60 | 7.40 |
| 蛋类 | 0.80 | 2.05 | 2.41 | 3.22 | 4.77 | 4.71 | 7.00 | 8.90 |
| 奶类 | | | | | 1.06 | 2.86 | 5.70 | 6.90 |
| 干鲜瓜果类 | | | | | | | 29.50 | 38.40 |
| 食糖 | 0.73 | 1.46 | 1.50 | 1.28 | 1.28 | 1.13 | 1.20 | 1.40 |

资料来源：《中国统计年鉴》（2001、2006、2018）。

### 3. 大件家居用品消费趋向现代化

20世纪80年代末，老"四大件"自行车、缝纫机、手表和收音机在农村迅速得到普及并渐趋饱和。到90年代，以洗衣机、电冰箱、摩托车为代表的"三大件"逐渐成为农村居民的消费主流。21世纪以来，随着农村消费环境的改善和农村居民购买能力的增强，尤其是农村电网的改造以及"家电下乡"政策的推行，空调等家用电器等已不再是奢侈品，成为农村居民生活要素的重要内容。从统计项目看，20世纪80—90年代的统计对象缝纫机、钟表、沙发、大衣柜、写字台、收音机、收录机、黑白电视机、电风扇，以及90年代后期曾经流行的录放像机、组合音响等，由于过时或普及等原因已退出，而电冰箱、空调、抽油烟机、微波炉、热水器、计算机等彰显生活品质的新家电，由于影响力提升而纳入统计。可以看到，1985—2017 年，洗衣机从百户不到两台到 86.30 台，电冰箱从千户不到一台到百户 91.70 台，已经普遍化。空调和热水器百户拥有量已经过半。微波炉、抽油烟机等正在增长中（见表3）。

表3　　　　　　　　每百户农村居民主要家用电器拥有量　　　　单位：台

| 年份<br>家用电器名称 | 1978 | 1985 | 1990 | 1995 | 2000 | 2005 | 2013 | 2017 |
|---|---|---|---|---|---|---|---|---|
| 收录机 |  | 4.33 | 17.83 | 28.25 | 21.58 | 10.98 |  |  |
| 录放像机 |  |  |  |  | 3.30 | 3.00 |  |  |
| 组合音响 |  |  |  |  | 7.76 | 13.00 |  |  |
| 电风扇 |  | 9.66 | 41.36 | 88.96 | 122.62 | 146.35 |  |  |
| 洗衣机 |  | 1.90 | 9.12 | 16.90 | 28.58 | 40.20 | 71.20 | 86.30 |
| 电冰箱 |  | 0.06 | 1.22 | 5.15 | 12.31 | 20.10 | 72.90 | 91.70 |
| 照相机 |  |  | 0.70 | 1.42 | 3.12 | 4.05 | 4.40 | 3.90 |
| 空调机 |  |  |  |  | 1.32 | 6.40 | 29.80 | 52.60 |
| 抽油烟机 |  |  |  |  | 2.75 | 5.98 | 12.40 | 20.40 |
| 微波炉 |  |  |  |  |  |  | 14.10 | 17.30 |
| 热水器 |  |  |  |  |  |  | 43.60 | 62.50 |

资料来源：《中国统计年鉴》（2001、2006、2018）。

### 4. 居住条件明显改善

农民居住条件的改善是改革开放后农村最直观的变化。农民居住面积正逐年扩大，房屋质量也不断提高。统计数据表明，农村居民人均居住面积从 1980 年的人均 9.4 平方米提高到 2012 年的 37.09 平方米。从结构看，实现了由土坯结构到砖木结构进而向钢筋混凝土结构的转变，楼房在一些经济比较发达的地区和城市近郊不断涌现。钢混结构住房面积从 1985 年的人均 0. 31 平方米提高到 2012 年的 16. 35 平方米。每年新增住房面积中，砖木结构的住房新建面积不断减少，从 1985 年的人均 0. 7 平方米减少到 2012 年的 0. 24 平方米。

### 5. 出行更为便捷快速

改革开放初期，农民出行主要依靠步行和自行车，1978 年每百户拥有的自行车也仅 30. 73 辆。此后自行车的拥有量持续上升，到 1990 年户均已经超过一辆，但 1995 年后却出现下降趋势，农民有能力购买更为方便快捷的交通工具。摩托车的百户拥有量上升，从 1990 年百户不足一辆上升到 2017 年过半家庭拥有一辆，电动助力车拥有量上升，与摩托车几乎持平。此外，家用汽车每百户拥有量在"十三五"期间上升了 10 辆，每百户拥有量达到了 19. 30 辆（见表 4）。出行工具的更替使得农民能够更便捷快速地走出家庭，出行半径明显扩大。

表4　　　　　　　　每百户农村居民主要出行工具拥有量　　　　单位：辆

| 出行工具 \ 年份 | 1978 | 1985 | 1990 | 1995 | 2000 | 2005 | 2013 | 2017 |
|---|---|---|---|---|---|---|---|---|
| 自行车 | 30. 73 | 80. 64 | 118. 33 | 147. 02 | 120. 48 | 98. 37 | | |
| 摩托车 | | | 0. 89 | 4. 91 | 21. 94 | 40. 70 | 61. 10 | 64. 10 |
| 电动助力车 | | | | | | | 40. 30 | 61. 10 |
| 家用汽车 | | | | | | | 9. 90 | 19. 30 |

资料来源：《中国统计年鉴》（2001、2006、2018）。

### 6. "人际主导"的信息沟通方式让位于新媒体

信息沟通在内容与形式上发生了由人际主导向新媒体主导的

转变。电视在 20 世纪 80 年代中后期才进入农村家庭，作为一种"稀缺资源"，初期只为村庄精英家庭所拥有。20 世纪 90 年代末，电视机才开始在农村普及。彩电取代黑白电视，从 1985 年每百户不足 1 台增长到 2017 年的 120.00 台，成为村民生活中必不可少的组成部分。同时，移动电话取代电话机和寻呼机，从 2000 年每百户仅 4.32 台上升到 2017 年的 246.10 台。家用计算机也开始普及，从 2000 年每百户不足半台上升到 2017 年的 29.20 台（见表 5）。曾经的奢侈品变成了普通的家庭用品，成为农民获得信息、传递思想和交流情感的主要工具和娱乐消遣的重要方式，极大地改善了乡村贫瘠的社会文化生活和信息化程度。

表5　　　　　　　每百户农村居民主要信息沟通工具拥有量

单位：台（部）

| 年份<br>品名 | 1978 | 1985 | 1990 | 1995 | 2000 | 2005 | 2013 | 2017 |
|---|---|---|---|---|---|---|---|---|
| 黑白电视机 | | 10.94 | 39.72 | 63.81 | 52.97 | 21.77 | | |
| 彩色电视机 | | 0.80 | 4.72 | 16.92 | 48.74 | 84.00 | 112.90 | 120.00 |
| 家用计算机 | | | | | 0.47 | 2.10 | 20.00 | 29.20 |
| 电话机 | | | | | 26.38 | 58.30 | | |
| 寻呼机 | | | | | 7.74 | 0.36 | | |
| 移动电话 | | | | | 4.32 | 50.20 | 199.50 | 246.10 |

资料来源：《中国统计年鉴》（2001、2006、2018）。

### 7. 农村基础设施和生活环境显著改善

多年来，国家对农村的道路建设、饮水安全、电网改造、通信设施、环境治理等各种基础设施投入力度不断加大。从建设成果看，基本做到村村通公路、通邮、通电、通电话，村内道路长度也从 2006 年的 221.9 万千米增长到 2017 年的 285.3 万千米。同时，安全饮水的覆盖率也有了较大的提高。实现集中供水的行政村数量和比例分别从 2010 年的 32.9 万个、52.3％上升到 2017 年的 38.4 万个和 72.0％；供水普及率从 2006 年的 42.7％上升到 75.5％。从气热供给看，燃气普及率达到 22.52％，集中供热面积达到 1.74 亿平方米。从环境治理看，2006—2016 年，对生活污染进行处理的行政村比例从 1％上升到 20％，对垃圾处理的行政村比例从 5.5％上升到 65％，有生活垃圾收集点的行政村也从 10.9％上升到 50％以上。近两年，农村改厕、污水和垃圾治理的力度正随着《三年农村人居环境改造行动》的提出进一步加大。

### 8. 消费观念现代化，娱乐方式多样化

社会的进步激发了农村居民对美好生活的向往，农民消费观念和意愿发生了很大变化，消费方式现代化、城市化，生活满意度大大提升。在经济条件大幅度改善的前提下，量入为出、勤俭持家等传统观念发生了一定改变，"赚钱就是为了花""提前消费"等观念在农村年轻人中也有了一定的市场，消费意愿变得更强。在物质生活消费升级的同时，农村的精神文化生活也日益丰富。电视等新媒体的普及大大扩展了农民的视野，丰富了他们的娱乐生活。2000 年以来，很多农村社区修建了文化广场或搭建文化舞台，组建乡村锣鼓队、秧歌队等团体，开展多种群众喜闻乐见、寓教于乐的文体活动，极大地丰富了农民业余文化生活，与绿色生活方式互促共进。

## （三） 当前农村居民的绿色生活方式特征

农村居民绿色生活方式形成的物质条件总体上已经有了相当大的改善。同时，由于日益频繁、畅通的地区及城乡信息流通，绿色生活理念渐入农村家庭。当前农村居民生活方式的绿色特征主要表现在：

### 1. 生活更富裕

恩格尔定律表明：一个国家或地区越富，每个国民平均支出中用来购买食物的费用所占比例就越小。恩格尔系数达 59% 以上为贫困，50%—59% 为温饱，40%—50% 为小康，30%—40% 为富裕，低于 30% 为最富裕。所以，农村居民消费结构的变化反映出他们从改革初期的普遍贫困逐步走向 20 世纪八九十年代的温饱，以及 21 世纪渐次迈向小康，到最近部分地区进入富裕阶段的过程。个人日常生活消费中的物质和精神产品的内容、数量、时间、方式等的升级，表明农民生活正变得日益美好，是一种健康文明的发展趋势。

### 2. 营养结构更健康

我国居民 1978 年的人均食物热值是 2269 卡，谷物食品热值比重高达 81.61%，低于粮农组织确定的最低食物热值水平 2310 大卡。但这种营养状况在农村地区已经发生根本性变化。不仅食物短缺问题早已消除，质量也在不断改善。肉、禽、蛋、奶类消费量持续上升，主食消费量持续下降，目前处在良性变动轨道。这有助于居民身心健康和智力发育，为绿色生活方式提供了良好的经济和物质基础。有研究表明，提升儿童智力发育水平的关键因素之一就是改善营养状况。"仓廪实而知礼节"，衣食富足后才会形成更高层次的需求，才会有践行绿色生活方式的动力。

**3. 家庭生活与社区环境日益兼顾便捷与环保**

从家居用品看，家用电器作为曾经的奢侈品进入寻常百姓家，不仅将居民从繁重的家务劳动中解脱出来，使其享受到现代家电带来的生活便利和更高的生活品质，而且取代薪柴、煤炭等破坏资源、污染环境的传统家用能源，更环保。从居住条件看，21世纪以来农民住房消费不断增长，居住质量明显改善。砖木结构住房的减少和楼房的不断产生，不仅提高了住宿的安全性和舒适性，也节约并保护了土地资源和森林资源。住宅的集中和楼房化，也有利于开展农村改水、改厕、污水和垃圾处理等环境治理工作，提升农村整体环境质量。从出行方式看，自行车和电动车等绿色出行方式的普及，由于并不额外使用能源或使用可再生能源，在便利出行的同时，减少了碳排放。从社区生态环境看，由于新农村建设、生态文明建设和美丽乡村建设，以及人居环境综合整治，农村居民生活条件和社区环境变好，垃圾和污水得到有效处理，碧水青山，空气干净，社区更加整洁便利。

**4. 绿色生活理念逐步融入居民日常生活**

随着社会的发展和进步，改善生态生活环境已是全民所需。新媒体的快速发展，使国家政策、社会经济发展以及生态文明要求，都更容易被农村居民理解和认识。绿色发展理念也逐步进入农村农民视野，潜移默化地成为他们对个人、社会与经济的持续健康发展目的的一种要求和生活消费方式。目前农村也在倡导低碳生活，如房前屋后绿化，林边地头种树，家庭做到人走关灯、一水多用，垃圾分类处理，持续推进农村厕所革命，建立污水处理池，实现废水再利用和"零污染"排放，减少农药化肥的使用，大力提倡绿色无公害农业发展等，农村生态环境改善和提升的同时，绿色生活理念也逐步融入农民生活的点点滴滴中。

**5. 新媒体的信息沟通方式更为节能和高效**

在收音机、广播、电视、移动电话、计算机、互联网等更多新媒体的传播下，农村居民通信和获取信息的能力不断提升，信息交流以更低的成本突破了时间和空间的限制，给人们带来了更大的利益。其中，农村互联网经济，以电子商务的方式搭建购销平台，节省了交易成本，是更为环保、低耗和高效的商务沟通方式。

# 三 农村居民生活方式绿色化进程中存在的问题

推进农村地区绿色生活方式还面临着基础的地域差异、环保意识和环保设施滞后于消费需求、绿色文化产品供给不足、制度和管理机制不健全等问题。

## （一）绿色生活方式的基础和接受度存在地区差异

绿色生活方式是一种相对先进的生活理念，是经济发展到一定阶段的产物，需要相应的物质基础和价值观。我国除东部沿海和内陆发达的地区外，还存在不少发展相对落后的农村地区，区域经济、城乡经济发展还很不平衡，还有一小部分贫困家庭没有彻底脱贫。这些地区经济发展滞后，教育也落后，农民环保意识差，地方政府对环保工作重视度也不足。对这些地区而言，绿色生活方式的目标可能排在其他物质经济生活目标之后。如在云南、贵州一些农村，许多农民家庭为了取暖、做饭、驱虫等，在屋内烧不灭的火盆，以致室内弥漫烟火味，屋顶墙壁熏得油黑。一些农户为了防盗，人畜混居，屋内臭气熏天。这样的经济基础不能令他们那么重视环保，更不用说将绿色理念融入日常生活。

## （二）消费意识与环保意识没有同步发展

中国生态环境整体恶化的态势有从城市向乡村转移的趋势，其原因从生活方式角度看，有农村居民消费意识和行为非合理化的因素。尽管农村居民消费生活方式日趋现代化和城市化，但是环境保护的意识并没有随之增强，存在拜金主义和片面追求物质享受的浪费现象。随着购买和消费的日用生活品数量的迅猛增加，厨房垃圾、生活污水和日常用品垃圾较以往大量增加。由于相应的环保意识比较薄弱，随意排放生活污水和丢弃生活垃圾的现象较为常见。在追求现代化消费生活方式过程中，一些农民存在攀比现象，不顾自身条件和实力盲目消费，形成浪费的同时也加重家庭负担。消费中存在拜金主义，人际交往中不再用朴实、善良、勤劳、节俭等标准来衡量，而是讲吃喝玩乐，不利于生态文明建设和形成健康和谐的农村社区氛围。总体上看，农村绿色生活的社会氛围还未形成。

## （三）以家电化工产品主导的消费升级与人居环保条件滞后并存

农村环境的急剧恶化与大规模家电下乡是有关的。随着农村居民家庭具备家电消费能力和政府推进农村电网改造、能源基础设施建设和降低电费，在农村普遍不具备环保设施的情况下，家电大规模进入农村，给当地带来前所未有的新型污染源。农户使用的洗衣粉、肥皂、洗发水、洗洁精等无机化工产品产生了大量难以分解的生活污水，严重污染水源和土壤；工业品消费垃圾的巨量增加，极大地挑战了与原有生产生活方式相适应的农村人居环境。大规模家电消费是特定经济社会发展阶段的生活方式，客观上要求人口集中、教育程度相对较高、经济相对发达。如需要集中供电，电视机、电脑需要集中铺设管线，洗衣机、热水器需要集中给排水，维修和售后服务需要设立在用户集中区域，废弃家电需要集中回收处理等，是与城市化紧密相连的。当前农村家电消费的后处理不仅公共设施和服务跟不上，传统农村民居也多不具备相应功能。这种基础设施上的城乡差距恶化了农村人居环境。

## （四）绿色文化产品供给不足

目前，农村地区绿色生活方式被关注更多的是提升消费能力，改善基础设施，治理污水、垃圾和厕所，以及美化乡村生态环境等。在农村本地教育和人才缺失的情况下，农村居民文化生活相对贫乏，绿色生活的宣传相对短缺。尽管电视、移动通信、电脑等作为新型信息传播交流工具，重塑了信息传播和人际交往方式，但积极的文化娱乐生活和蕴含传统美德的绿色文化产品，还没能找到足够喜闻乐见的展示方式。村庄自主推行的绿色生活还处在萌芽中。

### （五）管理机制和支持政策欠缺

农村地区存在诸多生态环境问题的根源还在于缺乏相应的管理机制。这首先表现在我国县级以下就没有相应的环保机构。其次是缺乏推进绿色生活方式的综合性工作协调机制。由于生活方式绿色化涉及面极广，涉及部门众多，需要环保、发改委、工商、工信、商务、财政、教育等众多部门联动，携手推进，但是，由于种种原因，各部门之间相互推卸责任，统筹协调难度大，工作进度缓慢、效率低。扶持政策缺乏首先表现在缺乏具体的指导意见去引导居民将绿色生活理念贯穿到具体吃、穿、住、行、游、娱、乐中。比如营养结构，是否鱼肉等高蛋白吃得越多越好？是否有一个推荐的最佳营养结构或比例？怎么穿是绿色而不是浪费？如果没有具体的指导意见，直接影响的就是绿色生活方式的个人践行能力。实践中，由于评判方式模糊，容易在面临相关问题时，形成责备政府或某个团体，而不是从自身出发寻找问题根源的局面。

## 四　农村居民绿色生活方式的实现路径

打造农村绿色生活方式，要以党的十九大精神为指引，贯彻绿色发展理念，以农民高收入为基础、生活好为前提、体面尊严为目标，构建以人为本的农村生活方式和循环体系。这是个社会转变过程，需要从改变消费理念、推进制度建设、推动全民行动和完善保障措施等多方面协调推进。

## （一）强化顶层设计，推进制度建设

倡导农民生活方式绿色化转变需要相应的规章制度作基础。需要制订合理的远期规划、年度计划和规章制度，构建政府引导、市场响应、公众参与的运行保障长效机制，规范政府、企业和公众的职责和义务。各级环保部门应广泛凝聚全社会力量，与现有环保制度相呼应，因地制宜、结合地区特色，制定推动生活方式绿色化的顶层方案和政策保障措施。产业上，加大政策扶持和技术支持，鼓励并监督社会企业采用绿色、环保、循环的生产方式生产和销售绿色产品；引导农民积极采用先进环保的生产方式及农业生产的农用物资，为农村居民绿色生活创造产品基础。消费上，组织专家学者专门针对农村居民的实际情况，从衣、食、住、行、游、娱、购等方面编制科学、合理、详细的农村居民绿色生活方式指南，面向农村发行，树立适度合理消费的价值观念和行为准则。拓宽渠道，搭建平台，构建全民参与的绿色行动体系以及各级政府工作推进体系。

## （二）加强宣传，培育绿色生活理念

绿色生活方式的消费就是要以合理需要为依据，把消费控制在个人和社会能够承受的范围之内。各单位各部门可以整合各自的宣传资源，利用各种宣传媒介传播绿色生活方式，加大对农民环保工作的宣传力度，引导农民绿色消费意识，形成对奢侈消费的鄙视和对良好绿色生活方式的追求和向往的社会氛围。发挥新媒体优势，采用线上、线上相结合的宣传方式。开发面向公众的绿色生活 APP，让农民随时随地了解绿色生活方式的相关政策法规及相关动态，提高农民绿色生活的理念。宣传中，应该尽可能将绿色生活的理念融入日常生活的每个方面，真正做到衣、食、住、行、旅游等领域的绿色化发展。行动上，广泛开展绿色家庭、绿色社区等的创建活动，引导公众积极践行绿色生活。鼓励和支持社会组织和大学生社团到乡村开展各项环保活动。开发绿色产品信息发布平台，发布国家认证的有机食品、环境标志产品和绿色装饰材料，置换废旧日用品；曝光有害产品，接受公众举报。

## （三）以人居环境整治为抓手，推行绿色生活

以农村垃圾、污水治理、卫生厕所改造和村容村貌提升等为主要内容的农村人居环境突出问题治理为抓手，改造几千年形成的农村传统生活方式，推行以类城市生活方式为基础的新型绿色乡村生活方式。在村容村貌改造上，通过村镇规划、农村公共环卫体系建立、污水处理管网设施布局、村庄美化绿化以及适合农村分散起居的厨卫系统的设计，将美丽乡村和保护环境理念以及健康卫生习惯传递给村民，引导群众践行绿色生活方式，实现家庭卫生与公共环境改造互促互进。以"厕所革命"为例，根据国家卫计委调查数据显示，改厕前后我国农村居民的健康知识知晓率由 70% 提高到 77%，饭前、便后洗手的农村居民比例分别

提高了21.5%和24.9%。① 污水治理管网建设和垃圾分类的普及也有同样作用。安吉乡间试行的"垃圾不落地"就是一场绿色生活方式的变革示范。"定点投放、定时收集，让垃圾不暴露、转运不落地、沿途不渗漏、村容更整洁"的方式，使村庄更美，游客更多，村民维护村庄环境的意愿更强。当村民们把自身对于优良生态产品的需求，投射到乡村的每一个角落时，他们便会自觉以环境美化、重塑乡村文明为己任。

## （四）依托乡规民约，鼓励村内自主制度创新

一个稳定的利益共同体内自发形成的制度往往比外部设定的制度得到更有效的认可和执行。浙江省仙居县淡竹乡下叶村的"绿色公约"制度体系，以村规民约的形式，将人居环境治理、乡风文明、村庄绿色资产保护、产业发展等诸多政策要求和绿色理念融入村务治理的各个领域，融入村民生活细节，使绿色治理真正成为基于村民自我管理、自我教育的自主治理过程。"绿色货币"则作为一种奖励践行绿色生活方式的制度，有效激发了村庄利益相关方的参与热情。将居民和游客绿色出行、绿色消费内化为生活准则，外化为生活习惯，同时将广大居民和游客纳入地方治理过程，以开放性的乡村治理结构形成共建共治共享的乡村治理格局，改变"你违规、我管理，你浪费（污染）、我治理"的被动局面。形成干部、居民和游客共建共治共享的绿色社会治理模式，值得其他村庄借鉴。

---

① 王宾：《小厕所连着大民生——中国用厕所革命写好社会治理"大处方"》，http://news.sina.com.cn/o/2017-12-03/doc-ifyphkhm0010532.shtml，2017年12月3日。

## （五）弘扬传统美德，培育绿色文化

对于广大的农村居民来说，以何种途径实现什么样的绿色生活，是由其自身条件决定的。换言之，是多样化的。对不合理消费应该通过价值观重塑、绿色消费行为和习惯养成两方面进行合理引导，逐渐形成科学、文明、健康的生活方式。价值观上，努力将弘扬传统美德与树立现代思维有机融合。即将传统美德中的"崇尚节俭"与现代观念中的"开放、竞争、效率"等相结合，消费观念既现代又不铺张浪费。在发展中传承优秀的传统文化。在行为习惯上，鼓励消费中"量入为出"的文化，改革不必要的人情消费，避免消费中盲从心理。同时倡导对生态环境友好的绿色消费文化。鼓励那些倡导生态文明、反映环保成就，具有思想性、艺术性和观赏性的电影、电视、戏剧、公益广告、图书、书法、绘画、摄影等环境宣传品。大力开展以绿色生活、绿色消费为主题的环境文化活动，鼓励将绿色生活方式植入各类文化产品，利用影视、戏曲、音乐及图书漫画等形式传播绿色生活科学知识和方法。

## （六）围绕重点地区、领域、人群和场所，开展示范推广

重点地区是指经济基础和环保基础较好、有一定经验的农村，比如开展垃圾分类的地区。在重点地区可先行开展推动生活方式绿色化试点工作，摸索经验，树立典型，引领示范，以点带面，逐步推广。着重研究建立统一、科学、标准化、操作性强的考核评价体系，细化量化考核指标，完善奖惩机制，形成奖优罚

劣的政策导向。重点领域是指与绿色生活方式密切相关的生产、销售和资源回收利用领域。重点人群分别是青壮年人群、领导干部和公务员、公众人物，以及青少年。青壮年是引领着生活潮流和消费潮流，党员领导干部和公务员起到率先垂范的带头作用，公众人物有名人效应，青少年引领未来。他们的绿色生活方式和消费模式实现了勤俭节约、绿色低碳、文明健康的方向转变，整个社会的方向就有了保证。重点场所是指与人们日常衣食住行游等生活紧密相关的场所，如家庭、社区、机关、商场、酒店、学校、企业等，在这些场所树立绿色生活榜样，有助于提升公众的环境意识和环保行为。推广示范要注重细节：如减少精包装物品的消费，创建可循环产品市场，鼓励购买可循环使用的产品，少购买一次性产品，用可充电的电池，买二手或翻新物品；购买水流小的淋浴喷头；用能量利用率高的电器和家具，用天然的、无公害的物品代替化学制品家具和杀虫剂等。

## 参考文献

1. 王雅林：《生活方式研究评述》，《社会学研究》1995 年第 4 期。

2. 史向军、赵景荣：《改革开放以来农村生活方式现代化研究》，中国社会科学出版社 2018 年版。

3. 徐翔：《中国人均食物热值构成变化趋势》，《南京农业大学学报》1998 年第 5 期。

# 农业面源污染防治的困境与对策

包晓斌[*]

**摘　要：**农业面源污染已成为农村地区环境污染的重要来源，有效控制农业面源污染，确保农产品产地环境安全，是推进生态环境治理和实现农产品质量安全的现实要求。本报告针对我国农业面源污染状况，分析农业面源污染防治的主要措施和区域农业面源污染防治的探索实践。指明农业污染防治面临机制不完善、标准较低、监管体系不健全、投入缺乏等主要问题。从培育新型农业面源污染防治主体、加大农业面源污染防治投入、推行农业标准化生产、促进农业生态循环发展、强化农业面源污染防治监管等方面，提出加强农业面源污染防治的对策建议。

**关键词：**面源污染防治　农业　化肥和农药减量　农膜回收　秸秆资源化

＊　包晓斌，农学博士，中国社会科学院农村发展研究所研究员，博士生导师，农村环境与生态经济研究室副主任，研究方向为农村环境与生态经济。

# The Dilemmas and Countermeasures for Agriculture Non – point Source Pollution Prevention and Control

Bao    Xiaobin

**Abstract**：Non – point source pollution of agriculture has been primary source of environmental pollution in rural area. The friendly environment will be conserved in producing area if the non – point source pollution is effectively controlled, which is actual requirement for promoting ecological environment management and achieving agricultural quality security. The main measures of non – point source pollution prevention and control of agriculture and regional practices are analyzed based on the situation of non – point source pollution in this paper. The main problems on non – point source pollution prevention and control are shown as incomplete mechanism, lower standards, imperfect supervision system and deficient inputs. The relevant countermeasures are given by means of assisting new controller for non – point source pollution, increasing inputs for non – point source pollution prevention and control, advancing standardization production of agriculture, promoting ecological cycling development of agriculture, strengthening supervision for non – point source pollution prevention and control.

**Key Words**：Non – point Source Pollution Prevention and Control；Agriculture；Chemical Fertilizer and Pesticide Reduction；Agricultural Plastic Film Recovery；Straw Utilization

在我国农村经济迅速增长的同时，农业生产方式产生的面源污染给农村环境带来严重的外部影响，加剧土壤和水体污染风险，农业面源污染已成为农村地区环境污染的主要来源。有效控制农业面源污染，消除污染源，改善农业生产环境，确保农产品产地环境安全，是推进全国生态环境治理和实现我国农产品质量安全的现实要求。

# 一　我国农业面源污染状况

农业面源污染主要指化肥、农药、农用薄膜等化学投入品过量使用及其使用方式不当造成的环境污染、畜禽养殖等造成的环境污染，包括水体污染、耕地土壤污染、废弃物污染、大气污染等，对农业生产、农村居民生活和生态环境产生严重危害。

## （一）农业化学投入品使用

我国耕地复种指数较高，化肥、农药等化学投入品使用量较大。化肥施用量占世界化肥施用总量的 35%、农药使用量占世界农药使用总量的1/3。我国化肥、农药等投入品的结构仍不尽合理，技术含量较低，尚未推广先进的施肥施药机械。

### 1. 化肥施用量变化

全国化肥施用量呈现增加的态势，2017年化肥施用量达到5859.4万吨，是1990年的2.26倍。施肥强度增至352.27千克/公顷，是1990年的2.02倍，远高于国际公认的安全施肥上限225千克/公顷，如图1所示。我国化肥利用率低于40%，而美国粮食作物氮肥利用率达到50%，欧洲主要国家粮食作物氮肥利用率高达65%。①

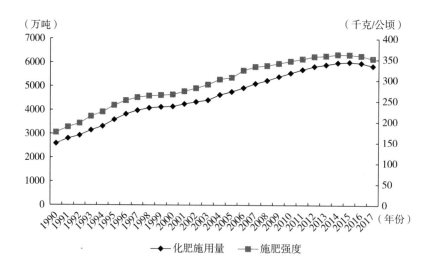

**图1　全国化肥施用量和施肥强度变化**

① 《我国农药使用量已连续三年负增长，化肥使用量已实现零增长》，中国经济网，http：//www.ce.cn/xwzx/gnsz/gdxw/201712/22/t20171222_27378629.shtml，2017年12月22日。

农业肥料结构不均衡，化肥施用量占肥料施用总量的比例较高，有机肥施用量占肥料施用总量的比例较低。氮、磷、钾肥施用比例不平衡，氮肥和磷肥施用过量，钾肥施用量较少。近年来，氮肥和磷肥施用量增速趋缓，复合肥和钾肥施用量增速加大。

**2. 农药使用量变化**

我国农药使用过度，2017 年农药使用量达到 165.5 万吨，是 1990 年的 2.26 倍。单位面积农药使用量高达 9.95 千克/公顷，远高于发达国家的农药用量水平。农药利用率不足 40%，而欧美发达国家小麦、玉米等粮食作物的农药利用率达到 50%—60%[1]。未被利用的农药直接进入环境，农药过量和不规范使用影响农产品质量安全。农药使用技术落后，施药方法不科学，用药剂量和次数较多，农民缺乏农药施用的安全意识，使用完的农药瓶及包装袋丢弃在沟渠边，水体极易遭受污染。

**3. 农用薄膜使用量变化**

随着设施农业的发展，我国农用薄膜使用总量增加，2017 年农用塑料薄膜使用量达到 252.8 万吨，是 1990 年的 5.24 倍。地膜覆盖面积达到 1865.72 万公顷，是 1995 年的 2.87 倍，如图 2 所示。由于农用残膜回收利用技术和机制尚未完善，农用薄膜回收率不足 2/3。超薄农膜容易破损，其碎片残留于耕地，不易

---

① 《我国农药使用量已连续三年负增长，化肥使用量已实现零增长》，中国经济网，ht-tp：//www.ce.cn/xwzx/gnsz/gdxw/201712/22/t20171222_ 27378629. shtml，2017 年 12 月 22 日。

回收。残膜留在土壤中难以降解，破坏耕作层结构，严重影响土壤通气和水肥输送。大多数地膜使用后直接丢弃在田间地头，未能及时回收，造成白色污染。

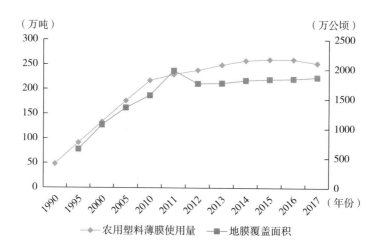

图2　全国农用塑料薄膜使用量和地膜覆盖面积

## （二）农业面源污染物排放及其危害

根据国家环境保护部公布的废水污染物排放量监测结果，2015年全国农业化学需氧量排放量达到1068.58万吨，比2011年降低9.91%；农业氨氮排放量达到72.61万吨，比2011年降低12.15%，如图3所示。尽管农业废水污染物排放量呈降低的态势，但是农业废水污染物排放量占废水污染物排放总量的比例仍然较高，2015年农业化学需氧量排放量比例达到48.06%，高于工业和生活化学需氧量排放量比例；农业氨氮排放量比例达到31.58%，高于工业氨氮排放量比例，如表1所示。

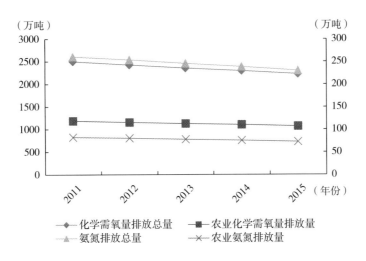

图3 废水污染物排放总量和农业废水污染物排放量

表1 农业废水污染物排放量比例 单位:%

| 年份 | 化学需氧量排放量比例 | | | 农业氨氮排放量比例 | | |
|------|------|------|------|------|------|------|
| | 农业 | 工业 | 生活 | 农业 | 工业 | 生活 |
| 2011 | 47.45 | 14.19 | 37.56 | 31.73 | 10.80 | 56.70 |
| 2012 | 47.60 | 13.96 | 37.66 | 31.79 | 10.41 | 57.03 |
| 2013 | 47.85 | 13.58 | 37.82 | 31.72 | 10.01 | 57.56 |
| 2014 | 48.04 | 13.57 | 37.67 | 31.67 | 9.73 | 57.90 |
| 2015 | 48.06 | 13.20 | 38.09 | 31.58 | 9.46 | 58.32 |

资料来源:环境保护部:《中国环境统计年鉴》(2012—2016年)。

农业面源污染物排放的危害包括:土壤污染、土壤结构遭受破坏、土壤酸化、水体水质污染、地表水富营养化、地下水硝酸盐含量超标、大气环境污染等,以及由此导致的农业生产成本上升,农产品产量和质量下降,食品和人畜饮水安全风险加剧,居民身体健康受到严重威胁。

我国每年因过量、不合理施肥造成1000多万吨的氮流失,化肥过量施用以及氮磷钾肥施用比例不合理，造成土壤板结，耕地生产力下降。同时，耕地养分负荷量较大，化肥营养成分通过渗漏和地表径流而大量损失，引发水体污染和富营养化，造成环境污染。粗放的施药方式致使部分农药滞留在土壤与水体中，散发到空气里，随意处置废弃农药包装物将造成农药的二次污染。

我国农作物秸秆数量大、种类多、分布广，目前农作物秸秆产量已超过 10 亿吨，位列世界之首。如果大量的秸秆处置不当，其废弃物腐烂变质导致大气污染、水污染，秸秆就地焚烧更易造成大气污染、雾霾等环境污染。

# 二 农业面源污染防治的主要措施

围绕国家农业面源污染防治的"一控两减三基本"目标（严格控制农业用水总量，逐步减少化肥、农药施用总量，实现畜禽粪便、农膜、农作物秸秆基本资源化利用），实施化学投入品减量和废弃物循环利用工程，推广先进的肥药施用和废弃物处理技术，加强农业面源污染防治的制度保障，必将有效防治农业面源污染。

## （一）化学投入品减量和废弃物循环利用工程实施

全面实施化肥、农药使用量"零增长"行动，2017 年全国农药使用量连续三年负增长，化肥使用量提前三年实现"零增长"。水稻、玉米和小麦三大粮食作物化肥利用率为 37.8%，比 2013 年上升 4.8 个百分点。农药利用率为 38.8%，比 2013 年上升 3.8 个百分点，如表 2 所示。

| 表 2 | 主要粮食作物化肥农药利用率变化 | 单位：% |
|---|---|---|
| 年份 | 化肥利用率 | 农药利用率 |
| 2013 | 33.0 | 35.0 |
| 2015 | 35.2 | 36.6 |
| 2017 | 37.8 | 38.8 |

资料来源：生态环境部：《2017 年中国生态环境状况公报》。

实施化肥减施工程，提高化肥利用率，减少化肥施用量。充分利用洼地和河道，建成拦截沟渠，种植半旱生和水生植物，减少肥料流失对水系的污染。优化种植结构，减少化肥投入。强化施用有机肥，种植绿肥，将增加土壤有机质含量，提高耕地肥力。

实施农作物病虫害的综合防治工程，减少农药使用量。严格禁止高残留和高毒农药的使用，有效降低农药流失引起的环境污染。改进农药施用结构，推广高效、低毒、低残留农药、生物农药和先进施药机械，实施病虫害统防统治和绿色防控。通过选育抗病虫品种、合理的轮作换茬等措施，预防病虫发生，减少防控次数，间接控制农作物病虫害。

实施农业废弃物循环利用工程，注重秸秆资源化利用，推进秸秆肥料化、饲料化、燃料化、原料化、基料化"五化"利用。加强废旧农用薄膜回收利用，推广加厚地膜。在农药使用量较大的农产品种植区，建设农药包装废弃物回收站和无害化处理站。

## （二）先进的肥药施用和废弃物处理技术支撑

我国农业生产具备应用先进技术的条件，可以推广测土配方

421

精准施肥技术，施用有机肥料和生态复合肥，应用缓释肥料、水溶肥料、生物肥料等高效新型肥料。实行农艺与农机融合，推广生物固氮技术、机械深施肥等技术。利用秸秆与畜禽粪便堆制有机肥，腐熟发酵造肥还田。鼓励农民积造施用有机堆肥，提高有机肥资源利用水平。

针对农作物病虫害综合防治，推广生物防治、物理防治等绿色防控技术，有效降低化学杀虫杀菌剂用量，强化重大病虫统防统治，推动专业化统防统治与绿色防控技术融合及示范应用，提高农药利用率。推广高效、低毒、低残留环境友好型化学药剂及水剂、水乳剂、水分散粒剂等环保型药剂，加快对农户自制非标准施药机械的更新改造，减少农药使用浪费。

在秸秆产生量较大的重点地区，加快推进秸秆综合利用试点，推动以秸秆还田为主的肥料化利用，采用秸秆粉碎直接还田技术、保护性耕作覆盖还田技术、秸秆造肥提质还田技术。加快秸秆固化成型燃料站建设，推广使用秸秆压块燃料，改变农村直接燃烧秸秆的传统用能方式，减少散煤使用，调整区域能源结构。以市场为导向，鼓励发展秸秆生物质发电项目，推进秸秆沼气化利用，提高秸秆利用量。推动秸秆造纸、可降解秸秆纸膜、生产有机肥、保温砖、建筑板材等多元化利用，实现秸秆利用产业化发展。培育壮大秸秆基料化龙头企业、专业合作社和种植大户，发展水稻育苗基质、草腐菌类食用菌基质、花木基质、草坪基料等利用新途径，提高秸秆基料化应用比例。

引导农民和新型农业生产经营主体科学选择使用农用薄膜，不再使用厚度小于 0.01 毫米的超薄农膜，全面推广厚度大于 0.01 毫米、耐候期大于 12 个月且符合国家标准的农用薄膜。试验示范新型可降解地膜和液体地膜等新型替代产品，建立集中连片的可降解农用薄膜试点区，采用可降解地膜覆膜栽培技术。在地膜覆盖面积较大的地区，可使用加厚地膜，示范推广残膜捡拾和回收技术，建设废旧地膜回收网点和再利用加工厂。

## （三） 农业面源污染防治的制度保障

防控工业和生活污染向农业转移，执行国家农地土壤污染管控标准，依法禁止未经处理达标的工业和生活污染物进入农田。开展耕地土壤污染治理评价，加强污染耕地分类治理。完善农业生产基地环境保护制度和投入品管理制度，加快制订绿色、有机食品生产技术规程。优化肥料结构，加快推广新型高效肥料，实行有机肥替代化肥，激励农户和企业施用有机肥，加强地区有机肥厂建设。扶持病虫防治专业化服务组织，注重植保机械与农艺配套，扩大统防统治辐射范围，提高科学用药水平。落实秸秆禁烧制度，执行秸秆还田、秸秆资源化利用等补偿政策，推动秸秆处理和利用能力建设。采取以旧换新、专业化组织回收、加工企业回收等多种方式，推行农用薄膜回收利用，构建耕地残膜收集、输送网络体系，提升耕地残膜回收利用能力。鼓励支持各级农业部门在有关农业项目区内开展新型可降解地膜、液体地膜等新型物化技术产品的试验示范，对应用新型可降解地膜、液体地膜给予适当补助，降低业主、农民应用新型地膜的生产成本，逐步扩大其使用范围，减少传统塑料地膜应用面积。

# 三 区域农业面源污染防治的实践探索

针对区域农业面源污染状况，江西、山东、黑龙江、浙江、四川、陕西等省区相继采取肥料施用结构优化、农作物病虫害绿色防控、农膜等废弃物回收利用、农作物秸秆资源化利用、畜禽养殖粪污无害化处理等措施，地区农业面源污染防治取得显著成效。

## （一）优化肥料施用结构

许多地区结合测土配方施肥项目的开展，扩大测土配方施肥技术及膜下滴灌水肥一体化技术的应用，优化肥料施用结构，增施有机肥和配方肥，降低化肥施用比例。这将明显提升耕地质量，减少农业环境污染，降低农业生产成本。

江西省景德镇市实施化肥"零增长"行动，开展多种试验示范和推广，包括减量配方施肥试验、土壤调酸试验、生物肥试验、稻田土壤重金属污染修复试验、水肥一体化、肥料利用率试验等。2016年全市化肥施用量达到94216吨，首次出现化肥施用量负增长。同时，推广测土配方施肥技术，全市测土配方施肥面积达到191.5万亩，有效减少化肥施用量，提高化肥利用率。实施耕地地力保护与质量提升行动，加强红花绿肥种植，在国道、旅游沿线集中规划红花种植示范区，鼓励支持现代农业示范区、种粮大户、专业合作社绿肥种植。建设市级耕地质量监测点12个，开展果蔬茶有机肥替代化肥试点，试点面积达到

3000 亩。

四川省广元市旺苍县实施测土配方施肥面积 500 万亩次以上，主要在粮油作物和茶叶上实施配方施肥，增产 10%—20%。配方施肥推广方式主要包括：直接施用配方肥；发放施肥建议卡，农户按方购买肥料施用。南充市嘉陵区扩大测土配方施肥在设施农业及经济、园艺作物上的应用，通过改进施肥方式，主要农作物肥料利用率达到 40% 以上。探索农地有机养分资源有效利用模式，鼓励增施有机肥、种植绿肥，引导农民积造施用农家肥和使用以畜禽粪便为原料的商品有机肥。

山东省莱芜市莱城区推广使用商品有机肥，减少化肥施用量。在土壤酸化程度比较严重的区域，通过施用土壤调理剂，改善土壤理化性状。在果园中种植绿肥植物，增加土壤有机质含量。普及测土配方施肥，支持整村、整镇推进测土配方施肥。引导农企对接直供，启动对新型经营主体补贴，扩大配方肥施用范围，实现小麦、玉米、蔬菜、林果等各种作物全覆盖。科学合理施肥，减少氮、磷流失。改进施肥方式，在设施蔬菜及林果栽培集中区域，推广水肥一体化技术，减少化肥施用量，有效减轻化肥过量施用对水体和土壤的污染。

黑龙江省佳木斯市桦川县在稻田里养鸭、养鱼、养蟹，减少化肥投入量，提升绿色有机食品产出能力。星火乡五良纯生态农业专业合作社专门研究种植生态水稻，构建"稻—草—鱼—鸭—粪—稻"的生态链，形成一整套"鱼鸭稻共育"的立体栽培模式，实现水稻种植业、养殖业一体化和效益最大化。星火和创业两个乡镇的 6 个水稻专业合作社推广稻田立体栽培面积 6715 亩，通过稻田立体养鸭、养鱼和养蟹，能够生产优质的绿色稻米、畜禽产品和水产品,提高农业的综合经济效益。

## (二) 强化农作物病虫害绿色防控

区域推广绿色防控技术,注重绿色防控与统防统治融合,加速生物农药、高效低毒低残留农药推广应用,严禁使用高毒、高残留农药,扩大生物农药实施范围,强化农业植保现代装备,发展病虫害专业化防治服务组织,提升农作物病虫害统防统治能力。

### 1. 减少化学农药施用量,增加生物农药施用量

浙江省宁波市奉化区全面推广病虫害非化学防治技术,采用以"三诱"(杀虫灯、性息素、黄板)技术为核心、生物农药为补充的病虫防治技术。自 2005 年以来,全区累计应用非化学防治面积 30 万亩次,应用频振式杀虫灯和太阳能杀虫灯 380 盏,性诱捕器 2 万多套,色板 2.5 万张,以及各类生物农药 80 吨。开展达标防治、低容量施药,发挥环境友好型农药功效,减少农药使用量和使用频次。开展水稻病虫专业化统防统治,在2013—2017 年,全区合计完成水稻病虫统防统治作业面积 28.6万亩次,开展水蜜桃统防统治 5000 亩,区植保专业合作社完成无人植保飞机防治作业 1.5 万多亩次。

黑龙江省绥化市海伦市通过"三改一提"措施,即改变施药机械,使用大型植保机械代替手动机械,农药利用率提升至45%,除草剂用量减少 15%,2017 年亩均除草剂用量 25 克。改变施药方式,以苗后除草替代苗前除草,实行见草用药,用药量低,除草效果较好。改变药剂品种和配方,以高效友好型农药替

代残效期长、用药量大的农药，轮换用药，减轻抗药性。提升作业质量，采用绿色防控替代化学防控手段，以生物药剂、专化性诱杀、趋避性防控为主要措施，具有无残留、无污染、生态损害小等优势。

### 2. 提高农业植保水平

山东省菏泽市郓城县推行物理防控、生态调控，减轻对化学农药的依赖，推广高效低毒低残留农药替代高毒高残留农药，推广植保无人机、自走式喷杆喷雾机、宽幅电动喷雾器等新型植保机械。在粮油、果树、蔬菜种植基地建立病虫监测点，准确掌握病虫发生特点、分布情况，减少盲目施药、重复施药，降低农药使用量。开展病虫害专业化统防统治，提升病虫防治水平。全县共有专业化防治服务组织 69 个，从业人员 2053 人，拥有高效植保机械总装备数量 1219 台套，日作业能力达到 10 万亩，2017年全县统防统治面积 132.4 万亩次。

黑龙江省佳木斯市桦川县扶持专业化统防统治组织及专业大户、家庭农场、农民合作社、农业企业等新型农业生产经营主体，推广农作物病虫害绿色防控技术。开展农作物重大病虫害水稻稻瘟病统防统治，采用固定翼飞机、直升机、植保无人机开始航化作业，每年航化作业面积 20 万亩以上，提高作业效率。对病虫重发区实施统防统治、应急防治的药剂、绿色防控物资和施药作业进行补助，水稻病虫害防治每亩补助 10 元。

四川省广元市苍溪县以政府购买为引导，深入推进三方合作机制（新型农业经营主体、技术部门、农资经销或生产商），形成"方案统制、技术统训、农药统供、病虫统防"的"四统"

模式。一般全季用药次数比农民自行防治减少 1—2 次，化学农药使用量减少 25% 以上，农药利用率提高 10%。同时农药经销商提供大包装农药，使用后集中回收农药废弃物，实现施药次数减少、施药剂量减少、农药流失减少、农药废弃物有效回收的目标。

### 3. 实行绿色防控与统防统治融合

江西省景德镇市 2017 年农药使用量达到 1049.29 吨，比 2013 年降低 9.2%。全市共设立 5 个植物疫情阻截防控监测点，浮梁县建立重大病虫害实时远程监控系统，乐平市建立农业病虫害监测网。全市开展绿色防控与统防统治融合示范试点，扩大统防统治和绿色防控面积，全市统防统治覆盖率达到 38%，绿色防控覆盖率达到 28%。乐平市众埠镇建立蔬菜统防统治与绿色防控融合示范区，试点面积 5000 亩，核心区面积 1000 亩。乐平市高家镇、众埠镇各建立 1 个 1 万亩水稻病虫害统防统治示范点。浮梁县建立 17 个生物农药防控病虫害示范区，示范面积 1 万亩。

山东省烟台市以苹果为重点，设立 5 万亩整建制示范区。示范区全面实施苹果壁蜂授粉技术及病虫害绿色防控配套技术，集成组装出一套适合山东的苹果全生育期病虫害绿色防控技术模式。以小麦、玉米、花生等主要粮油作物为主，向高效经济作物延伸，结合项目建设，按照"整建制，全承包，签合同，补组织"的要求，推动专业化统防统治工作，形成以植保专业合作组织为主体的农作物病虫害专业化防控体系。莱州、栖霞、莱阳、招远、海阳、蓬莱 6 个县市先后被确定为山东省农作物病虫害专业化防控体系建设项目示范县，获得省扶持资金 870 万元，推动全市专业化服务组织发展。

陕西省汉中市宁强县开展病虫害绿色防控示范，在茶叶园区、蔬菜基地推行杀虫灯、黄板和生物制剂农药。2017 年在全县推广果树、茶叶、粮油绿色防控技术面积 15 万亩以上，建立 12 个示范片，面积 2000 亩以上。农药用量从 2014 年的 89.4 吨下降至 2017 年的 65.3 吨。开展主要经济作物全程绿色防控，推广物理防控技术和生物药剂防治，以专业化统防统治替代分户防治。2017 年全县实施农作物专业化统防统治面积 7.5 万亩次，生物农药推广面积达到 4.2 万亩，其中水稻、玉米、小麦推广 3.8 万亩，果树推广面积 0.4 万亩。

## （三）鼓励农用薄膜等废弃物回收利用

目前，全国一些地区已严禁生产和使用厚度 0.01 毫米以下农用薄膜，从源头保证农田残膜可回收。鼓励采用多功能棚膜和可降解地膜，并对加厚地膜使用、回收加工利用给予补贴。同时，建立农药包装废弃物回收利用试点，探索农药包装废弃物集中处理模式。

浙江省湖州市南浔区以"政府监督管理、市场主体回收、专业机构处置、公共财政补助"为原则，建立以区供销联合社下属控股农资公司网络为主要回收点、镇（开发区）推荐回收点为辅的农业投入品废弃包装物回收和集中处置体系。由区供销联合社委托其控股农资公司将各镇（开发区）收集网络保管的农药、兽药等废弃包装物统一归集至中心分拣仓库。并按照专业处置要求，通过政府采购、招投标等方式确定处置单位，签订处置委托协议，确保归集后的农药、兽药等废弃包装物进行无害化处理。对农药、兽药等有毒有害废弃包装物作为危险固体废弃物进行集中处置，对废旧农用薄膜、肥料包装袋开展资源化利用。引导散户使用者将废弃包装物装入回收箱，农业企业、农业专业合作社、家庭农场和规模种养大户建立自行收集制度。引导以村级卫生保洁员为主的废弃包装物回收队伍，定期开展田间巡查捡收。

黑龙江省绥化市海伦市地膜使用面积 3 万亩，使用量 127吨，棚膜使用面积 1.7 万亩。海伦市内废弃农用薄膜回收点 20余家，通过加工造粒，然后运往外地，年处理量 500 吨。及时收集农用薄膜及农药包装废弃物，各乡镇有专业队伍管理，各村有专人负责回收。在农用薄膜使用区域，以村屯为单位，建立农用薄膜集中堆放站。鼓励引导农用废弃地膜加工企业在重点乡镇建立回收网点，或利用现有废品收购系统，为企业代收农用废弃地膜。针对当年水稻、蔬菜等作物收获后，进行人工和机械化回收，推广采用残膜回收联合作业机一次完成地表残膜捡拾入箱成包，人工装车拉运。推进农用薄膜覆盖减量化、地膜产品标准化、捡拾机械化、回收专业化、回收利用片区化"五化"利用，示范推广一膜多用、降解膜使用替代产品等技术。执行地膜新标准，使用厚度大于 0.01 毫米标准地膜，确保地膜可回收，扩大可降解地膜使用面积。

## （四） 加强农作物秸秆资源化利用

我国已开展农作物秸秆资源化利用示范，推行秸秆肥料化、饲料化、基料化、原料化和能源化利用，实施购置农作物秸秆还田机械补贴政策。结合国家耕地质量提升行动，对推广使用耕地深松深翻的技术进行补贴，推进秸秆资源化利用的产业化发展。

山东省莱芜市莱城区培植六大秸秆资源化利用典型模式，发挥示范样板作用。一是秸秆还田模式。在小麦主产镇，实行秸秆还田技术示范，全区还田面积2万亩以上。二是秸秆生产建材模式。山东星河公司引进集成房屋生产线，在每个镇各设立一个秸秆收购联络处，在各村设立收储点。三是秸秆压块技术模式。加工成的秸秆煤燃烧充分，热值较高，符合环保要求。四是秸秆养殖食用菌技术模式。主要利用玉米芯为辅料，节约成本，提高玉米秸秆利用率。五是秸秆生物反应堆技术模式。在设施农业区域，以秸秆作为原料，在微生物菌种、净化剂等作用下，定向转成作物生长所需的热量、酶、养料等，进而促进作物高产优质。六是秸秆青贮技术模式。结合粮改饲项目，推进水泥池青贮和打包青贮。

## （五）推行畜禽养殖粪污无害化处理

全国以畜牧大县和规模化畜禽养殖场为重点，优化养殖区域布局。建立畜禽粪污收集、贮存、处理和利用体系，鼓励在养殖密集区建立粪污集中处理中心。推广畜禽粪污全量收集还田利用、污水肥料化利用、粪便垫料回用还田、异位发酵床等无害化处理利用模式。搭建粪肥交易平台，推进养殖主体与有机肥加工企业对接，完善肥料登记管理制度，探索创设有机肥施肥卡制度，保证粪肥可追溯。

江西省景德镇市浮梁县明确畜禽禁养区、限养区和可养区的养殖范围。对禁养区内的规模化畜禽养殖场进行退养清栏，对

"五河"源头乡镇及禁养区范围内，全部禁止规模养殖。对限养区养殖场严格限制养殖规模，禁止新扩建规模化畜禽养殖场，同时落实环保主体责任，强化环保设施建设，控制环境污染。对可养区规模化畜禽养殖场要求完善与养殖规模相配套的环保设施，执行环境保护、动物防疫规定的具体任务，对于无法完成限期治理的畜禽养殖场，执行限期搬迁或关闭。全县逐步完善畜禽养殖粪污处理设施，由水冲粪改为干清粪，做到生活区与生产区分离、固液分离、雨污分离。11个生猪规模化养殖场均建有粪便处理和污水处理设施，按照粪污处理无害化、减量化和资源化的节能减排要求，推动种养结合的循环农业发展。粪污经厌氧发酵处理，沼气用于发电和生产生活使用，沼液作为肥料用于农作物种植，形成猪—沼—果、猪—沼—茶、猪—沼—菜等综合利用模式。

# 四 农业面源污染防治面临的主要问题

农业面源污染防治面临机制不完善、标准较低、监管体系不健全、投入缺乏等主要问题。农业化学投入品减量增效行动依赖于农业部门项目，农业生态补偿标准普遍偏低，难以推行农业面源污染防治措施。

## （一）农业面源污染防治机制不完善

我国农业化学投入品减量增效的推行力量薄弱。目前，化肥和农药零增长行动主要依托农业部门通过测土配方施肥、耕地质量保护与提升、有机肥替代化肥、绿色植保防控等项目推进，缺乏社会组织、企业和农民等相关者的参与。农民对农业面源污染带来的负面影响缺乏充分认识，片面追求农产品产量和经济效益，不惜以耕地环境污染和生态破坏为代价，不能有效执行农业面源污染防治措施。

农药减量控害及包装废弃物回收政策缺乏，对绿色防控、生物防治技术和生物农药使用的补贴支持力度不够。对农用薄膜科学使用有一定的补助政策，但对废旧农用薄膜回收利用缺乏有效的奖补激励政策。农用薄膜回收加工企业因效益不显著，给出的农用薄膜回收价格很低，导致农民自觉回收农用薄膜的积极性不高。

### （二） 农业面源污染防治标准较低

农业面源污染的影响因子较多，污染物具有不明确性，涉及随机变量，例如，降雨强度、空气温度、空气湿度等因素变化直接影响农药、化肥等农业投入品对区域土壤、水体、空气的污染程度。在通常情况下，农药和化肥使用所造成的面源污染相互交叉，也容易发生迁移转化，难以对某一种污染源进行精确检测。农业面源污染缺乏分类控制措施，农业面源污染防治标准尚不能满足资源环境保护要求，缺乏以污染物削减控制为目标的质量管控标准。

### （三） 农业面源污染防治的监管体系不健全

农业面源污染防治的监管体系尚未健全，地方农业部门在职能设置和人员编制上，均没有形成对农业面源污染防治的监管体制，对农业不规范的生产和经营行为缺乏指导和监督。存在过量使用化肥、有机肥替代不足、盲目混配农药等现象，造成耕地土壤肥力降低、土壤和水体污染。

农资产业尚未成熟，难以对农业面源污染源头进行监督。农药包装废弃物属于危险废物，其回收处置难度较大。我国农药包装废弃物无害化处置的环保配套设施尚不完善，亟须专业环保设施进行处置。农作物秸秆收集、运输、储存等问题还没有从根本上得到解决，产业化利用程度低，严重制约秸秆资源化利用。

### （四）农业面源污染防治投入缺乏

农业面源污染缺乏必要的资金保障，防治技术力量不足，尤其乡镇缺少农技人员，不能有效开展农业面源污染防治。现有项目覆盖面受到资金总量的限制，只能在局部区域实施，规模效应有限。农药包装废弃物管理和农作物秸秆资源化利用涉及回收、储运、处置等环节，资金需求量较大，缺少必要的专项资金支持。

政府对农业的直接补贴主要集中在粮食生产品种、农用机具以及配方施肥等环节，然而在农业生态补偿方面，补偿标准普遍偏低，补偿额度量化缺乏科学依据，补偿方式以行政手段为主，经济手段不够完善，缺乏针对性的政策支持和科技投入。

## 五 加强农业面源污染防治的对策建议

针对农业污染防治面临的主要问题，从培育新型农业面源污染防治主体、加大农业面源污染防治投入、推行农业标准化生产、促进农业生态循环发展、强化农业面源污染防治监管等方面，提出相应的对策建议。

## （一）培育新型农业面源污染防治主体

在现有农机合作社、病虫害统防统治组织的基础上，培育农业面源污染防治服务组织，鼓励新型防治主体开展有机肥生产、病虫害统防统治、农用薄膜回收利用、农作物秸秆回收加工、畜禽养殖粪污无害化处理等服务。探索政府购买服务的有效模式，采取向有机肥生产企业、专业合作组织购买服务等方式，加快有机肥替代推广。发挥种粮大户、家庭农场和专业合作社等新型经营主体的示范作用，推进机械施肥方式，实施有机肥替代化肥行动。在水肥条件较好的连片产区或新建园区，在增施有机肥的同时，促进"有机肥＋水肥一体化"模式的示范推广，提升设施农业肥料施用水平，提高水肥利用效率。注重农药使用安全间隔期，使农产品农药残留控制在安全范围内，实施农作物病虫害科学防控和绿色防治，提升专业化统防统治社会化服务水平。

## （二）加大农业面源污染防治投入

政府应将农业面源污染防治经费列入地区财政预算，增加农业面源污染防治投入。强化各级政府主体责任，落实属地管理、职责关联制度，把农业面源污染防治列入年度目标责任考核，对各项具体任务的落实情况进行绩效评价。针对化肥、农药和农用薄膜等一系列农资产品，应加大绿色环保技术的研发和应用投入，加快推行测土配方精准施肥、高效植保机械、绿色防控等技术，杜绝低质化学投入品流入市场。设立专项基金，增加对有机肥、生物农药、农用薄膜回收、秸秆资源化利用、耕地质量提升等方面的补偿和奖励。加大对农业化学投入品减量增效和耕地质量建设试点示范的支持力度，创新农企合作方式，探索政府和社会资本合作（PPP）模式。推进多种形式的植保专业化、社会化服务，扩大专业服务组织作业量，开展全程植保一体化服务。针对当前农民种植技术现状，开展专业化现代种植技术培训，提高科学种植水平。

### （三） 推行农业标准化生产

按照农业绿色发展产地环境安全、生产过程安全、产品质量安全的要求，推行农业绿色生产方式，制定与产地环境、投入品、产中产后安全控制、作业机械和工程设施、农产品质量等相关的农业技术标准。加大农产品生产管理规章制度，按不同农作物的种类，制定农产品生产技术操作规程，完善农业生产标准体系，加强农业标准化生产技术示范基地建设。选育推广绿色优质、广适多抗、适宜全程机械化的作物品种，推广节肥、节药、节水等技术，减少化学投入品使用。合理调整施肥结构，优化配置肥料资源，推广测土配方施肥，鼓励使用有机肥、生物肥料和绿肥等。推广高效低毒低残留农药、生物农药和先进施药机械，实行病虫害统防统治和绿色防控。以农业标准化生产为切入点，在总结农产品生产标准推广经验的基础上，推进无公害农产品、绿色农产品、有机农产品的产地认定与产品认证，完善农产品质量认证体系，增加优质安全农产品供给。

### （四） 促进农业生态循环发展

改进农业发展方式，促进种养业循环发展。实行化学投入品减量化、废弃物资源化再利用，统筹农业资源与农副产品循环利用。以秸秆资源化利用、农用薄膜回收利用等为重点，提高投入品利用效率，实现农业废弃物资源化利用。实施太阳能、沼气等清洁能源工程，通过生物技术，实现产气、积肥同步，种植与养殖相结合，提高农村资源的利用率。政府应对农业废弃物收集、储存、加工利用等环节的主体予以补偿和优惠政策支持，联通废弃物收储、加工与销售等各环节，提升生态循环产业价值。探索推行"经营主体上交、专业化组织回收、生产企业回收"等农业废弃物回收利用机制，在农业废弃物收储环节，实施"谁生产，谁回收"的责任延伸制度和"谁收储，补偿谁"的扶持政策；在废弃物加工利用环节，实施"按量补贴"的制度；在销售环节，落实即征即退的税收优惠政策。

## （五）强化农业面源污染防治监管

健全投入品管理制度、农产品生产记录档案制度、农产品日常巡查检查制度，加强农业各生产环节的监管。聚焦化肥、农药、农用薄膜、添加剂、抗生素等问题，深化专项整治，严厉打击经营假劣农资违法行为。督促生产经营主体按标准生产，合理施肥用药，严格执行禁限用规定和休药间隔期等制度，履行安全责任。完善农产品监测网络，形成包含农业主管部门、农民合作组织、企业、农户等相关者参与的监管主体。构建农产品质量安全信用系统，实施农产品质量安全追溯管理，控制环境风险。实行农产品质量安全例行监测和监督抽查，定期对农田、果菜茶园、"三品一标"（无公害农产品、绿色食品、有机食品、地理标志农产品）生产基地等开展例行监测和抽查，对农民专业合作社、龙头企业等进行监督检查，建立农产品产地环境监测预警机制。

## 参考文献

1. 包晓斌：《农产品主产区种植业生态补偿研究》，《社会科学家》2018 年第 2 期。

2. 郭利京、王颖：《中国农业面源污染与经济增长关系及治理对策研究》，《东北农业大学学报》（社会科学版）2017 年第 5 期。

3. 金书秦：《农业面源污染特征及其治理》，《改革》2017 年第 11 期。

4. 李富田、卢黎霞、华春林：《循环经济视角下的农业面源污染治理机制建构》，《农村经济》2016 年第 11 期。

5. 李国锋：《"绿色发展"视域中农业面源污染协同治理初探》，《农业经济》2017 年第 9 期。

6. 李晓平、谢先雄、赵敏娟：《资本禀赋对农户耕地面源污染治理受偿意愿的影响分析》，《中国人口·资源与环境》2018 年第 7 期。

7. 马国栋：《农村面源污染的社会机制及治理研究》，《学习与探索》2018 年第 7 期。

8. 于法稳：《新时代农业绿色发展动因、核心及对策研究》，《中国农村经济》2018 年第 5 期。

9. 虞慧怡、扈豪、曾贤刚：《我国农业面源污染的时空分异研究》，《干旱区资源与环境》2015 年第 9 期。

10. 张海涛、任景明：《农业政策对农业面源污染的影响分析》，《生态与农村环境学报》2016 年第 6 期。

# 农业废弃物资源化利用的现状、问题与对策

王　宾[*]

**摘　要：** 农业废弃物资源化利用是农村环境治理的重要内容，是改善农村生产生活环境、实现农业绿色转型和可持续发展的有效途径。本报告在阐述农业废弃物资源化利用重要性的基础上，从畜禽粪污、病死畜禽、农作物秸秆、废旧农膜及废弃农药包装物四类农业废弃物现状入手，论述了当前我国农业废弃物资源化利用的现状。认为与发达国家农业废弃物资源化利用程度相比，我国农业废弃物资源化利用处在起步阶段，农业废弃物产生总量不清，相关法律法规不完善，各主体参与农业废弃物资源化利用的积极性不高，加上农业废弃物资源化利用的技术滞后、资金投入和扶持力度不够、经济激励和生态补偿机制缺失、运营机制和回收机制欠缺，严重阻碍了我国农业废弃物资源化利用的发展和应用。为此，应该积极拓宽资源化利用宣传渠道，通过建立

---

　　* 王宾，经济学博士，中国社会科学院农村发展研究所助理研究员，研究方向为生态经济理论。

物资源化利用的积极性，加大技术研发和资金投入；同时，制定差异化生态补偿政策，探索生态循环农业模式，搭建政府引导、市场运作、农户参与的农业废弃物资源化利用体系。

**关键词：**农业废弃物资源化利用　存在问题　对策建议

# Research on Key Fields and Countermeasures of Agricultural Waste Utilization

## Wang Bin

**Abstract：**Agricultural waste utilization is an important part of rural environmental governance, and an effective way to improve rural production and living environment, realize green transformation of agriculture and sustainable development of agriculture. On the basis of explaining the importance of agricultural waste utilization, this report discusses the current situation of resource utilization of agricultural wastes in China from four categories of agricultural wastes, including livestock manure, dead and sick livestock, crop straw, waste agricultural film and waste pesticide packaging. It is believed that the utilization of agricultural wastes in China is still in its infancy compared with the utilization of agricultural wastes in developed countries. The total amount of agricultural waste resources is not clear, the relevant laws and regulations are imperfect, the enthusiasm of each main body to participate in the utilization of agricultural waste resources is not high, coupled with the lagging technology of agricultural waste resource utilization, inadequate investment and support, lack of ecological compensation mechanism, which seriously hinders the development and application of agricultural waste utilization in China. Therefore, we should actively broaden the propaganda channels for agricultural waste utilization, stimulate the enthusiasm of all subjects to participate in the agricultural waste utilization by establishing and perfecting policies and regulations, increase technology research and capital investment; at the same time, we should formulate differentiated ecological compensation policies and explore ecological recycling agriculture model.

**Key Words**: Agricultural Waste Utilization; Existing Problems; Suggestion

改革开放40多年来，我国农业生产取得了较大成就，农业综合生产能力不断提高。但是，农业可持续发展面临着资源短缺和环境污染等"瓶颈"。畜禽废弃物、农作物秸秆、废旧农膜等农业废弃物的排放量呈现上升态势，对土壤、水体和空气等造成了严重的污染，已经威胁到农业绿色转型和人类的身体健康。2019年中央一号文件指出，要扎实推进乡村建设，加快补齐农村人居环境和公共服务"短板"。其中一项工作就是要加强农村污染治理和生态环境保护，发展生态循环农业，推进畜禽粪污、秸秆、农膜等农业废弃物资源化利用，实现畜牧养殖大县粪污资源化利用整县治理全覆盖，下大力气治理白色污染。

我国是世界上农业废弃物产生量最大的国家，目前来看，农业废弃物并没有得到有效利用。实现农业废弃物资源化利用，对于控制农业环境污染、改善农村生态环境和实现农业可持续发展具有重要作用。这既是传统农业转变的现实需要，又是未来农业的发展趋势。

# 一　农业废弃物资源化利用的重要性

伴随着我国农业由传统走向现代，农业经济发展方式正面临着从粗放经营向集约经营的重大转变。现代农业集约化、规模化和产业化的发展以及农产品数量的不断增加，明显增强了我国农业综合生产能力，但是却以环境污染和资源粗放利用为代价。农业废弃物是随着农业生产过程产生的一种"放错了地方的宝贵资源"，探索一条科学、合理的"变废为宝"的农业废弃物资源化利用方式，既是缓解农业资源不足、减少环境污染的有效途径，也是推进农业绿色转型和可持续发展的需要。

## （一）农业废弃物的资源化利用是控制农业环境污染的重要选择

由于我国农业生产环节存在许多不合理的生产方式，既影响了农业的生产效益，也带来了严重的环境污染。例如，过度施用农药化肥造成了土壤污染、秸秆焚烧产生了空气污染、畜禽粪便带来了水土污染、农用薄膜滥用引发了白色污染。据估算，全国每年产生畜禽粪污 38 亿吨，综合利用率不到 60%；每年生猪病死淘汰量约 6000 万头，集中的专业无害化处理比例不高；每年产生秸秆近 9 亿吨，未利用的约 2 亿吨；每年使用农膜 200 万吨，当季回收率不足 2/3。这种农业生产废弃物呈现日益增长态势，造成了较为严重的面源污染，并显现出数量大、品种杂、污染环境等特征。加强农业废弃物的资源化利用和无害化处理，是弥补农业资源短板、控制农业环境污染、改善农村环境、实现农业可持续发展的有效途径（何可、张俊飚，2014）。通过农业废弃物资源化利用，可以有效实现效用转换，降低农业环境污染，减少农业碳排放。

## （二）农业废弃物的资源化利用是改善农村生态环境的有力支撑

推进农业废弃物资源化利用，是加快补齐农村人居环境和公共服务短板的必然要求。当前，我国农村生态环境形势依旧比较严峻。人民日益增长的美好生活需要尚未得到满足，并且与经济社会发展不平衡不充分之间的矛盾日益突出。当前，农民生态环保意识欠缺，环境保护设施不够健全，工业转移导致环境污染等问题比较突出，尤其是长期以来形成的农村粗放式生活方式，加大了农村生态环境治理的难度。生活垃圾处理不彻底，生活污水难以找到有效解决方案，涉农环保配套资金缺乏等都是农村生态环境治理过程中需要面对的现实性问题。实现农业废弃物资源化利用，能够提高农民生态环境保护意识，转变农民生产和生活方式，从行为主体上为农村生态环境治理提供保障。既充分发挥了农民的主体地位，又有效缓解了农业废弃物对生态环境的压力。

### （三）农业废弃物的资源化利用是实现农业可持续发展的有效途径

习近平总书记强调，推进农业绿色发展是农业发展观的一场深刻革命，也是农业供给侧结构性改革的主攻方向。实现农业绿色转型，既是农业现代化的重要标志，也是实现农业可持续发展的重要保障。目前来看，摒弃"资源—产品—废弃物"的"单程式经济"，转而发展"资源—产品—废弃物—再生资源"的循环经济，已经逐渐成为世界各国共同关注的问题和目标（张俊飚，2010）。Lenton认为，到2100年，人类活动排放的二氧化碳中有25%可通过农作物秸秆、谷壳等有机质转化的生物黑炭予以封存（Lenton，2010）。也就是说，农业废弃物资源化将成为发展循环农业的核心环节，理应成为破解农业可持续发展困境的有效选择。为实现农业可持续发展，使农业成为推动国民经济的基础性产业，更好地发挥农业对产业结构优化调整的作用，加大农业废弃物资源化利用，成为转变农业发展方式，实现绿色发展的有效途径。

## 二　农业废弃物及资源化利用现状

随着我国农村经济的不断发展，农作物产量逐年递增，畜禽养殖不断增加，农产品加工业快速发展，既有效推动了农业经济的发展，也导致农业废弃物总量和种类呈现上升趋势。2016年8

月，农业部、国家发展改革委、财政部、住房和城乡建设部、环境保护部、科学技术部联合印发《关于推进农业废弃物资源化利用试点的方案》（以下简称《方案》），《方案》将试点任务界定为畜禽粪污、病死畜禽、农作物秸秆、废旧农膜及废弃农药包装物四类。因此，本报告将重点阐述四类农业废弃物的现状及资源化利用的状况。

## （一）畜禽粪污

我国畜禽养殖业的快速发展为农民增收和城乡居民生活改善做出了重要贡献，但是养殖废弃物资源化利用水平过低带来的可持续发展问题也同样突出。2010 年，《第一次全国污染源普查公报》数据显示，畜禽养殖化学需氧量（COD）排放约占全国COD 排放总量的 45%。养殖废弃物利用率过低是畜禽养殖专业化、养殖总量快速增长和种植业经营模式转变等因素共同作用下产生的阶段性难题（姜海等，2015）。当前我国畜禽养殖正在从散户向规模化转变。2017 年，我国畜禽养殖规模化率为 58% 左右，规模养殖已然成为畜禽养殖业发展的主要方向。畜禽养殖规模化发展有助于满足人们对畜禽产品的需求，但是，也随之产生了大量粪便、废水等废弃物，对土壤、大气、水资源等造成一定的威胁，给养殖区周边居民生活带来了一定的负面影响（李乾、王玉斌，2018）。本报告将利用式（1）估算我国畜禽粪尿产生量（于法稳、杨果，2018），以更好地阐述畜禽粪污的现状：

$$Q = \sum_{i=1}^{n} N_i \times T_i \times P_i \tag{1}$$

式中，$Q$ 代表粪尿产生量，单位为万吨；$N_i$ 代表饲养量，单位为万头/匹/只；$T_i$ 代表饲养期，单位为天；$P_i$ 代表产排污系数，单位为千克/天或克/天；$i$ 代表第 $i$ 种畜禽。

关于产排污系数，本报告参考了 2009 年《畜禽养殖业源产排污系数手册》及耿维等（2013）的研究，根据畜禽各饲养阶段的天数，对产排污系数进行了适当修正。同时，根据国家环保总局数据，对各类畜禽的饲养期也进行了界定，具体产排污系数见表 1：

表 1　　　　　　　各类畜禽粪尿的产排污系数①　　　　单位：千克

| 种类 | 华北区 | 东北区 | 华东区 | 中南区 | 西南区 | 西北区 |
|---|---|---|---|---|---|---|
| 猪 | 3.40 | 4.10 | 2.97 | 3.74 | 3.57 | 3.54 |
| 奶牛 | 46.05 | 48.49 | 46.84 | 50.99 | 46.84 | 31.39 |
| 肉牛 | 22.10 | 22.67 | 23.71 | 23.02 | 20.42 | 20.42 |
| 家禽 | 0.145 | 0.14 | 0.185 | 0.09 | 0.09 | 0.14 |
| 兔 | 0.15 | 0.15 | 0.15 | 0.15 | 0.15 | 0.15 |
| 马 | 5.90 | 5.90 | 5.90 | 5.90 | 5.90 | 5.90 |
| 驴 | 5.00 | 5.00 | 5.00 | 5.00 | 5.00 | 5.00 |
| 骡 | 5.00 | 5.00 | 5.00 | 5.00 | 5.00 | 5.00 |
| 羊 | 0.87 | 0.87 | 0.87 | 0.87 | 0.87 | 0.87 |

为更好地测算畜禽粪尿的产生量，需要对各类畜禽的饲养期作出说明，报告依据国家环保总局在 2004 年印发的《关于减免家禽业排污费等有关问题的通知》（环发〔2004〕43 号）中的数据，确定了各类畜禽的饲养期。其中，猪的饲养期为 199 天，以出栏量作为饲养量；家禽的饲养期为 210 天，以出栏量作为饲养量；兔的饲养期为 90 天，以饲养量计算；牛、羊、马、驴、

---

① 东北区：黑龙江、吉林、辽宁；华北区：内蒙古、北京、天津、河北、山西；华东区：山东、安徽、江苏、上海、浙江、江西、福建、台湾；中南区：河南、湖南、湖北、广东、广西、海南、香港、澳门；西南区：西藏、云南、重庆、贵州、四川；西北区：新疆、陕西、甘肃、宁夏、青海。

骤的饲养期大于 365 天，以年底存栏量为饲养量。由此，通过查阅《中国畜牧兽医年鉴》，可以计算得到 2016 年我国各类畜禽粪尿产生量（见图 1）。图 1 数据显示，2016 年，全国畜禽粪尿产生量的估算量约为 17.77 万吨。其中，肉牛、猪、家禽、奶牛四类动物的粪尿产生量排列靠前，分别占 33.27%、26.97%、19.98% 和 12.74%，四类畜禽粪尿产生量已经占全部粪尿产生量的 92.96%。

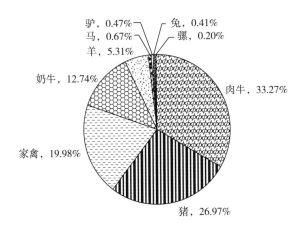

**图 1　2016 年各类畜禽粪尿产生量①**

资料来源：笔者测算后自绘。

在区域分布上，图 2 显示了 2016 年各区畜禽粪尿产生量的情况，在各区位居前三位的畜禽是，华北区为奶牛、肉牛和猪，分别占 32.59%、23.66% 和 16.75%；东北区为肉牛、猪、家禽，分别为 37.85%、21.11% 和 19.36%；华东区为家禽、猪和

---

① 由于《中国畜牧兽医年鉴》只更新至 2016 年数据，故本报告只测算 2016 年各类畜禽粪尿产生量。

肉牛，分别为 45.23%、24.66% 和 17.14%；中南区分别为猪、肉牛和家禽，分别为 42.59%、30.47% 和 17.65%；西南区为肉牛、猪和家禽，分别为 50.72%、30.79% 和 7.25%；西北区为肉牛、奶牛和羊，分别为 50.26%、22.34% 和 10.23%。

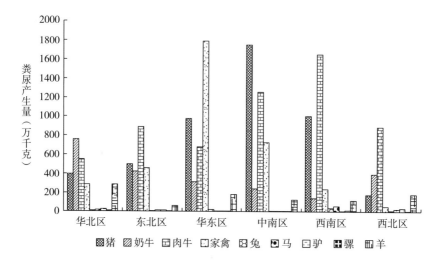

**图 2　2016 年各区畜禽粪尿产生量**

资料来源：笔者测算后自绘。

我国畜牧业要实现绿色转型，就必须要解决好畜禽养殖量与环境容量相适应的问题，解决好畜禽粪污与土地消纳循环利用问题，才能够保障畜牧业的可持续发展。在畜禽粪污资源化利用方式上，根据种养循环和产业链特征，主要分为三种类型，即传统农家肥型、畜禽养殖场生态型和畜禽养殖场产业链集中型。目前来看，传统农家肥型资源化利用方式存在于部分地区，将逐步退出，而产业链资源化利用将成为资源化利用的主要途径（孙若梅，2018）。

## （二）病死畜禽

无论是散养，还是规模化养殖，畜禽病死是不可避免存在的。尤其是在我国畜禽养殖的数量逐渐递增，畜禽的养殖密度不断加大的现状下，畜禽疾病的控制存在一定的难度。如果病死畜禽得不到很好地处理，既污染了生态环境，也会带来病毒传染，引发食品安全等问题。2013 年 3 月，上海黄浦江松江段流域曾经出现了大量漂浮死猪，造成了严重的公共卫生事件，引发了社会各界的广泛关注。截至 2013 年 3 月 15 日，已收集乱弃死猪3601 头。

近年来，我国针对病死畜禽无害化处理也做出了积极的探索。在政策法规方面，通过不断完善相关制度，实现了对病死畜禽无害化处理的有效指导。2014 年 10 月，国务院办公厅印发《关于建立病死畜禽无害化处理机制的意见》。2017 年 7 月 3 日，农业部印发《病死鸡病害动物无害化处理技术规范》也明确指出，无害化处理是指利用物理、化学等方法处理病死及病害动物和相关动物产品，消灭其所携带的病原体，消除危害的过程。其中，病死及病害动物和相关动物产品的处理方法包括焚烧法、化制法、高温法、深埋法和化学处理法；在补贴投入方面，全国已建成专业无害化处理厂 362 个，在建 197 个，财政投入共计约12.9 亿元。且从 2011 年起，国家对标准化规模养殖场（养殖小区）养殖环节病死猪无害化处理费用给予每头 80 元的补助，补助资金由中央和地方财政按照比例分担；在地方探索方面，目前，部分省市已经初步建立了病死畜禽无害化处理与收集体系，并搭建了无害化处理信息平台，基本实现了病死畜禽集中无害化处理全覆盖。

但是，就整体而言，我国病死畜禽的无害化处理水平偏低，病死畜禽尸体依旧是畜禽污染防治的短板。以生猪淘汰量计算，我国每年病死猪无害化处理量仅占40%，资源化利用数量则更少，自食、丢弃、出售等不当处理数量高达60%。2012—2016年，全国各地统计上报养殖环节无害化处理病死猪数量呈现逐年递增态势（见图3）。其中，2012年，处理病死猪数量为659万头，而2016年，已经增加到3355万头，增长了5倍多。此外，在病死畜禽无害化处理方式上，传统的焚烧、填埋等方式，虽然操作简单，但是成本较高，也会对当地空气、环境，特别是土壤资源和水资源造成极大的隐患，造成二次污染。因此，寻求病死畜禽资源化利用方式，是解决无害化处理的最优选择。

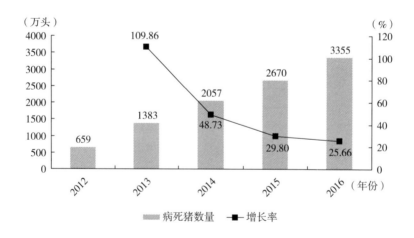

**图3　2012—2016年病死猪数量**

资料来源：农业部。

## （三） 农作物秸秆

农作物秸秆是在农业生产过程中，通过光合作用形成的生物资源。随着农业的发展，农作物秸秆的产生量将会持续增加。从农业生态系统学原理来讲，农作物秸秆资源化利用方式直接决定着系统的物质循环能否实现，不同的方式可能会影响到耕地土壤肥力的保持，以及环境质量的健康（于法稳、杨果，2018）。农作物秸秆在 20 世纪 70 年代左右，产量较少，多被用于生活燃料和饲料。但是，随着人们生活水平的逐步提高，以及农村劳动力的转移，能效消费结构也逐渐发生变化。同时，农作物秸秆资源化利用成本较高、产业程度较低，加之近年来我国环境保护工作的高度监管，农作物秸秆出现剩余。农作物秸秆的资源化利用能够有效控制农业污染，对于改善农村生活环境，实现农业可持续发展具有重要作用。

本报告采用农作物的年产量以及谷草比的乘积作为该作物的秸秆产量。据此，将区域所有农作物种类的秸秆数量相加，即为区域农作物秸秆产生量，公式表达如下：

$$ACSTA = \sum_{i=1}^{n} ACAY_i \times \lambda_i \qquad (2)$$

式中，$ACSTA$ 为区域农作物秸秆产生量，单位为万吨；$ACAY_i$ 为区域某一农作物的年产量，单位为万吨；$i$ 为农作物的种类，$i = 1$，2，3，$\cdots$，$n$，$\lambda_i$ 为区域第 $i$ 种农作物秸秆的谷草比（见表 2）。

根据式（2），以及表 2 给定的主要农作物草谷比，本报告测算了 2017 年我国不同农作物秸秆产生量，图 4 数据显示，2017 年，我国农作物秸秆产生匡算量为 98939.08 万吨。在不同

451

表2　　　　　　　　　　　　不同农区主要农作物草谷比　　　　　　单位：千克

| 主要农区 | 省（区、市） | 水稻 | 小麦 | 玉米 | 豆类 | 薯类 | 棉花 | 花生 | 油菜 |
|---|---|---|---|---|---|---|---|---|---|
| 华北农区 | 北京、天津、河北、山西、内蒙古、山东、河南 | 0.93 | 1.34 | 1.73 | 1.57 | 1.00 | 3.99 | 1.22 | — |
| 东北农区 | 辽宁、吉林、黑龙江 | 0.97 | 0.93 | 1.86 | 1.70 | 0.71 | — | — | — |
| 长江中下游农区 | 上海、江苏、浙江、安徽、江西、湖北、湖南 | 1.28 | 1.38 | 2.05 | 1.68 | 1.16 | 3.32 | 1.50 | 2.05 |
| 西北农区 | 陕西、甘肃、青海、宁夏、新疆 | — | 1.23 | 1.52 | 1.07 | 1.22 | 3.67 | — | — |
| 西南农区 | 重庆、四川、贵州、云南、西藏 | 1.00 | 1.31 | 1.29 | 1.05 | 0.60 | — | — | 2.00 |
| 南方农区 | 福建、广东、广西、海南 | 1.06 | 1.38 | 1.32 | 1.08 | 1.41 | — | 1.65 | — |

资料来源：2015年12月9日国家发展改革委办公厅和农业部办公厅发布《关于开展农作物秸秆综合利用规划终期评估的通知》。

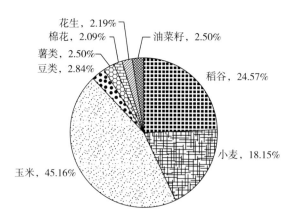

**图4　2017年不同农作物秸秆匡算量**

资料来源：笔者测算后自绘。

类别的农作物秸秆产生量中，玉米、稻谷和小麦产生的秸秆量排列所有农作物的前三位，分别占农作物秸秆产生匡算总量的45.16%、24.57%和18.15%，三者之和已占据秸秆产生总量的87.88%。而花生和棉花所产生的秸秆量则位于后两位。

分区域来看，由于不同省（区、市）农业生产功能不同，农作物秸秆产生量具有明显的差异性。图5数据反映了2017年我国不同农区农作物秸秆产生量，数据显示，华北农区、长江中下游农区和东北农区农作物秸秆产生量较大，分别占农作物秸秆产生量的32.63%、24.71%和22.03%，三大农区秸秆产生量占全国秸秆产生量的79.37%。在农区内部而言，华北农区玉米、小麦和花生的秸秆产生量较大，分别占56.25%、34.02%和3.61%；东北农区玉米、稻谷和豆类的秸秆产生量较大，分别占74.61%、17.47%和6.30%；长江中下游农区稻谷、小麦和玉米的秸秆产生量较大，分别占56.88%、19.37%和12.79%；西北农区玉米、棉花和小麦的秸秆产生量较大，分别占43.07%、22.53%和22.42%；西南农区玉米、稻谷和油菜籽的秸秆产生量较大，分别占38.23%、32.53%和10.55%；南方农区稻谷、玉米和薯类的秸秆产生量较大，分别占70.75%、11.52%和8.28%。

2017年1月，农业部印发《"十三五"农业科技发展规划》（农科教发〔2017〕4号）明确规定，将秸秆等农业废弃物资源化利用列入重大科技任务。将集成创新一批技术先进、切实可行的资源化利用技术，使农作物秸秆综合利用率达到85%以上。目前，我国秸秆利用方式基本形成了肥料化利用为主，饲料化、燃料化稳步推进，基料化、原料化为辅的综合利用格局。

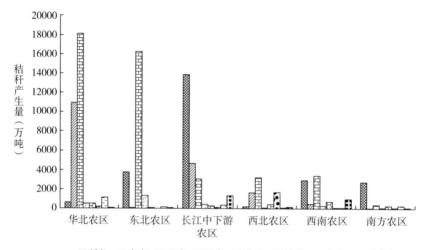

**图5　2017年不同地区农作物秸秆匡算量**

资料来源：笔者测算后自绘。

## （四）废旧农膜及废弃农药包装物

### 1. 废旧农膜

农用薄膜于20世纪70年代末引入我国，具有增温保墒、抗旱节水、提高肥力、抑制杂草等作用，有效提高了粮食作用的产量，保障了国家粮食安全，并发挥了巨大的经济效益，曾被誉为"白色革命"。然而，随着农用塑料薄膜的大量使用，农用薄膜不可降解被残留土壤中，以及回收机制的缺失，造成了"白色污染"。2019年中央一号文件指出，要发展生态循环农业，下大力气治理白色污染。加快废旧农膜回收力度，对于防治农业面源污染、保护农业生态环境至关重要。图6数据表明，我国农用塑料薄膜使用量虽然在年均增长率上有所下降，但是就总量而言，却不断提升。2017年，全国农用塑料薄膜使用量达到252.8万吨，较 1991 年的 64.21 万吨增长了近 4 倍。

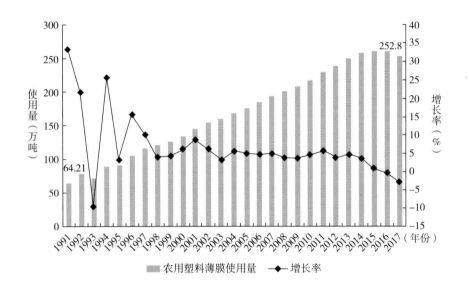

**图6　1991—2017 年农用塑料薄膜使用量**

资料来源：国家统计局：《中国农业统计年鉴》《中国环境统计年鉴》《中国农村统计年鉴》。

　　表3 数据显示，"十一五"计划以来，华北农区、长江中下游农区和西北农区的农用塑料薄膜使用量居前三位。"十二五"期间，华北农区共使用农用塑料薄膜 376.9950 万吨，占全国总量的 30.52%，长江中下游农区使用量达到 244.6111 万吨，占比 19.80%。其中，西北农区、西南农区和东北农区的农用塑料薄膜使用量在十年间增长速度最快，分别增长 53.37%、27.86% 和 24.89%。

　　目前，农用塑料薄膜的回收机制尚未建立，农户对于农膜回收再利用的理念也未形成，多数农户将农业塑料薄膜置于土地中，造成了较大的污染。农用薄膜回收实现资源化利用市场的形成还需要一定的时间，各地在推进农用塑料薄膜资源化利用过程中，也探索出了如甘肃省的"废旧地膜—再生颗粒—深加工产品"模式和"废旧地膜—地膜粉—深加工产品"模式等，但从总体来看，废旧农膜的资源化利用长效机制并未建立。

表3　　　　　　　不同时期农用塑料薄膜使用量及区域分布　　　单位：吨；%

| 地区 | "十一五"时期 | | "十二五"时期 | | 增长率 |
|---|---|---|---|---|---|
| | 数量 | 比例 | 数量 | 比例 | |
| 华北农区 | 3441671.3 | 34.25 | 3769950 | 30.52 | 9.54 |
| 东北农区 | 1141017 | 11.35 | 1424973 | 11.53 | 24.89 |
| 长江中下游农区 | 2036836 | 20.27 | 2446111 | 19.80 | 20.09 |
| 西北农区 | 1461083.6 | 14.54 | 2240810 | 18.14 | 53.37 |
| 西南农区 | 1261031 | 12.55 | 1612349 | 13.05 | 27.86 |
| 南方农区 | 707935 | 7.04 | 859497 | 6.96 | 21.41 |

**2. 农药包装物**

我国是农药生产和使用大国，传统农业的生产方式，使农药使用量大而分散，并且农药包装物缺少经济价值，农户回收的积极性不高。据统计，目前我国每年农药原药的消费量为50万吨左右，按1吨原药产生2吨制剂计算，如按平均100克农药需一个农药包装物，我国一年所需的农药包装物高达100亿个（件）。

由于农药包装物中仍残留农药，其会被释放到环境中，然后进入土壤和水体环境中，对农村土壤和水体造成直接危害，更有甚者，农药残留将进入饮用水水源地，威胁人们的身体健康。但是，就农药包装物的资源化利用方式来看，我国农药包装废弃物的回收率很低，虽有部分省份开始了农药包装物的回收工作，然而，将农药包装废弃物作为危险废物处理的成本较高，处置能力有限，针对农药废弃包装物的利用方式也并不明确。

# 三 农业废弃物资源化利用中存在的问题

与发达国家农业废弃物资源化利用程度相比，我国农业废弃物资源化利用处在起步阶段，农业废弃物资源总量不清，相关法律法规不完善，各主体参与农业废弃物资源化利用的积极性不高，加上农业废弃物资源化利用的技术滞后、资金投入和扶持力度不够、生态补偿机制缺失，严重阻碍了我国农业废弃物资源化利用的发展和应用。

## （一）产生总量不清，农户重视程度不够

首先，我国农业生产过程繁多，成分复杂，农业废弃物面广量多。以报告指出的畜禽粪污、病死畜禽、农作物秸秆、废旧农膜及废弃农药包装物四类废弃物来说，由于各地社会经济发展条件不同、对废弃物资源化利用的程度不同，各省的每类农业废弃物产生量、具体分布、资源化利用现状等都没有准确的数据。虽然可以通过不同系数进行匡算，但是仍不能全面反映我国农业废弃物的存量，特别是废旧农药包装物、病死畜禽等的数据尚未统计，将导致政策制定上的盲目性，无法根据废弃物的不同特点，对农业废弃物的资源化利用作出总体布局和统筹发展。

其次，实现农业废弃物资源化利用，面临的一个重要问题是，如何解决资源化利用带来的社会效益和经济效益之间的矛盾。由于我国农民受到传统生产生活方式的影响，只重视眼前利益，多采用粗放利用方式。加之宣传深度和力度不够，造成了农户对农业废弃物资源化利用的认知和环境保护意识淡薄，对农业实现绿色转型和可持续发展的认识程度不够，不愿意参与到废弃物资源化利用中。

## （二）经济激励和生态补偿机制不到位

激励机制是指通过一套理性化的制度来反映激励主体与激励客体相互作用的方式（何永达，2009）。目前，国家及省级层面为推进农业废弃物资源化利用，出台了税收、财政补贴等政策，取得了一定的成效。但是，随着我国环境政策由单一指令控制向采取行政、市场等手段综合治理的转变，难以实现对废弃物的有效监管，与预期的目标还存在一定的差距。以农作物秸秆资源化利用为例，国家对农作物秸秆资源化的财政补贴措施，由于补贴的农作物种类有限、金额有限、区域有限，关键是补贴的重点对象也不在农户（郑军、史建民，2012）。

同时，农业废弃物资源化利用是一项集社会效益、经济效益和生态效益于一体的资源转化过程，如果没有对其生态效益进行客观、合理的补偿，则很难充分发挥农作物资源化利用的生态效应，也会降低农业废弃物资源化利用的效率。国外发达国家和地区较早地认识到排放成本较低是导致废弃物污染行为不止的重要原因，因此，率先实施了"排污收费""填埋税""污染削减补贴"等制度，有力地促进了农业废弃物资源化综合利用水平

（何可等，2013）。但是，我国虽然在部分地区出台了相关生态补偿条例，比如《湖北省农业生态环境保护条例》《甘肃省农业生态环境保护条例》等中均有涉及，却依然存在补偿范围小、补偿资金少、难以调动农民环境保护积极性等问题（高尚宾，2011）。

## （三）资金投入和扶持力度不够，社会化服务体系尚未形成

农业废弃物资源化利用是一个涉及政府、企业和农户等多层级、多维度的系统工程，由于受到体制因素的影响，资源化处理需要大量的资金投入。然而，农业废弃物在收集、转运、处理等环节所产生的成本高、效益低，导致了许多社会资本不愿意进入农业废弃物资源化利用市场。比如，在废弃物资源化利用的设备投入上，由于资金缺乏，很多有效的资源化利用技术不能够在产业化过程中得到有效转化和推广，一些具有投资潜力和发展前景的废弃物资源化利用企业得不到很好地成长，相关的产业体系也就难以培育。目前，我国农业废弃物资源化利用在地域上存在较大的差异，由于受到社会经济水平的影响，东部省份在处置农业废弃物时，能够收到较好的效果，形成很好的发展模式，但是，该模式并不一定具有可复制和可推广性，中部地区，尤其是西部经济相对落后省份在推进农业废弃物资源化利用过程中，因为资金缺乏，难以实现废弃物的资源化利用。

党的十八届三中全会指出，全面深化改革的重点在于经济体制改革，核心问题是处理好政府和市场的关系，使市场在资源配置中起决定性作用和更好发挥政府作用。农业废弃物资源化利用

应该形成政府引导、市场参与为主体的社会化服务体系，由市场在农业废弃物资源的信息服务体系、技术服务体系、市场服务体系等方面提供更好的支撑。但是，我国农业废弃物资源化利用的社会化服务体系尚未形成，在一定程度上制约了农业废弃物资源的产业化和规模化发展。

## （四）农业废弃物资源化利用的技术滞后

我国在农业废弃物资源化利用方面，已经具备了较为先进的处理技术，对于推进资源化利用发挥了重要的作用。但是，总体来看，我国农业废弃物资源化利用的技术与发达国家相比，仍旧落后，农业废弃物资源化利用缺乏完整的技术保障体系。在部分废弃物处理方式的选择上，以粗放利用为主，比如部分地区对畜禽粪便采取堆肥处理，对病死畜禽简单填埋，这种处置方式对土壤环境和水体环境造成了较大的破坏。

在创新技术方面，我国农业废弃物资源化利用的技术创新意识不强，自主创新能力不足，生产技术落后，拥有自主产权和较高推广价值的利用技术较少。特别是针对不同区域、不同类型的农业废弃物资源化利用技术没有较强的适用性。以农作物秸秆还田为例，机械粉碎是当前秸秆还田的主要方式，但是由于缺乏有效的促进农作物秸秆腐化的生物菌，导致在部分寒冷地区难以腐化，影响了农作物的播种，也降低了农民参与秸秆还田的积极性。技术水平的落后，既不能够发挥农业废弃物应有的作用，直接降低了农业废弃物的利用效率，不能适应市场竞争，造成了资源的极大浪费。

## （五） 运营机制和回收机制欠缺

目前，农业废弃物资源化利用的技术已经在不断探索，但是，农业废弃物的管理运营机制不到位，导致了农民参与农业废弃物资源化利用的积极性不高。也不愿意在资源化利用方面投入更多的人力、财力，将农业废弃物闲置、随地乱扔、任其腐烂等现象突出，这既污染了土壤资源，也会对空气和水资源造成破坏，容易形成恶性循环。

农业废弃物资源化利用的最大难点在于农业废弃物的回收，由于受到经济利益、生产生活习惯的影响，我国农业废弃物的回收成本高、运输困难，回收机制没有建立。特别是在废旧农药包装物、农用塑料薄膜等的回收上，存在很大难度。这将直接影响农业生产环境，带来严重的农业面源污染。

## （六） 规章制度不健全，法律法规不完善

健全的法律体系是农业废弃物资源化利用的强有力保障。目前，农业部、财政部、住建部等部委及各省（区、市）都出台了相关推进农业废弃物资源化利用的方案，为农业废弃物资源化利用指明了方向，并取得了一定的成效。但是，这些措施的可操作性并不强，政策执行力度偏弱，存在政策体系不完备，补贴制度、保障制度有缺失等问题。特别是针对不同地域和不同类型的农业废弃物没有系统的资源化利用办法，形成不了较好的监测、监管和预警体系。以病死畜禽无害化处理为例，美国、日本、德国等发达国家通过制定较为完善的病死畜禽废弃物资源化利用法律体系，并以此推动资源化处理技术不断创新，使其病死畜禽资

源化利用程度较高，引致的环境卫生风险程度较低（司瑞石等，2018）。

当前的农业废弃物资源化利用出现了"政府强推动、农民弱参与、企业难进入"的现象，尽管政府在推动资源化利用方面作出了较大努力，但是，各主体的参与积极性并不高，没有有效推动农业废弃物资源化利用。例如，在鼓励农民参与农业废弃物资源化利用方面，现有法律政策没有出台相关的激励政策，鼓励农业生产者、市场参与者等进行农业废弃物资源化利用的政策和支持力度不够，也在很大程度上导致了各主体参与农业废弃物资源化利用的积极性不够，难以推动工作进展。

## 四 推进农业废弃物资源化利用的政策建议

农业废弃物资源化利用是农村环境治理的重要内容，是改善农村生产生活环境、实现农业可持续发展的有效途径。为加快农业废弃物资源化利用进程，应该积极拓宽资源化利用宣传渠道，通过建立健全农业废弃物资源化利用政策法规，激发各主体参与农业废弃物资源化利用的积极性，加大资金和技术研发投入；同时，制定差异化生态补偿政策，探索生态循环农业模式，进而搭建政府引导、市场运作、农户参与的农业废弃物资源化利用体系。

### （一）拓宽宣传渠道，激发农民参与农业废弃物资源化利用的积极性

农户是农业废弃物资源化利用的主体，充分调动其积极性是

解决农业废弃物资源化利用的前提。只有激发其参与农业废弃物资源化利用的积极性，才能够有效推进工作进展。因此，要加大宣传力度，通过微信、微博等新媒体宣传农业废弃物对自然环境、农业生产带来的负面影响，强调源头管理，强化其作为农业生产生活环境治理的主人翁意识。在激励措施上，建立健全农业废弃物资源化利用政策法规。通过出台相应的补贴政策或其他措施，加大农业废弃物资源化利用补贴范围，设立专项补贴资金，激发农民参与农业废弃物资源化利用的积极性，真正提高环境保护意识。

## （二） 明确生态补偿对象，制定差异化生态补偿政策

首先，遵循"谁污染，谁付费；谁受益，谁补偿"的原则，界定农业废弃物资源化利用受益对象。目前来看，农业废弃物资源化利用的补偿主体应由各级政府承担，补偿客体是家庭农场、合作社、龙头企业和种养殖业大户，补偿方式以资金补偿、政策补偿、技术补偿等为主。通过界定生态补偿对象，能够规范市场秩序，提高农民参与积极性。

其次，针对不同地区、不同类型农业废弃物资源化利用，提出差异化的生态补偿政策，进一步完善相关配套制度。明确政府、企业、农户在农业废弃物资源化利用中的责任，将农作物资源化利用水平作为考核政府的重要指标，通过制定农业废弃物资源化利用的生态补偿标准，督促政府落实责任制，形成长效的生态补偿机制。

## （三） 加大资金投入和技术研发力度

首先，通过多方筹措基金，加大农业废弃物资源化利用资金

投入，形成政府投入为主、市场力量介入、农民支持为辅的多元化融资机制，保障农业废弃物资源化利用的设备投入，保障农业废弃物资源化利用的技术研发，充分调动农户参与农业废弃物资源化利用的积极性。政府通过减免税政策等财政金融政策，鼓励和引导企业投资，充分调动市场力量。

其次，加大农业废弃物资源化利用的创新人才培育工作，在现有技术优势的基础上，加快实用技术研发，提高技术创新意识。各地在推进农业废弃物资源化利用过程中，会遇到差异化的困难。为此，应该在借鉴国外先进经验和技术的基础上，根据地区发展实际情况，有针对性地加强农业废弃物资源化处理新技术的研发，使其更具有有效性，提高资源利用效率。

## （四）推进农业资源化利用产业化进程，探索生态循环农业模式

首先，要引导和鼓励社会资本进入农业废弃物资源化利用市场，提高产业化水平，提高运营管理能力。通过选取有实力、有能力、有责任的企业，搭建"政府 + 企业 + 农户"模式，形成利益共同体，实现利润共享、风险共担，促进农业废弃物资源化利用。由于将废弃物处理交由市场，更加强调市场化路径，也就能够带动农业废弃物资源化利用和无害化处理企业的发展，延长农业产业链条，推动农业废弃物资源化利用的产业化和规模化。

其次，生态循环农业是促进农业废弃物的资源化利用，实现农业现代化转型升级的重要举措。能够实现农业的高产量、高质量和高效益，实现社会效益、经济效益和生态效益的协调统一，使农业生产进入可持续发展的良性轨道。因此，要积极探索创意

农业循环经济模式、立体复合循环模式、种养结合模式、以秸秆或以畜禽粪便为纽带的循环模式，因地制宜，采用贴合实际的发展模式，实现农业废弃物的增值。

## （五）建立健全农业废弃物资源化利用法律规范

党的十八届四中全会通过的《中共中央关于全面推进依法治国若干重大问题的决定》明确提出全面推进依法治国的总目标，即建设中国特色社会主义法治体系，建设社会主义法治国家。针对目前我国农业废弃物资源化利用只采取末端处理的不足，且鼓励性的法规政策不健全的现状，要在借鉴相关发达国家农业废弃物资源化利用成功经验的基础上，针对不同区域、不同类型农业废弃物进行规范治理，协调相关部门及时建立农业废弃物资源化利用的政策法律法规，采取系统有效的监管和管理体系，厘清政府、企业、农户等主体各自应承担的责任，规范市场行为，使农业废弃物资源化利用做到有法可依。

**参考文献**

1. 何可、张俊飚：《农业废弃物资源化的生态价值——基于新生代农民与上一代农民支付意愿的比较分析》，《中国农村经济》2014 年第 5 期。

2. 张俊飚：《生态产业链与生态价值链整合中的循环农业发展研究》，中国农业出版社 2010 年版。

3. 姜海、雷昊、白璐等：《不同类型地区畜禽养殖废弃物资源化利用管理模式选择——以江苏省太湖地区为例》，《资源科学》2015 年第 12 期。

4. 李乾、王玉斌：《畜禽养殖废弃物资源化利用中政府行为选择——激励抑或惩罚》，《农村经济》2018 年第 9 期。

5. 孙若梅：《畜禽养殖废弃物资源化利用的困境与破解的对策》，《社会科学家》2018 年第 2 期。

6. 于法稳、杨果：《农作物秸秆资源化利用的现状、困境及对策》，《社会科学家》2018 年第 2 期。

7. 何永达：《制造业发展循环经济激励机制研究》，《工业技术经济》2009 年第 10 期。

8. 郑军、史建民：《我国农作物秸秆资源化利用的特征和困境及出路——以山东为例》，《农业现代化研究》2012 年第 3 期。

9. 何可、张俊飚、田云：《农业废弃物资源化利用生态补偿支付意愿的影响因素及其差异性分析》，《资源科学》2013 年第 3 期。

10. 高尚宾、张克强、方放、周其文：《农业可持续发展与生态补偿——中国—欧盟农业生态补偿的理论与实践》，中国农业出版社 2011 年版。

11. 司瑞石、陆迁、张强强、于璐：《病死畜禽废弃物资源化利用研究——基于中外立法脉络的视角》，《资源科学》2018 年第 12 期。

12. Lenton，T. M.，"The Potential for Land – based Biological $CO_2$ Removal to Lower Future Atmospheric $CO_2$ Concentration"，*Carbon Management*，Vol. 1，No. 1，2010.